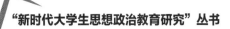
"新时代大学生思想政治教育研究"丛书

主编：王秀阁

新时代大学生思想政治教育新任务新策略研究

王秀阁 ◎ 主编

天津出版传媒集团

天津人民出版社

图书在版编目（CIP）数据

新时代大学生思想政治教育新任务新策略研究 / 王
秀阁主编. — 天津：天津人民出版社，2022.7
（"新时代大学生思想政治教育研究"丛书）
ISBN 978-7-201-18311-4

Ⅰ．①新… Ⅱ．①王… Ⅲ．①大学生－思想政治教育
－研究－中国 Ⅳ．①G641

中国版本图书馆 CIP 数据核字(2022)第 057432 号

新时代大学生思想政治教育新任务新策略研究
XINSHIDAI DAXUESHENG SIXIANG ZHENGZHI JIAOYU XIN RENWU XIN CELÜE YANJIU

出　　版	天津人民出版社	
出 版 人	刘　庆	
地　　址	天津市和平区西康路 35 号康岳大厦	
邮政编码	300051	
邮购电话	（022）23332469	
电子信箱	reader@tjrmcbs.com	

策划编辑	王　康
责任编辑	王佳欢
装帧设计	明轩文化·王烨

印　　刷	天津新华印务有限公司
经　　销	新华书店
开　　本	710 毫米×1000 毫米　1/16
印　　张	23
插　　页	2
字　　数	290 千字
版次印次	2022 年 7 月第 1 版　2022 年 7 月第 1 次印刷
定　　价	98.00 元

总　序

　　马克思曾说过，每个时代总有属于它自己的问题，而所谓问题，"就是公开的、无畏的、左右一切个人的时代声音。问题就是时代的口号，是它表现自己精神状态的最实际的呼声"①。在党的第十九次代表大会上，以习近平同志为核心的党中央，经过科学研判作出了中国特色社会主义进入新时代的精准判断。新时代具有新特点，新时代提出新问题。在习近平总书记的亲自谋划和统领下，中国人民开启了探索、破解中国特色社会主义新时代新问题的新征程。现在呈现在大家面前的"新时代大学生思想政治教育研究"丛书就是按照党中央的要求，为破解新时代大学生思想政治教育新问题而作。

一、写作目的

　　参与本丛书写作的人员均为长期曾在或正在高校从事学生思想政治教

---

　　① 《马克思恩格斯全集》(第40卷)，人民出版社，1982年，第289~290页。

育工作,拥有思想政治教育专业博士学位的思想政治工作者。这些同志在繁忙的工作中能够凝心聚力研究新时代大学生思想政治教育的新问题、新任务和新策略,主要出于对大学生思想政治教育工作的深厚情感和推进全国高等教育事业发展的责任感。

(一)为建设中国特色社会主义教育强国尽绵薄之力

习近平总书记在党的十九大报告中指出:"中国特色社会主义进入新时代,意味着近代以来久经磨难的中华民族迎来了从站起来、富起来到强起来的伟大飞跃"[1]。这一精辟论断揭示了中国特色社会主义新时代的鲜明特征,即中国特色社会主义建设进入了强起来的时代。中国特色社会主义强起来的目标是:到本世纪中叶,在基本实现现代化的基础上,把我国建成富强民主文明和谐美丽的社会主义现代化强国,实现中华民族伟大复兴的中国梦。国之大计,教育为本。教育兴则国家兴,教育强则国家强。建设教育强国是建设社会主义现代化强国,实现中华民族伟大复兴的基础工程。"青年兴则国家兴,青年强则国家强。……中华民族伟大复兴的中国梦终将在一代代青年的接力奋斗中变为现实。"[2]而教育担当着为社会培养人才的重任,中国特色社会主义教育肩负着为党和国家的千秋大业、为中华民族的伟大复兴培养合格建设者和可靠接班人,保证中国特色社会主义宏伟大业世代相传、赓续延绵的重托。然而在当今世界,建设中国特色社会主义教育强国,培养社会主义合格建设者和可靠接班人并非敲锣打鼓就能做到的易事。

当前,我国正处于实现中华民族伟大复兴的关键时刻,世界正经历百年

---

① 习近平:《决胜全面建成小康社会 夺取新时代中国特色社会主义伟大胜利——在中国共产党第十九次全国代表大会上的报告》,人民出版社,2017年,第10页。

② 同上,第70页。

未有之大变局。在国内，党的十八大以来，在以习近平同志为核心的党中央的正确领导下，在习近平新时代中国特色社会主义思想的指引下，党和国家各项事业取得了重大发展和显著成就，全国人民正在向着"强起来"的目标奋发努力。但是树欲静而风不止。在社会思想文化和意识形态领域的突出表现是，马克思主义指导思想面临着多样化社会思潮的挑战，社会主义核心价值观面临着市场逐利性的挑战，"普世价值""历史虚无主义""极端个人主义""享乐主义"等错误思潮在侵蚀着青少年学生。在国际，党的十八大以来，习近平总书记在多个场合强调，当今世界正经历百年未有之大变局，新冠肺炎疫情全球大流行加速了大变局的演进。在变局中，社会主义中国在经济和政治上取得了重大发展，成为世界第二大经济体，日益走近世界舞台的中央，在国际事务中发挥着愈来愈重要的作用。特别是在全球抗击新冠肺炎疫情的斗争中，社会主义中国在习近平总书记的亲自谋划、亲自指挥下，在各级领导干部和广大人民群众勠力同心奋战下，取得了令世界瞩目的重大战略成果。

面对中国的快速崛起、世界地位之变和抗击新冠肺炎疫情取得的伟大成就，以美国为首的一些国家一方面大肆鼓吹"中国威胁论"，挑起贸易战、科技战，设法打压、扼制中国的发展和极力向中国"甩锅"；另一方面，试图搞乱中国，与我们打争夺接班人之战，企图实现其西化、分化、搞颜色革命的图谋。近几年在中国香港发生的一系列事件中，国外敌对势力的插手确证了他们与我争夺接班人之心不死，大多数参与者为青年学生表明了学校在办学方向上存在着不容忽视的问题。由此，这给我们敲响了警钟，绝不能忽视教育的方向性问题。如果教育偏离了社会主义方向，培养的就不会是社会主义事业的建设者和接班人，而是其对立面乃至掘墓人。若如此，不仅建设社会主义教育强国的目标难以实现，而且有使中国特色社会主义千秋大业毁于一旦的危险。因此，党的十九大以来，习近平总书记反复强调："培养什么人,是教育的首要问题。我国是中国共产党领导的社会主义国家,这就决定了我们的教育必须把培养社会主义建设者和接班人作为根本任务。"①加强新时代大学生思想政治教育研究,破解思想政治教育实践中的新问题,就是坚持社会主义办学方向,落实立德树人根本任务,培养社会主义的建设者和接班人,为建成社会主义教育强国创造条件、提供保证。

(二)为建设高等教育强国尽应尽之力

高等教育在国家教育中居于重要地位,其发展水平是一个国家发展水平和发展潜力的重要标志。为此,世界各国都把办好大学、培养人才作为实现国家发展、增强综合国力的战略举措。我国要实现建设社会主义现代化强国的目标,必须以教育强国为支撑,而建设教育强国又必须以强有力的高等教育作支撑。为了加强高等教育建设,党和国家提出了新时代要推动和实现高等教育内涵式发展,提高教育教学质量的目标与任务。为此,党和国家提出并实施了"双一流"即建设世界一流大学和一流学科的战略。建设一流大学和一流学科的根本目的,在于培养一流人才、产出一流成果。但是一段时期以来,高校在对人才培养、科学研究、服务社会、传承文化和国际交流职能的摆位上出现偏差,存在着重教书轻育人、重科研轻教学、重西方轻本土等现象。

为了落实"双一流"战略,国务院制定了建设的总体方案,明确指出:"'双一流'建设的指导思想是以立德树人为根本,培养中国特色社会主义事业建设者和接班人,更好地为社会主义现代化建设服务、为人民服务;建设

---

① 习近平:《坚持中国特色社会主义教育发展道路 培养德智体美劳全面发展的社会主义建设者和接班人》,《光明日报》,2018 年 9 月 11 日。

的总体目标是使高校成为知识发现和科技创新的重要力量、先进思想和优秀文化的重要源泉、培养各类高素质优秀人才的重要基地,在支撑国家创新驱动战略、服务经济社会发展、弘扬中华优秀传统文化、培育和践行社会主义核心价值观、促进高等教育内涵发展等方面发挥重大作用;建设的任务包括建设一流的师资队伍、培养拔尖创新人才、传承创新优秀传统文化。"2021年4月19日,习近平总书记在考察清华大学时再次强调:"今年是中国共产党成立100周年,我国开启了全面建设社会主义现代化国家新征程。党和国家事业发展对高等教育的需要,对科学知识和优秀人才的需要,比以往任何时候都更为迫切。我们要建设的世界一流大学是中国特色社会主义的一流大学,我国社会主义教育就是要培养德智体美劳全面发展的社会主义建设者和接班人。我国高等教育要立足中华民族伟大复兴战略全局和世界百年未有之大变局,心怀'国之大者',把握大势,敢于担当,善于作为,为服务国家富强、民族复兴、人民幸福贡献力量。"①

目前,"双一流"建设在全国高等教育领域扎实稳步推进。一流大学要有一流学科专业支撑。一流大学和一流学科专业的根本目标是培养一流人才,一流人才就是德才兼备的高素质人才。思政课是高校落实立德树人根本任务的关键课程,课堂教学是学生思想政治教育的主渠道,日常思想政治教育是培养学生思想品德的主阵地。因此,建设高等教育强国,实现"双一流"战略,培养高素质人才,思想政治教育缺位绝无可能。加强新时代大学生思想政治教育研究,破解其发展难题,就是为了保证高等教育的社会主义方向,提升高等教育的培养质量,实现建设高等教育强国的目标。

---

① 习近平:《坚持中国特色世界一流大学建设目标方向　为服务国家富强民族复兴人民幸福贡献力量》,《人民日报》,2021年4月20日。

（三）为促进新时代大学生全面发展尽应尽之责

新时代实施"双一流"战略的根本目标是培养德才兼备的一流人才，即德智体美劳全面发展的高质量人才。德智体美劳，以德为先，德居首位。德是人的灵魂，决定着人的发展方向。对于可塑性较强的青年大学生来说，良好思想品德的确立更是其健康成长之关键。注重道德教育是中国古代教育的突出特点，也是中华优秀传统文化的重要内容。中国共产党在领导人民进行新民主主义革命、社会主义革命和建设中，高度重视青年的思想道德教育工作。党的十八大以来，习近平总书记站在确保党和国家宏伟事业薪火相传的战略高度，更加重视青年的成长成才问题。他在 2013 年 5 月 4 日同各界优秀青年代表座谈时指出："历史和现实都告诉我们，青年一代有理想、有担当，国家就有前途，民族就有希望，实现我们的发展目标就有源源不断的强大力量。"①在 2016 年 4 月 26 日知识分子、劳动模范、青年代表的座谈会上他强调："实现中华民族伟大复兴的中国梦，需要一代又一代有志青年接续奋斗。青年人朝气蓬勃，是全社会最富有活力、最具有创造性的群体。党和人民对广大青年寄予厚望。"②在 2019 年 4 月 30 日纪念五四运动 100 周年大会上他再次强调："青年是整个社会力量中最积极、最有生气的力量，国家的希望在青年，民族的未来在青年。"③

为了使当代中国青年肩负起历史和时代的使命，习近平总书记对青年提出了殷切期望，2020 年 8 月 17 日在致全国青联十三届全委会和全国学联

---

① 习近平：《在同各界优秀青年代表座谈时的讲话》，《人民日报》，2013 年 5 月 5 日。

② 习近平：《紧跟时代肩负使命锐意进取 为共同理想和目标团结奋斗》，《光明日报》，2016 年 4 月 30 日。

③ 习近平：《在纪念五四运动 100 周年大会上的讲话》，《光明日报》，2019 年 5 月 1 日。

二十七大的贺信中指出:"我国广大青年要坚定理想信念,培养高尚品格,练就过硬本领,勇于创新创造,矢志艰苦奋斗,同亿万人民一道,在矢志奋斗中谱写新时代的青春之歌。"①2021 年 3 月 25 日在闽江学院考察时他强调:"希望同学们树立远大理想、热爱伟大祖国、担当时代责任、勇于砥砺奋斗、练就过硬本领、锤炼品德修为,努力成为对社会有用的人、道德高尚的人,积极投身全面建设社会主义现代化国家的伟大事业。"②2021 年 4 月 19 日在清华大学考察时他又谆谆教诲:"当代中国青年是与新时代同向同行、共同前进的一代,生逢盛世,肩负重任。广大青年要爱国爱民,从党史学习中激发信仰、获得启发、汲取力量,不断坚定'四个自信',不断增强做中国人的志气、骨气、底气,树立为祖国为人民永久奋斗、赤诚奉献的坚定理想。要锤炼品德,自觉树立和践行社会主义核心价值观,自觉用中华优秀传统文化、革命文化、社会主义先进文化培根铸魂、启智润心,加强道德修养,明辨是非曲直,增强自我定力,矢志追求更有高度、更有境界、更有品位的人生。要勇于创新,深刻理解把握时代潮流和国家需要,敢为人先、敢于突破,以聪明才智贡献国家,以开拓进取服务社会。要实学实干,脚踏实地、埋头苦干,孜孜不倦、如饥似渴,在攀登知识高峰中追求卓越,在肩负时代重任时行胜于言,在真刀真枪的实干中成就一番事业。"③2021 年 7 月 1 日在庆祝中国共产党成立 100 周年大会上的讲话中,他再次对新时代青年提出了要求:"新时代的中国青年要以实现中华民族伟大复兴为己任,增强做中国人的志气、骨气、底气,不负时代,不负韶华,不负党和人民的殷切期望。"④习近平总书记对青

---

①　习近平:《坚定跟党走 奋进新时代 为党和国家事业发展作出新的更大的贡献》,《光明日报》,2020 年 8 月 18 日。

②　习近平:《在服务和融入新发展格局上展现更大作为 奋力谱写全面建设社会主义现代化国家福建篇章》,《光明日报》,2021 年 3 月 26 日。

③　习近平:《坚持中国特色世界一流大学建设目标方向 为服务国家富强民族复兴人民幸福贡献力量》,《人民日报》,2021 年 4 月 20 日。

④　习近平:《在庆祝中国共产党成立 100 周年大会上的讲话》,《人民日报》,2021 年 7 月 2 日。

年的期待昭示了,大学生应成为德智体美劳全面发展的社会主义建设者和接班人,而理想信念、家国情怀、品德修为、开拓创新精神是德的重要内容,居全面发展之首。

当前,在党的领导下,经过全中国人民的不懈奋斗,中国特色社会主义已经从站起来、富起来跨越到强起来的新发展阶段。但是发展不平衡不充分问题仍然突出,重点领域、关键环节的改革任务仍然艰巨,加之国际环境日趋复杂,为破解经济社会发展中的深层次矛盾和问题增大了难度。这些问题在大学生中的直接反映是就业、生活和发展的压力剧增。面对压力,一些大学生受社会上流传的"佛系文化""丧文化""躺平文化"等消极文化的影响,出现了随遇而安、与世无争等心理。这种心理的出现与存在有其客观与主观的原因,在一定程度上和一段时间内可以起到缓解心理压力的作用,但与中国特色社会主义新时代赋予当代青年的使命和责任,与党和国家事业发展对青年提出的要求,与习近平总书记对青年的殷切期望不相适应。该心理的实质是缺少坚定的理想信念,而理想信念恰是德的核心。德居"五育"之首,直接影响着智体美劳"四育",影响着大学生的全面发展。为此,在新时代要有针对性地加强大学生的思想政治教育,特别是加强理想信念教育,帮助大学生树立正确的坚定的理想信念,养成积极向上的精神状态,培育不怕挫折、勇于奋斗的意志品质,做德智体美劳全面发展的、担当民族复兴重任的时代新人。加强新时代大学生思想政治教育研究,破解其发展难题,就是为了促进大学生全面发展,使其成为社会主义合格建设者和可靠接班人。

二、丛书主要内容

本丛书以新时代大学生思想政治教育新任务为主题,采取总分结合的方式,探索新时代大学生思想政治教育的新策略。丛书的首部著作从总体上反映了新时代大学生思想政治教育的任务和策略,之后各部著作是对首部著作中某一方面内容的具体展开。首部综合性著作包括八个部分内容,即大学生创新精神培育研究、大学生审美素养培育研究、大学生文化自信教育研究、大学生廉洁教育研究、大学生思想政治教育文化载体建设研究、研究生思想政治教育研究、大中小学思想政治教育一体化研究、高校院(系)立德树人机制研究,上述问题均为新时代大学生思想政治教育必须关注和解决的问题。

创新精神培育作为著作的首要问题,缘于党的十九大以来党中央在全面分析国际科技创新竞争态势,深入研判国内外发展形势的基础上,坚持把科技创新摆在国家发展全局的核心位置,提出激发各类人才的创新活动,建设全球人才高地的战略。习近平总书记强调,当今世界的竞争说到底是人才的竞争、教育的竞争,要培养创新人才首先需要培养创新意识和创新精神。因此,大学生创新精神培育是新时代为大学生思想政治教育提出的任务。

在2018年全国教育大会上习近平总书记提出,新时代中国特色社会主义的教育要培养德智体美劳全面发展的社会主义建设者和接班人。审美素质是德与智的集中体现,是高素质人才的必要内容,其不仅贯穿于德智体劳之中,而且影响着四个方面的发展。因此,提高大学生审美素养是新时代为大学生思想政治教育提出的任务。

自2014年"两会"期间习近平总书记提出,文化自信是道路自信、制度自信、理论自信的基础和根本以来，开展文化自信教育，夯实大学生中华优秀传统文化、革命文化和社会主义先进文化底蕴，增强大学生的爱国情怀，就成为大学生思想政治教育的重要内容。

加强高校文化载体建设，充分发挥文化载体润物无声、潜移默化的作用，也成为大学生思想政治教育面对的新问题。因此，加强大学生文化自信教育和高校文化载体建设是新时代为大学生思想政治教育提出的任务。

新时代为了适应中国特色社会主义经济社会发展对高层次人才的需要，我国的研究生教育也进入了发展的快车道，培养国家发展亟须的德才兼备的高层次人才是新时代高等教育落实立德树人根本任务的突出问题。因此，加强研究生思想政治教育工作是新时代为大学生思想政治教育提出的任务。

自 2019 年 3 月 18 日习近平总书记在全国学校思政课教师座谈会上明确提出，大中小学思政课要循序渐进、螺旋上升地开设，为培养一代又一代社会主义建设者和接班人提供保障的要求以来，积极探索和深入推进大中小学思政教育一体化工作在全国轰轰烈烈地展开。因此，深化大中小学思想政治教育一体化建设是新时代为大学生思想政治教育提出的任务。

高校立德树人根本任务完成的基础在院（系），基础不牢，地动山摇。因此，加强高校院（系）立德树人机制建设，筑牢培养社会主义建设者和接班人的根基，是新时代为大学生思想政治教育提出的任务。

大学生思想政治教育的实践随着时代的发展不断向前推进，大学生思想政治教育研究也要随之不断与时俱进、向深入发展。本丛书目前的研究内容尚存一定的局限，未能将新时代提出的所有新问题囊括其中，比较突出的如刚刚起步的大学生劳动教育问题就未能纳入，期待今后接续完善。

王秀阁

2022 年 1 月 5 日

目录
CONTENTS

第一章　新时代大学生创新精神培育研究

习近平总书记在党的十九大报告中明确指出:"加快建设创新型国家。创新是引领发展的第一动力,是建设现代化经济体系的战略支撑。"①与此同时,还将"创新"置于新发展理念的首位。"创新驱动发展战略"已成为我国的国家战略。高校承担着人才培养、科学研究、社会服务、文化传承创新和国际交流合作的重要职能,新时代对创新发展的迫切要求,为高校人才培养提出了新任务,即培育大学生创新精神和创新能力的任务。对于大学生思想政治教育来说,培养大学生的创新精神是新时代提出的重要任务。

一、新时代大学生创新精神培育的必要性

在中国特色社会主义新时代,重视大学生创新精神和创新能力的培养

---

① 习近平:《决胜全面建成小康社会 夺取新时代中国特色社会主义伟大胜利——在中国共产党第十九次全国代表大会上的报告》,人民出版社,2017 年,第 31 页。

十分必要,是实现社会主义现代化强国目标的需要,是新时代高校提高人才培养质量的需要,是促进大学生成长发展的需要。

(一)实现社会主义现代化强国目标之需要

党的十九大明确提出了中国特色社会主义的奋斗目标,即到本世纪末把我国建成富强民主文明和谐美丽的社会主义现代化强国。面对全球新一轮科技革命与产业变革的重大机遇和挑战,面对国内经济发展的新变化,面对实现"两个一百年"奋斗目标的历史任务和要求,以习近平同志为核心的党中央准确把握世界经济深度调整带来的机遇与挑战,创造性地提出了创新驱动发展战略。习近平总书记指出,要着力实施创新驱动发展战略,抓住了创新,就抓住了牵动经济社会发展全局的"牛鼻子"。抓创新就是抓发展,谋创新就是谋未来。我们必须把发展基点放在创新上,通过创新培育发展新动力、塑造更多发挥先发优势的引领型发展,做到人有我有、人有我强、人强我优。① 《中华人民共和国国民经济和社会发展第十三个五年规划纲要》提出,必须把创新摆在国家发展全局的核心位置,不断推进理论创新、制度创新、科技创新、文化创新等各方面创新,让创新贯穿党和国家一切工作,让创新在全社会蔚然成风。党的十九届五中全会再次强调,在"十四五"时期要坚持创新在我国现代化建设全局中的核心地位,营造崇尚创新的社会氛围。

综观世界发达国家的科学技术发展,科技创新战略储备一直是推动发达国家经济发展的力量源泉。党的十八大以来,习近平总书记高度重视科

---

① 参见习近平:《在省部级主要领导干部学习贯彻党的十八届五中全会精神专题研讨班上的讲话》,《人民日报》,2016 年 5 月 10 日。

技事业的战略地位与作用,将重大科技创新成果生动形象地比喻为"国之重器"。党的十九大报告中十余次提到科技、五十余次强调创新。习近平总书记在参加十三届全国人大一次会议广东代表团的审议时指出:"中国如果不走创新驱动道路,新旧动能不能顺利转换,就不能真正强大起来。"①创新已经成为推动我国社会发展的重要力量,创新在建设社会主义强国中必将发挥重要作用。

"盖有非常之功,必待非常之人。"创新驱动的实质是人才驱动。科技创新,关键在人。习近平总书记强调,建设社会主义现代化强国,发展是第一要务,创新是第一动力,人才是第一资源。

大学生是民族的希望,祖国的未来,是十分宝贵的人才资源。2018 年 5 月,习近平总书记在北京大学师生座谈会上指出:"我在党的十九大报告中提出了我国发展的战略安排,这就是:到 2020 年全面建成小康社会,到 2035 年基本实现社会主义现代化,到本世纪中叶把我国建成富强民主文明和谐美丽的社会主义现代化强国。广大青年生逢其时,也重任在肩。我说过,中华民族伟大复兴,绝不是轻轻松松、敲锣打鼓就能实现的,我们必须准备付出更为艰巨、更为艰苦的努力。广大青年要成为实现中华民族伟大复兴的生力军,肩负起国家和民族的希望。"②当代大学生到本世纪中叶正值人生的黄金时期,正是建设社会主义现代化强国的中坚力量。为了保证党的宏伟目标和中华民族伟大复兴的中国梦的实现,高校必须高度重视大学生创新精神和创新能力的培养,为社会主义现代化强国建设、为中华民族伟大复兴的中国梦的实现提供源源不断的人才资源。

---

① 《习近平李克强栗战书汪洋王沪宁赵乐际韩正分别参加全国人大会议一些代表团审议》,《光明日报》,2018 年 3 月 8 日。

② 习近平:《在北京大学师生座谈会上的讲话》,《人民日报》,2018 年 5 月 3 日。

（二）新时代高校提高人才培养质量之需要

"国势之强由于人,人材之成出于学。"大学是立德树人、培养人才的地方,培养德智体美劳全面发展的社会主义建设者和接班人,是党在新时代的教育方针,也是我国各级各类学校的办学目标和使命。高校只有抓住培养社会主义建设者和接班人这一根本才能办好社会主义大学,才能办出中国特色的世界一流大学。提高自主创新能力,建设创新型国家,是中国特色社会主义新时代发展战略的核心,是提高我国综合国力的关键。创新精神和创新能力已成为新时代人才必不可少的素质,已是新时代对人才的基本要求之一。

在党的十八大报告中,明确将培养创新精神作为提高教育质量的重要内容:"全面实施素质教育,深化教育领域综合改革,着力提高教育质量,培养学生社会责任感、创新精神、实践能力。"[①]党的十九大报告强调,要"培养造就一大批具有国际水平的战略科技人才、科技领军人才、青年科技人才和高水平创新团队"[②]。为了贯彻落实党中央关于建设创新型国家的精神,为了贯彻落实党中央提出的"加快一流大学和一流学科建设,实现高等教育内涵式发展"的要求,教育部部长在新时代全国高等学校本科教育工作会议上强调,要加强新工科建设,加强医学教育、农林教育、文科教育创新发展,持续深化创新创业教育,努力建设一批新时代中国特色社会主义标杆大学。《教育部关于加快建设高水平本科教育全面提高人才培养能力的意见》(教

---

① 胡锦涛:《坚定不移沿着中国特色社会主义道路前进 为全面建成小康社会而奋斗——在中国共产党第十八次全国代表大会上的报告》,人民出版社,2012 年,第 35 页。

② 习近平:《决胜全面建成小康社会 夺取新时代中国特色社会主义伟大胜利——在中国共产党第十九次全国代表大会上的报告》,人民出版社,2017 年,第 31~32 页。

高〔2018〕2 号）也提出，以创新人才培养机制为重点，形成招生、培养与就业联动机制，完善专业动态调整机制，健全协同育人机制，优化实践育人机制，强化质量评价保障机制，形成人才培养质量持续改进机制。因此，创新人才培养已经成为高校提高人才培养能力的关键，创新精神培育已成为高校提高人才培养质量的迫切要求。

（三）促进大学生成长发展之需要

习近平总书记在党的十九大报告中，对新时代的青年寄予了希望和期待，指出："青年兴则国家兴，青年强则国家强。青年一代有理想、有本领、有担当，国家就有前途，民族就有希望。"①2018 年 5 月在北京大学师生座谈会上他又指出："中国人民的伟大创造精神、伟大奋斗精神、伟大团结精神、伟大梦想精神。这种伟大精神是一代一代中华儿女创造和积淀出来的，也需要一代一代传承下去。"②当代大学生是同新时代共同前进的一代，是成长在实现中华民族伟大复兴关键时期的一代，其成长发展要和时代发展的要求同频共振。

时代呼唤创新精神和创新能力，时代需要勇于创新善于创新的人才，大学生要顺应时代发展的要求，勇做新时代的弄潮儿，就应努力提高自身的创新精神和创新能力，肩负起建设社会主义现代化强国的重任，成为担当民族复兴大任的时代新人。因此，培养大学生创新精神和创新能力，是促进大学生成长发展的迫切要求。

---

① 《习近平谈治国理政》（第三卷），外文出版社，2020 年，第 54 页。
② 习近平：《在北京大学师生座谈会上的讲话》，《人民日报》，2018 年 5 月 3 日。

二、对大学生创新精神培育现状的审视

近年来,教育管理部门和高校更加关注大学生创新精神的培育,采取了很多措施,如教育综合改革以创新人才培养为导向、全面实施素质教育、大力支持大学生创新创业等。但是总体上看大学生创新精神培育的效果还有待提升,培育中尚存在一些亟待破解的问题。

(一)大学生创新精神培育取得的进展

目前,大学生创新精神培育意识明显增强,培育途径初步明确,培育效果已经显现。

1.创新精神培育的意识明显增强

对于创新,我国不少高校都予以重视,并将之作为校训的重要内容,如清华大学大礼堂的南墙上一直悬挂着"人文日新"的牌匾,南开大学的校训为"允公允能、日新月异",浙江大学的校训为"求是创新",武汉大学的校训为"自强弘毅、求是拓新",同济大学的校训为"严谨、求实、团结、创新",华东师范大学的校训为"求实创造、为人师表",首都师范大学的校训为"为学为师,求实求新",湘潭大学的校训为"博学笃行,盛德日新",等等。党的十八大以后,党中央根据国际国内社会发展的要求,更加重视创新问题。为了贯彻落实党中央的要求,教育行政部门及高等学校对大学生创新精神培育的意识明显增强,主要体现在:

第一,创新精神培育的要求频繁见于教育部及省(区、市)教育行政部门的相关文件之中。如2018年《教育部关于加快建设高水平本科教育全面提高人才培养能力的意见》强调,增强学生的社会责任感、创新精神和实践能力,深化创新创业教育改革,强化创新创业实践,搭建大学生创新创业与社会需求对接平台,提升创新创业教育水平。2019 年,教育部又印发了《国家级大学生创新创业训练计划管理办法》。

第二,在新核准的大学章程中,创新精神和创新能力培育成为重要内容。通过检索和查询教育部网站公布的已核准的部直属高等学校的章程,以及天津市属高等学校的章程,其中关于高校人才培养总体目标的基本表述,都包括了"创新""创造""创新人才""创新思维""创新意识""创新志趣"等内容,不少高校明确提出了"创新精神"培育的要求。这说明大学生创新精神培育已经成为我国诸多高等学校人才培养的目标和要求。

第三,对高校教师明确提出了创新的要求。如在《教育部关于进一步加强和改进师德建设的意见》(教师〔2005〕1 号)中,提出了要"大力提倡求真务实、勇于创新、严谨自律的治学态度和学术精神","成为热爱学习、终身学习和锐意创新的楷模"的要求。

2. 创新精神培育的途径初步明确

目前,对"大学生创新精神培育应贯穿人才培养全过程"已在高校达成共识。在全面深化改革的影响下,高等教育综合改革也在全面推进。教育部和各高校采取多条途径推进大学生创新精神培育工作。

一是以培养创新人才为导向加强教育教学改革。《国家中长期教育改革和发展规划纲要(2010—2020)》明确提出了"更新人才培养观念","创新人才培养模式","遵循教育规律和人才成长规律,深化教育教学改革,创新教育教学方法,探索多种培养方式,形成各类人才辈出、拔尖创新人才不断涌现的局面"[①]的要求。为此,高校不断推进教育教学改革,注重培养学生创

---

① 《国家中长期教育改革和发展规划纲要(2010—2020 年)》,《人民日报》,2010 年 7 月 30 日。

新时代大学生思想政治教育新任务新策略研究

新精神,鼓励各类创新比赛,让更多的大学生参与到竞赛之中,"努力造就大众创业、万众创新的生力军"①。全国高校各类型、多层次的大学生创新创业竞赛、大学生创新创业训练(简称"大创")项目已成为大学生创新精神和创新能力培养的品牌活动。

二是加强文化素质教育。国家级文化素质教育基地建设数量增多,示范效应逐渐显现。通过文化素质教育,大学生扩大了知识面,对知识的好奇心和求知欲明显增强,学习的热情和创新的欲望被激发。

3. 创新精神培育的效果已经显现

我国高等教育在大学生创新精神培育方面已取得了一定的成绩。一是高等学校在大学生创新精神培育方面的成果对我国经济社会发展起到重要的推动作用。改革开放以来,在重大科技创新领域,涌现出很多杰出人才,如在神七、神八、神九飞船的研发团队中,成员的平均年龄只有30多岁,并且都是我国独立培养的创新人才。又如,在联合国教科文组织公布的全球前一百名化学家名单中有十二位华人,十二位中又有十一位是我国高校培养的本科毕业生。②

二是拔尖创新人才培养已显成效。教育部、组织部和财政部共同推进的"基础学科拔尖学生培养试验计划"已取得明显成效。如复旦大学启动该计划至今,培养出了以第一作者身份在国际纳米领域顶级期刊《纳米快报》(*Nano Letters*)上发表论文的化学系大三学生达佩玫、以第一作者在《分子生物学与进化》(*Molecular Biology and Evolution*)和以第二作者在《科学》(*Science*)上发表论文的生命科学学院本科生丁琦亮等二百名"未来的科学家"。该校首批入选拔尖计划的毕业生中,绝大多数都在美国斯坦福大学、哥伦比

① 《国务院办公厅关于深化高等学校创新创业教育改革的实施意见》,中华人民共和国国务院公报,2015年。
② 参见杜玉波:《关于创新人才培养的几个问题》,《中国大学教学》,2012年第9期。

亚大学等知名学府继续求学深造。

三是大学生参与创新创业的热情进一步提升。目前大学生创新创业竞赛、创新创业训练项目已激发了大学生的创新精神,锻炼了大学生的创新能力,产出了一批创新成果。大学生创业是一个热门的话题,不少大学生毕业后不再局限于寻找一份普通稳定的工作,而是选择去创业,去实现自己的创业梦,更多地发挥自己的价值。以创新引领创业,以创业带动就业,鼓励大学生创新创业,在高校中积极推进。

(二)大学生创新精神培育中存在的问题

在全国创新大势的推动下,大学生创新精神培育取得了一定进展和成绩,但也存在一些较为突出的问题。

1.对创新精神培育重要性的认识还不够

对大学生创新精神培育的要求,党和国家早有提及。党的十八大以来,以习近平同志为核心的党中央更是高度重视。但是在高校中对大学生创新精神培育重要性的认识还不够,其体现在高校的重视多呈现在文件里、要求中和口号上,而落实在校园里、课堂上和实践中的自觉性还远远不够,与党和国家的要求、与经济社会快速发展的要求还存在较大的差距。在实践中则体现为"阵风式"和"仪式性"活动较多,由此造成创新活动"热潮"一过很快恢复"平静",缺乏持续力。

2.创新精神培育方法载体还不丰富

虽然高校在大学生创新精神培育方面进行了一些有益的探索,但是还缺乏稳定有效的方法和载体。目前创新精神培育还未能融入教育教学全过程,运用课堂讲授和正面灌输的方法进行创新精神培育显得力不从心,实效性也差强人意。对于大学生创新精神培育的新方法还缺少有效探索。

3.创新精神培育途径还不完善

在大学生创新精神培育的途径上,目前缺少面向全体大学生的较为有效的途径。高校开展的大学生创新精神培育活动短期性的较多,且覆盖范围小,不能做到面向全体大学生。不少高校的大学生创新精神培育工作依托"卓越人才培养计划",通过举办各类"实验班"进行。为了办好"实验班",高校在探索与有关部门、科研院所、行业企业联合培养人才的新模式上,在教师选聘、教学方法、课程安排、考核评价上,都做了一些创新性的尝试。但是"实验班"重视的是少数学习成绩优异的"优秀学生"的创新精神和能力的培养,由此带给人们创新是少数"尖子生"的事情,与大多数学生无关的错觉。

4.创新精神培育机制还不健全

大学生创新精神培育机制不健全主要体现在:一是领导机制尚不健全,即高校没有明确的负责此项工作的部门,学生工作部门和教学管理部门应是大学生创新精神培育工作涉及的主要部门,但由于不是由同一校领导分管,因而在实际工作中,培育工作难以契合。二是运行机制尚不健全,即高校大学生创新精神培育工作多数处于随意和无序状态,课堂教学和学生日常管理中的创新精神培育的目标、落实的方案均不很明确。三是考核评价机制尚未建立,即对高校教师是否在课堂教学、课外活动、日常管理中注重学生创新精神的培育缺乏有效的检查与考核评价,不少高校仅以大学生参加挑战杯学术科技作品竞赛、创新创业计划大赛或学科竞赛获奖,作为奖励指导教师的依据,缺少稳定长效的过程考察与奖惩机制。

5.创新精神培育环境还未形成合力

大学生创新精神培育环境未形成合力,首先体现在中小学教育与高等教育未能形成纵向合力。大学生的创新精神不是升入大学以后,一蹴而就形成的,仅靠高等学校的四年培育,难以达到预期的目标。而在升入大学以前,中小学对学生的教育依然是"应试教育"居主导,对学生的评价也多是以考试成绩为据,高考拼成绩的惯性仍在持续。其次体现在社会、学校、家庭尚未形成横向合力。学校老师和用人单位,仍存在以"听话""顺从""听指挥"作为评判学生的重要标准的现象,使得学生的创新欲望往往受到压抑,创新想法不敢表达。多数家长也不知如何培育学生的创新精神。

(三)大学生创新精神培育中存在问题的原因分析

对新时代大学生创新精神培育的研究,不仅要研究其现状即什么样的问题,更要研究其存在问题的原因即为什么的问题,这样才能准确地认识和把握新时代大学生创新精神培育的新任务新举措。

1.社会创新氛围不足的影响

社会存在决定社会意识,人们创新精神的形成和发展与其所处的社会状况直接相关。因此,大学生创新精神培育中存在的问题与社会环境氛围有关。

首先,社会创新的氛围还不足。改革开放以后特别是党的十八大以来,创新意识在我国快速增强且取得了丰硕的成果,但与世界先进国家相比,还存在较大的差距。创新意识总体上还显薄弱,创新能力还不够强;群众中的创新积极性还不够高,人们在工作中往往"遵命有余,创新太少";一些农村或经济不发达地区,民众基本科学知识缺乏,愚昧迷信现象依然存在;对创新思想和创新勇气的认可度不高,趋同求稳思想、崇拜权威、崇尚中庸思想仍普遍存在,等等。社会创新氛围不足必然影响对大学生创新精神的培育。

其次,社会保障创新的制度还不完善。经济的增长、民主的发展需要健全的制度保证。创新也是如此,同样需要有效的制度给予保证。虽然我国在保证创新的制度建设上有了一定发展,推进了创新意识和创新行为的发展。但是从整体上看,保障创新的制度还很不完善,如包容、支持创新活动失败的制度,加强对国民创新意识、创新思维、创新能力培训的制度等都还处于初始状态。保障创新制度的缺失,不仅制约了人们创新的积极性和创新成果的提升,也影响了大学生创新精神的培育。

再次,社会鼓励支持创新的氛围不足。鼓励支持创新的氛围不足,主要体现在对科学研究的管理上。比如,在管理中过于强调科研成果的数量,造成了研究者"急功近利"追求"短平快"的现象,难以开展系统而深入的创新研究,更难创造出带有原创性的高水平成果。再如,由于对科研人员创新的支持力度不够,人们安于现状不思进取,不愿打破常规,缺乏创新的激情和冲动。社会中存在的"保守"氛围,也影响了大学生创新精神的培育。

2. 传统观念和思维方式的影响

传统思想观念和思维方式作为社会意识具有相对的独立性,它不会随着社会经济、政治的变化发展立即改变,而要滞后存在相当一段时期甚至很长时间。大学生创新精神的培育是当代世界发展的趋势,是新时代中国经济社会发展的迫切要求。但是中国两千多年的封建社会和半殖民地半封建社会形成的思想观念和思维方式仍在影响着人们,影响着大学生创新精神的培育。

首先,传统观念的影响。这里所讲的传统观念主要指中国传统文化中的从众观念和求稳观念。在深受儒家文化熏陶的中国社会,从众心理表现得尤为明显。中国传统文化主张"中庸之道",宣传"枪打出头鸟""木秀于林,风必摧之;堆出于岸,流必湍之"的思想,造成了人们"随大流"的处世之道。这在很大程度上阻碍了个体思维的发展和个性的形成,不利于人们创新精神的培育和养成。另外,中国传统文化中的"群体归属"意识导致人们的从众心理。中国社会普遍存在着人格依附,对自我才能和价值的评价,寄托在他人的评价上,注重周围人的评价和社会的舆论。这种从众心理容易扼杀人们创新的勇气和锐气,往往导致刚刚萌发的新思路和新观点被扼杀。再有,传统价值观中的追求稳定、追求高福利等观念也会影响人们创新精神、探索精神的发扬。这些根深蒂固的思想观念,既影响着大学生创新精神的养成,也影响着教育工作者创新素养的提升,因而制约着大学生创新精神的培育。

其次,惯性思维的影响。惯性思维的特点是趋于保守,具有强烈的定式倾向。在惯性思维下,人们很难跳出一个习惯了的模式,遇到问题就会想从以往的经验中寻找解决问题的方法,而不是去探索更好的解决办法。惰性思维是惯性思维的一种表现,其体现为习惯于用老眼光看新问题,用曾经被证明有效的旧概念去解释新现象;认为存在的就是正确的,不主动去探究、质疑,对问题想当然,等等。思维方式是思想观念在思维中的深层积淀,是人们的思维模式,它会自觉不自觉地制约着人们认识问题和处理问题的视角、态度乃至行为,因而也会影响人们的创新精神。惯性思维保守、惰性的特点阻碍着人们创新精神的形成,也影响着大学生创新精神的培育。

3. 高等教育存在局限的影响

大学生创新精神培育存在的问题,有社会方面的原因,也有高校自身的原因。首先,是传统教育理念局限的影响。我国传统的高等教育,主要是一种以传授已有知识为特征的继承教育,这种教育的理念核心是尽可能地在已有处理问题的方式中寻求最为简便的方法,而不是鼓励创新,因而不利于大学生创新精神的培育。另外,我国的传统教育强调掌握文化、科学知识的重要性,重视对学生掌握知识能力的培养,课程考试内容多局限于已有的知识,多以记忆性考核为主。随着年级的升高,学生需要掌握的各领域知识越来越多,记忆的负担也在加重,由此造成学生将精力主要耗费在对已有知识的记忆掌握上,而忽视了在创造性思维中起着重要作用的非智力因素的培养,这种现象压抑了学生的想象力和创造力,因而制约了大学生创新精神的培育。

其次，是教学环节局限的影响。高校教育由多个教学环节构成，各教学环节的状况对学生和教师都具有重要影响。例如，在对学生的评价环节中，目前考试成绩仍是评定学生的主要标准，在奖学金评定、研究生保送和加入中国共产党等问题上学习成绩仍然起着主要作用，而学习成绩则是由以考核对所学知识的记忆和理解为主的考试决定的。又如，在教学管理环节中，目前仍存在整齐划一、缺乏个性的问题。在普遍实行学分制或学年学分制后，情况虽有所改变，但总体上学生学习的自由度仍然不大，学生在转系、换专业、选课、实行弹性学制等方面要受到种种限制，个性化培养难以实现。再如，目前高校的考试，仍存在考试内容以课堂、教师、教材为中心，考试题型标准化的现象，这虽有提高考试公平性的作用，但其影响学生发散性思维、创造性思维的培养和发挥的副作用也非常明显。

再次，是教师素质局限的影响。近年来，高校教师队伍建设的步伐在加快，教师的现代素质有了一定的提高，但离培育学生创新精神和创新能力的要求还有较大的差距。相当一部分教师适应素质教育要求的现代教育观念还没有完全确立，自身的创新精神和创新能力还不强，这些都是制约学生创新精神和创新能力培养的瓶颈。另外，教师的品格学识、师生之间的关系，都会影响大学生创新精神的形成。教师品格有教师个人品格和教师职业品格之分。如果教师具有忍耐、体谅、兴趣广泛、宽容、合作、民主、强烈的求知欲和创新精神等个人品格；如果教师具有对知识和真理的坚持和追求，对学生的关怀和对教学的热爱，对专业水平的孜孜以求等职业品格；如果教师具有宽厚的知识储备，长于启思，长于发展和改变，思维活跃，处处闪耀思想的灵光和智慧，善于解决问题等学识；如果师生之间具有健康、平等的关系等，都会有助于学生创新精神和能力的培养。但是目前高校教师队伍距此要求还有较大距离，因而制约着大学生创新精神的培育。

4. 家庭环境的制约

家庭是大学生成长的摇篮,在大学生心目中是最值得信赖和依靠的地方。因此,家长的教育理念、教育方法及要求期望,对大学生创新精神的培育具有促进或阻碍的作用。

首先,家庭教育理念的制约。中国传统文化一向非常重视功名荣耀,因而有些父母将自己的这一价值观强加于孩子,并以此来衡量孩子的行为表现和未来发展。不少家长期望孩子大学期间顺利完成学业,大学毕业找个稳定的单位,有稳定的收入;而很少考虑和尊重孩子的兴趣和发展愿望,在大学期间创新创业更难获得家长的鼓励和支持。大学生创新精神培养在家庭中缺少必要的土壤。

其次,家庭评价子女标准的制约。不少家长把子女的学习成绩、就业状况作为评价孩子是否成才、是否成功的唯一标准。在与亲朋好友谈论子女时,家长常会对孩子的学习工作状况进行比较,将对子女发展的期望放在了个人和家庭幸福的首位。家长普遍将上个好大学、考上研究生、考上公务员作为孩子成功的唯一标准。这样的评价标准制约了大学生创新精神的培育。

5. 大学生自身基本素质难以适应

唯物辩证法认为,在事物发展的过程中,外因是条件,内因是根据,外因通过内因起作用。大学生创新精神的培育同理。外在的培育只有通过自我内化,才能真正转化为个体的内在精神。大学生的思想道德素质、科学文化素质和心理健康素质都会影响创新精神的培育。目前,大学生在基本素质上还有不适应创新精神培育的方面。比如,理想信念不够正确、坚定,社会主义核心价值观没有成为自觉的行为,科学文化底蕴薄弱,缺乏进取自信、求知求新和勇对挫折的心理等,都在制约着创新精神的养成。

三、破解大学生创新精神培育中存在问题的理论依据

马克思主义经典作家关于创新的思想与实践,以及中国化马克思主义关于创新的思想与实践,为研究新时代大学生创新精神培育提供了理论基础。

(一)马克思主义经典作家关于创新的思想

马克思主义经典作家虽然未对"创新"做出十分明确的定义,但他们对于"创新"的论述为我们研究创新精神培育提供了遵循。

1. 马克思关于创新的思想

对于创新,马克思并没有给出一个定义,甚至没有使用过"创新"这个概念。但是在他的著作中却蕴含着丰富的创新思想。其中主要有:

第一,创新是现实的人面对新的实际情况有目的地从事一种前人未曾从事过的创造性实践活动。马克思指出:"通过实践创造对象世界,改造无机界,人证明自己是有意识的类存在物。"①

第二,人民群众是创新活动的主体。马克思强调并解决了"创新的主体是谁、创新为了谁"这两个根本性的关于创新的价值问题。他指出:"正是人,现实的、活生生的人在创造这一切,拥有这一切并且进行战斗。并不是'历史'把人当做手段来达到自己——仿佛历史是一个独具魅力的人——的目的。历史不过是追求着自己目的的人的活动而已。"②作为人类有意识和

---

① 《马克思恩格斯文集》(第一卷),人民出版社,2009 年,第 162 页。
② 同上,第 295 页。

有目的的创造性实践活动,创新应该以人为本,以满足人的多方面需求,以能够提升人的自由度,促进人的全面发展作为出发点和归宿。

第三,科学创新是将自然界、人类社会和人自身发展规律的新发现、新认知应用于改造自然、改造社会、改造人自身的过程,包括自然科学创新和人文社会科学创新。在马克思看来,科学创新由生产决定,始终受到社会生产需要的推动。科学创新具有推动经济发展和社会进步、促进人与自然和谐相处、完善人自身等功能,因而是撬动人类社会发展的有力杠杆。人类只有学会正确地认识、尊重客观规律,在"最无愧于和最适合于人类本性的条件下"来开展科学创新活动,才能推动生产力的进步,推进生产关系的改变,实行生产资料共同所有、经济计划统筹、社会民主治理,才能最终实现人同自然的和解以及人类本身的和解。

第四,实现科学创新需要条件。马克思认为,科学创新是服务于人类的价值活动,"有幸能够致力于科学研究的人,应该明白科学绝不是一种自私自利的享乐,并拿自己的学识为人类服务"①;科学创新的实质是批判,是不迷信一切结论,不相信一切权威,"任何领域的发展不可能不否定自己从前的存在形式"②;科学创新要有协作精神,"一般劳动是一切科学工作,一切发现,一切发明,它部分地以今人的协作为条件,部分地又以前人劳动的利用为条件"③。协作不仅"提高了个人生产力,而且创造了一种生产力,这种生产力本身必然是集体力"④。

2.恩格斯关于创新的思想

恩格斯关于创新方面的思想主要有:首先,创新基于认识是一个无止境

---

① 〔法〕保尔·拉法格:《回忆马克思恩格斯》,马集译,人民出版社,1973年,第2页。
② 《马克思恩格斯全集》(第4卷),人民出版社,1958年,第329页。
③ 《马克思恩格斯文集》(第七卷),人民出版社,2009年,第119页。
④ 《马克思恩格斯文集》(第五卷),人民出版社,2009年,第378页。

的过程。客观世界是处在不断发展变化中的物质世界,是过程的集合体,而不是一成不变的事物的集合体。认识和真理都是无止境的发展过程。恩格斯指出,在认识领域里,"谁要在这里猎取最后的终极的真理,猎取真正的、根本不变的真理,那么他是不会有什么收获的,除非是一些陈词滥调和老生常谈"①。

其次,创新要遵循客观规律、实事求是,敢于自我批判。恩格斯指出,人们对世界的认识都受他们生存的时代条件的限制,人们只能在这些条件下进行认识,而且这些条件达到什么程度,他们便认识到什么程度。因此,一切知识和真理都必然具有局限性和相对性,今天被认为是合乎真理的认识都有其隐蔽着的、以后会显露出来的非真理的一面。②

最后,科技创新来源于社会生产实践。恩格斯指出,社会需求催生科学的诞生,"和其他各门科学一样,数学是从人的需要中产生的,如丈量土地和测量容积,计算时间和制造器械"③。恩格斯还认为,科技创新来源于科学假说,他指出:"只要自然科学运用思维,它的发展形式就是假说。一个新的事实一旦被观察到,先前对同一类事实采用的说明方式便不能再用了。从这一刻起,需要使用新的说明方式——最初仅仅以有限数量的事实和观察为基础。进一步的观察材料会使这些假说纯化,排除一些,修正一些,直到最后以纯粹的形态形成定律。"④

3. 列宁关于创新的思想与实践

列宁关于创新的思想与实践主要体现在:一是充分肯定、热情支持人民群众的革命创造精神和革命创造活动。列宁指出,尽管革命(1905 年)失败

---

① 《马克思恩格斯文集》(第九卷),人民出版社,2009 年,第 94 页。
② 参见廉汶:《不断探索、开拓、创新是马克思主义的本质和要求——学习恩格斯的有关论述》,《理论月刊》,1987 年第 5 期。
③ 《马克思恩格斯文集》(第九卷),人民出版社,2009 年,第 42 页。
④ 同上,第 493 页。

了，革命的代价完全不是白费的。1905 年革命是 1917 年革命的总演习，"没有 1905 年的'总演习'，就不可能有 1917 年十月革命的胜利"①。列宁热情地支持和爱护群众的革命创举，支持创新精神的萌发。他正确地对待群众革命实践中的缺点，甚至暂时的失败，帮助群众从失败中总结经验，为新的战斗做准备。因此，列宁领导俄国人民取得了伟大的十月社会主义革命的胜利，开创了人类历史上无产阶级专政的社会主义国家之先河。

二是充分肯定了科技创新对于社会主义革命建设的重要促进作用。列宁指出："没有建筑在现代科学的最新发明上的技术，没有一种能使千百万人严格遵守的生产和生产品分配方面的统一标准的有计划的国家组织，则社会主义便无从谈起。"②

三是探索社会主义建设道路，提出了新经济政策。"首创、创新精神"是列宁提出的新经济政策的精华，也是当时苏俄经济建设成功的重要思想源泉。列宁是一位具有创造性思维的政治家，创造性思维在新经济政策中得到了充分体现，如发展多种所有制的经济体制，工业、商业、手工业、地方小工业、外贸等各行业一齐上，繁荣经济的措施"苏维埃政权 + 普鲁士的铁路管理制度 + 美国的技术和托拉斯组织 + 美国的国民教育……= 总和 = 社会主义"③等。这些思想都是打破了传统思维定式，运用创造性思维的结果。

马克思关于创新的性质、创新的主体和创新的条件的思想，恩格斯关于创新无止境、创新的条件和创新的来源的思想，以及列宁对于群众创新活动热情鼓励和积极支持的态度、关于创新在社会主义革命和建设中重要作用的思想、在制定新经济政策时体现的创新精神，都为破解大学生创新精神培育中存在的问题、提出新时代大学生创新精神培育的策略，提供了理论指导

---

① 《列宁全集》(第 39 卷)，人民出版社，2017 年，第 7 页。
② 《列宁论工业化》，人民出版社，1955 年，第 82 页。
③ 《列宁文稿》(第三卷)，人民出版社，1978 年，第 94 页。

和榜样激励。

(二)中国化马克思主义关于创新的思想

毛泽东、邓小平、江泽民、胡锦涛作为中国共产党领导集体的核心,他们坚持理论与实际相结合,在理论创新与实践创新中不断为马克思主义中国化做出了不可磨灭的历史性贡献,他们关于创新的思想与实践也为大学生创新精神培育研究提供了理论指导。

1. 毛泽东关于创新的思想与实践

毛泽东的创新思想贯穿于毛泽东思想的整个体系,毛泽东的一生可谓是创新的一生,无论是在革命战争时期,还是在社会主义建设时期,他都进行了大量的理论创新和实践创新。正是在他的创新思想的指导下,中国新民主主义革命取得伟大成功,社会主义建设事业初见成就,而且他的创新精神对党的后几届领导人也产生了深远的影响。毛泽东指出:"运动在发展中,又有新的东西在前头,新东西是层出不穷的","人类总是不断发展的,自然界也总是不断发展的,永远不会停止在一个水平上。因此,人类总得不断地总结经验,有所发现,有所发明,有所创造,有所前进。"[①]他曾把人的思维器官——大脑比喻为"加工厂",指出:"我们的脑子是个加工厂。工厂设备要更新,我们的脑子也要更新。"[②]毛泽东认为,只有发扬创新精神,才能保障中国革命与建设的胜利。没有创新就没有进步,不思创造,不求发展,结果只能落后于形势,对革命不利。毛泽东的创新思想,既坚持了马克思主义的基本原理,又注重了中国革命的实际要求,是马克思主义与中国革命实际的

---

① 《毛泽东文集》(第八卷),人民出版社,1999 年,第 325 页。
② 同上,第 393 页。

统一。毛泽东在新民主主义革命时期提出的走农村包围城市道路的思想、社会主义革命时期提出的对资本主义工商业实行"赎买"政策等,都是将马克思主义与中国实际相结合的创新的结晶。毛泽东对理论创新的高度重视和对于实践创新的积极探索,为我们研究大学生创新精神培育提供了理论指导和精神鼓舞。

2. 邓小平关于创新的思想与实践

邓小平一贯提倡创新精神,认为创新就是开拓,就是革新,就是走前人所没有走过的路。他把创新作为行动的动力,把创新精神贯彻到他带领中国人民进行的改革开放事业之中。邓小平在思考"文化大革命"后如何建设百废待兴的社会主义中国的过程中,形成了一整套通过改革创新实现中华民族振兴的战略思想。在与英籍华人作家韩素音会面时,他指出:"中国人是聪明的,再加上不搞关门主义,不搞闭关自守,把世界上最先进的科研成果作为我们的起点,洋为中用,吸收外国好的东西,先学会它们,再在这个基础上创新,那末,我们就是有希望的。"①后来,他又多次谈到创新,其中影响深远、意义重大的有两次。一次是他提出了改革开放的思想,带领中国人民走出了"文化大革命"造成的困境,开启了社会主义建设事业的新征程。1978 年 12 月,在党的十一届三中全会上,他发表了《解放思想,实事求是,团结一致向前看》的讲话,指出:"干革命、搞建设,都要有一批勇于思考、勇于探索、勇于创新的闯将。没有这样一大批闯将,我们就无法摆脱贫穷落后的状况,就无法赶上更谈不到超过国际先进水平。我们希望各级党委和每个党支部,都来鼓励、支持党员和群众勇于思考、勇于探索、勇于创新,都来做促进群众解放思想、开动脑筋的工作。"②另一次是他在 1984 年视察宝钢时

---

①　中共中央文献研究室:《邓小平年谱(一九七五——一九九七)》(上),中央文献出版社,2004 年,第 210 页。

②　《邓小平文选》(第二卷),人民出版社,1994 年,第 143 页。

直接提出技术创新。宝钢是与我国改革开放同步建设和发展起来的国有特大型企业,一期工程的大部分技术设备都是从国外引进的,是当时新中国成立以来最大的投资项目。邓小平在视察时为宝钢的题词是:"掌握新技术,要善于学习,更要善于创新。"①邓小平在"文化大革命"后的拨乱反正、开启改革开放新征程中强调解放思想、实事求是、勇于创新的思想与实践,为研究大学生创新精神培育提供了理论和实践的指导。

3. 江泽民关于创新的思想与实践

江泽民面对 21 世纪国际国内新形势,强调中国特色社会主义各方面的创新。1995 年 5 月,在全国科学技术大会上,江泽民提出"创新是一个民族进步的灵魂,是国家兴旺发达的不竭动力","一个没有创新能力的民族,难以屹立于世界先进民族之林"。② 之后,江泽民还多次强调了创新的重要性,并对创新机制的建立、创新人才的培养和国家创新体系的构建等方面问题进行了多层面的论述。2000 年 6 月,他又指出:"创新,包括理论创新、体制创新、科技创新及其他创新。二十多年来,我们党领导人民进行改革开放和现代化建设取得的伟大成就,都是与我们不断进行的理论创新、体制创新、科技创新等分不开的。"③2001 年,江泽民又多次谈到创新,在《庆祝中国共产党成立八十周年大会上的讲话》中深刻揭示了"三个代表"与"三个创新"的关系。他指出:"'三个代表'要求,是我们党的立党之本、执政之基、力量之源,也是我们在新世纪全面推进党的建设,不断推进理论创新、制度创新和科技创新,不断夺取建设有中国特色社会主义事业新胜利的根本要求。"④2002 年 9 月 8 日,江泽民在庆祝北京师范大学建校 100 周年大会上的讲话

① 中共中央文献研究室:《邓小平年谱(一九七五——一九九七)》(下),中央文献出版社,2004 年,第 961 页。

② 《江泽民文选》(第一卷),人民出版社,2006 年,第 432 页。

③ 《江泽民文选》(第三卷),人民出版社,2006 年,第 64 页。

④ 同上,第 272 页。

中指出:"当今时代,科技进步日新月异,国际竞争日趋激烈。各国之间的竞争,说到底,是人才的竞争,是民族创新能力的竞争。教育是培养人才和增强民族创新能力的基础,必须放在现代化建设的全局性、战略性的重要位置。"①江泽民关于创新是民族和国家发展动力及多方面创新特别是对教育在创新中具有重要地位的思想,为研究大学生创新精神培育提供了理论和实践的指导。

4.胡锦涛关于创新的思想与实践

胡锦涛将创新作为国家发展战略,提出了在全社会培育创新精神。胡锦涛强调,要将创新作为治党治国方略,指出要"把创新作为党必须长期坚持的治党治国之道"②,"自主创新能力是国家竞争力的核心,是我国应对未来挑战的重大选择,是统领我国未来科技发展的战略主线,是实现建设创新型国家目标的根本途径"③。要"把增强自主创新能力作为国家战略,贯穿到现代化建设各个方面,激发全民族创新精神,培养高水平创新人才,形成有利于自主创新的体制机制,大力推进理论创新、制度创新、科技创新,不断巩固和发展中国特色社会主义伟大事业"④。"在世界新科技革命推动下,知识在经济社会发展中的作用日益突出,国民财富的增长和人类生活的改善越来越有赖于知识的积累和创新。"⑤他提出创新的主体是人民群众,指出创新"必须坚持实践第一的观点,以最广大人民的实践为理论创新的源泉,以实现最广大人民的根本利益为理论创新的目的"⑥。为此,他强调:"要在全社会培育创新意识,倡导创新精神,完善创新机制,大力提倡敢为人先、敢冒风险的精神,大力倡导敢于创新、勇于竞争和宽容失败的精神。"⑦他特别强调:

---

① 《江泽民文选》(第三卷),人民出版社,2006年,第499页。

②⑥ 胡锦涛:《在"三个代表"重要思想理论研讨会上的讲话》,《求是》,2003年第13期。

③④⑤⑦ 胡锦涛:《坚持走中国特色自主创新道路为建设创新型国家而努力奋斗——在全国科学技术大会上的讲话》,《求是》,2006年第2期。

"广大青年一定要大力发扬以改革创新为核心的时代精神。"①胡锦涛在综合国力竞争日趋激烈的形势下,更加突出创新在国家和民族发展中的重要地位,提出了创新是国家竞争力的核心与发展战略、要在全社会培育创新意识等思想,为研究大学生创新精神培育提供了理论和实践的指导。

(三)习近平总书记关于新时代创新的重要论述与实践

习近平总书记在中国特色社会主义新时代,站在实现"两个一百年"奋斗目标、实现中华民族伟大复兴中国梦的历史和全局高度,把创新放在了极其重要的位置。他指出:"综观人类发展历史,创新始终是一个国家、一个民族发展的重要力量,也始终是推动人类社会进步的重要力量。不创新不行,创新慢了也不行。如果我们不识变、不应变、不求变,就可能陷入战略被动,错失发展机遇,甚至错过整整一个时代。"②"创新发展、新旧动能转换,是我们能否过坎的关键。要坚持把发展基点放在创新上,发挥我国社会主义制度能够集中力量办大事的制度优势,大力培育创新优势企业,塑造更多依靠创新驱动、更多发挥先发优势的引领型发展。"③"发展是第一要务,人才是第一资源,创新是第一动力。中国如果不走创新驱动道路,新旧动能不能顺利转换,是不可能真正强大起来的,只能是大而不强。"④

习近平总书记不仅强调创新的重要性,而且强调创新的紧迫性,指出

---

① 胡锦涛:《在纪念中国共产主义青年团成立 90 周年大会上的讲话》,《人民日报》,2012 年 5 月 4 日。

② 《习近平谈治国理政》(第二卷),外文出版社,2017 年,第 267 页。

③ 《中华人民共和国第十二届全国人民代表大会第四次会议文件汇编》,人民出版社,2016 年,第 62 页。

④ 习近平:《在深圳经济特区建立 40 周年庆祝大会上的讲话》,人民出版社,2016 年,第 5 页。

"不创新就要落后,创新慢了也要落后"①。"生活从不眷顾因循守旧、满足现状者,而将更多机遇留给勇于和敢于、善于改革创新的人们。在新一轮全球增长面前,唯改革者进,唯创新者强,唯改革创新者胜。"②为此,他特别要求在全社会培育创新精神,他在与青年代表座谈、全国政协新年茶话会、布鲁日欧洲学院演讲、院士大会等多个场合都引用了"苟日新,日日新,又日新"这句古语,反复强调要在全社会大力弘扬创新精神,大力弘扬与时俱进、锐意进取、勤于探索、勇于实践的精神。

习近平总书记关于创新思想的重要论述是以科技创新为核心的全方位的创新。2016 年 4 月 26 日,习近平总书记在安徽合肥主持召开知识分子、劳动模范、青年代表座谈会时指出:"面对日益激烈的国际竞争,我们必须把创新摆在国家发展全局的核心位置,不断推进理论创新、制度创新、科技创新、文化创新等各方面创新。"③2017 年 10 月 18 日,习近平总书记在党的十九大报告中指出:"世界每时每刻都在发生变化,中国也每时每刻都在发生变化,我们必须在理论上跟上时代,不断认识规律,不断推进理论创新、实践创新、制度创新、文化创新以及其他各方面创新。"④科技创新是习近平总书记关于创新思想的重要论述的核心,2016 年 5 月 30 日,习近平总书记在全国科技创新大会、两院院士大会、中国科协第九次全国代表大会上的讲话中提道:"要在我国发展新的历史起点上,把科技创新摆在更加重要位置,吹响建设世界科技强国的号角。"⑤2018 年 5 月 2 日,习近平总书记在北京大学考

---

① 习近平:《在长春召开的部分省区党委主要负责同志座谈会上的讲话》,《人民日报》,2015年 7 月 20 日。

② 《领导干部"三严三实"学习读本》,人民出版社,2015 年,第 131 页。

③ 习近平:《在知识分子、劳动模范、青年代表座谈会上的讲话》,人民出版社,2016 年,第 5 页。

④ 习近平:《决胜全面建成小康社会 夺取新时代中国特色社会主义伟大胜利——在中国共产党第十九次全国代表大会上的报告》,人民出版社,2017 年,第 26 页。

⑤ 习近平:《为建设世界科技强国而奋斗——在全国科技创新大会、两院院士大会、中国科协第九次全国代表大会上的讲话》,人民出版社,2016 年,第 2 页。

察时强调:"重大科技创新成果是国之重器、国之利器,必须牢牢掌握在自己手上,必须依靠自力更生、自主创新。"①2018年5月28日,习近平总书记在中国科学院第十九次院士大会、中国工程院第十四次院士大会上的讲话中指出:"中国要强盛、要复兴,就一定要大力发展科学技术,努力成为世界主要科学中心和创新高地。"②2019年2月20日,习近平总书记会见探月工程嫦娥四号任务参研参试人员代表时讲道:"我们要深刻把握世界科技发展大势,弘扬科学精神,瞄准战略性、基础性、前沿性领域,坚持补齐短板、跟踪发展、超前布局同步推进,努力实现关键核心技术重大突破,提升国家创新体系整体效能,不断增强科技实力和创新能力,努力在世界高技术领域占有重要一席之地。"③在中国特色社会主义新时代,面对激烈的国际竞争,为了使社会主义中国强起来,习近平总书记更是将创新置于极其重要的地位,提出了全面系统的创新思想,并带领中国人民进行着实现中华民族伟大复兴的创造性实践,为研究大学生创新精神培育提供了最直接的指导思想。

四、新时代加强大学生创新精神培育的策略

为了加强新时代大学生创新精神的培育工作,针对大学生创新精神培育中存在的问题及原因,在实践中需要逐步建立健全创新精神培育的机制,进一步丰富大学生创新精神培育的载体,形成社会、学校、家庭和大学生个人的合力,全面深化大学生创新精神培育工作。

---

① 习近平:《在北京大学师生座谈会上的讲话》,《人民日报》,2018年5月3日。
② 习近平:《在中国科学院第十九次院士大会、中国工程院第十四次院士大会上的讲话》,人民出版社,2018年,第8页。
③ 习近平:《会见探月工程嫦娥四号任务参研参试人员代表时的讲话》,《人民日报》,2019年2月21日。

（一）建立健全大学生创新精神培育的机制

大学生创新精神培育的机制是在大学生创新精神培育过程中，各构成要素由于某种机理形成的因果联系和运转方式。拥有健全的机制是大学生创新精神培育工作有效开展的保证，建立健全机制应该在以下三个方面着力：

1. 健全大学生创新精神培育的领导机制

健全的领导机制是新时代加强大学生创新精神培育的首要条件和根本保证。健全领导机制主要从以下三方面入手：

一是扩大高校办学的自主权。健全领导机制首先要协调好教育行政部门与高校的关系，扩大高校的办学自主权，"要围绕《高等教育法》规定的七个方面的办学自主权，以转变职能和简政放权为重点，加强部门协同，确保放权到位"[①]。扩大高校办学自主权的具体措施包括：在招生考试制度改革中，给予高校科学选拔学生的权利；在优势学科的调整改革中，发展高校特色办学的能力；在人才培养模式的改革中，给予高校自主选聘教职工的权利；在技术研发、科学研究、社会服务中，提高高校的创造性和创新能力；在经费使用中，给予高校财产、经费的支配权利。扩大高校办学自主权有利于健全大学生创新精神培育领导体制，促进大学生创新精神培育工作的开展。

二是完善学校内部治理结构。完善高校内部治理结构是人才培养和学术创新的迫切需求，也是健全大学生创新精神培育领导体制的有效途径。完善学校内部治理结构推进大学生创新精神培育，首先要使制度设计符合

---

① 郝平：《进一步落实和扩大高校办学自主权》，《中国教育报》，2013 年 12 月 6 日。

教育规律,保证和促进学生健康成长。① 其中包括完善考试制度,考试制度应以促进学生发展、增强创新意识为基础;完善行政管理制度,行政管理制度应依法落实党委、校长、管理部门、院系的权责问题,应以有助于培养学生的创新精神为核心;完善民主制度,应建立高校学生代表大会制度,促进学生自我管理意识和能力的提高。其次要营造创新的文化氛围,加强适应社会发展和人的发展要求的专业建设、学科建设、课程建设,不断推进大学生创新精神培育的全面深化。创新是问题、交流、碰撞等共同作用的结果。高校还可以借鉴同行评议制度、跨学科研究中心、产学研结合模式等制度性创新模式,建立有利于营造创新文化的治理方式。

三是高校领导强化顶层设计。在建设大学生创新精神培养机制的过程中,每个环节都离不开领导的顶层设计。高校领导具有高校管理运行的决策权,应当增强为党育人、为国育才的责任感和使命感,做好大学生创新精神培育的顶层设计工作,保证大学生创新精神培育整体规划的科学性和可行性。高校领导要统一学校各部门、教师和学生对大学生创新精神培育的思想认识,增强向心力和凝聚力。要健全和完善大学生创新精神培育的工作责任制,学校主要领导对创新精神培育负总责,教务处、学生处、校团委及各院(系)负主要责任,宣传部、科技处、人事处等部门承担营造创新文化氛围、搭建创新平台、提高教师创新素质等责任。要加强对大学生创新精神培育规划、责任、协调等环节的落实及落实情况的检查与考核,确保大学生创新精神培育工作扎扎实实推进。

2. 完善大学生创新精神培育的运行机制

完善的运行机制是新时代加强大学生创新精神培育的必要条件和保证。完善运行机制要做好以下三方面工作:

---

① 参见马陆亭:《完善高等学校内部治理结构》,《现代教育管理》,2014 年第 7 期。

　　一是完善组织管理各阶段的运行机制。首先,要完善启动阶段的机制。大学生创新精神培育启动阶段机制的主体是校党委。在上级主管部门的指导下,高校党委根据各个学校的现实状况和需要,制定符合学校实际,具有学校特色的创新精神培育的目标和实施计划。其次,要完善执行阶段的机制。根据校党委制定的大学生创新精神培育的目标和计划,教务处、学生处、团委、人事处、科技处和院(系)等主要执行部门,应在分管校领导的指导下,将大学生创新精神培育的要求体现在教育教学、学生活动、科学研究、考察评价、教师培训等各项工作之中,保证大学生创新精神培育融入学校教育、管理、服务全过程之中。再次,要完善监管调控阶段的机制。学校应建立完善的反馈、检查、调控的平台和渠道,客观、及时地反馈各部门和院(系)大学生创新精神培育的情况和结果,保证大学生创新精神培育的质量。

　　二是优化创新型教师培养机制。拥有高质量创新素质的教师队伍是大学生创新精神培育的关键。大学生创新精神的培育贯穿于课堂教学、课外活动、校园生活等学校工作的各个方面,因而培育具有创新精神的教师队伍既包括专业课教师、公共课教师,又包括机关管理干部、学生工作辅导员,还包括学校后勤工作的服务人员。要培养学生的创新精神,教师必须具有创新素质。为此,高校要高度重视教师创新素质的培养,优化创新型教师的培养机制。首先,要完善高层次创新人才"引育并举"的工作机制,集聚一批在海内外具有前沿学术领域穿透力的高端领军人才,带领提高教师队伍的创新能力。其次,要弘扬敢为人先的理念,宽容在探索原创中的失败,创造自由兼容的学术氛围。再次,要建立良好的学术生态循环机制,打破教师队伍"近亲繁殖",促使大学具有旺盛的创新生命力。加强管理岗位干部的流动,促进管理干部发挥自身的创造才能,促进教育管理环境的"新陈代谢"。加强后勤服务岗位人员的培训,提高后勤员工的业务技能和敬业精神,不断改进工作,提升服务水平,营造创新的氛围。

三是发展产教融合共建机制。"产教融合共建机制"是产业、行业和高校在人才培养中深度协作的机制。高校人才培养与社会行业紧密对接，是大学生创新精神培育的重要途径。在相应的法律法规指导下，行业企业通过联席会、董事会、理事会等管理形式参与到高校教育教学之中，是一种新的教育体制。在共建机制中，行业企业根据经济发展需要和高校的应用特色，为高校提供资金、实践方面的帮助；高校在基础研究、科技创新、技术应用等领域建立与企业共同的研发实体，为企业提供理论和技术支持。"产教融合共建机制"为大学生进入企业学习实践、参与科技创新提供了平台，为大学生创新精神培育创造了条件。

3. 优化大学生创新精神培育的激励机制

激励机制是新时代加强大学生创新精神培育的动力条件和保证。优化激励机制要在以下三方面创造条件：

一是建立以创新为导向的人才评价体系。以创新为导向的人才评价体现在两个方面。在入口上，高校选拔学生，除了依据高考成绩，还应注重选拔有创新潜质的学生。为此，在维护教育公平的前提下，加大高校自主招生改革的力度。自主招生不是招只会考试的高分学生，而是高校根据自己的办学特色、定位和培养要求，科学选拔具有学科特长和创新潜质的学生。适宜于创新人才培养的科学选拔体系应该是学生高考成绩、高中学业成绩、中学生综合素质评价和高校自行测评等"多位一体"的综合评价体系，应成为推进高考改革的一个方向。① 在出口上，高校各专业的人才培养目标和培养规格要求，应将"创新精神和创新能力"作为基本内容，将创新精神作为大学生毕业时必备的基本素质。在培养过程中，将创新精神的培养作为教育教学的基本要求贯穿其中；在表彰优秀学生时，不再仅是表彰学习成绩高的，

① 参见杜玉波：《关于创新人才培养的几个问题》，《中国大学教学》，2012年第9期。

也应表彰在某一领域有创新发展的,如成功自主创业的大学生,也应被树立为典型进行表彰,以激发大学生的创新动力和价值追求。

二是建立以创新为导向的教师评价体系。要加强大学生创新精神培育,也要调整对教师的评价体系,应将培养学生创新精神纳入对教师教学的评价之中。课堂教学是大学生创新精神培育的重要途径,教师不花心思、不花力气投入教学,培育创新精神则无从着力。如果高校依然奉行重科研、轻教学的评价政策,教师必然继续忙于开会、申报项目、撰写论文,不可能将主要精力用在教学上。在教学中教师会依然重知识传授、轻思维和实践能力培养,更难以下功夫培养学生的创新精神。因此,要加强大学生创新精神的培育,必须改革教师的评价体系。应建立以创新为导向的教师评价体系,把课堂教学中能否充分调动学生学习思考的积极性、主动性,激发学生质疑、探索兴趣,提升创新意识,作为教师教学评价的重要内容。另外,应将引导大学生创新创业,指导大学生参加科技创新大赛、创业计划大赛,带领学生参与学术研究纳入教师的评价体系,在工作量认定、考核与职称评定等方面给予认可。在对学生辅导员及管理干部的绩效考核中,也应突出创新导向,鼓励其探索创新实践活动的有效载体,丰富创新教育形式,增强培养学生创新精神的自觉性。

三是建立以创新为导向的高校评价体系。党的十九大要求高校实现内涵式发展。实现内涵式发展,就是不能一味地扩规模、上专业、改校名、提规格,而是将提升教育质量放在发展的首位与核心。创新是提升质量的前提。只有敢于和善于推动机制体制创新,不拘囿于原有的利益格局和固定模式套路,才能打破束缚、释放活力,充分发挥各类办学要素的最大效益。要坚持以创新发展理念为核心,进一步提高高等学校服务经济社会发展的能力,完善有利于激发创新活力、提升原始创新能力的评价机制。建立以创新为导向的高校评价体系,应从三个方面考察高校的办学水平:第一,根据地区经济社会发展需要和学科专业优势,突出办学特色,重点考察学校是否建立以创新发展为导向的发展战略定位。第二,考察学校是否构建了良好的科研成果转化机制,使科研创新成果向经济社会发展和人才培养领域转化。第三,考察学校是否真正实现科技创新与教育教学结合,建立了跨学科、跨领域的科研教学团队,通过不断提升教师队伍的创新素质,实现大学生创新精神的培育。

(二)丰富大学生创新精神培育的载体

大学生创新精神培育总是要通过一定载体才能进行。在大学生创新精神培育的过程中,教育者需要运用一定的载体,如课堂、社团活动、社会实践、学科竞赛、创新创业大赛、校园文化等进行。恰当的载体是进行大学生创新精神培育的必要条件。

1. 大学生创新精神培育的课程载体

课程是大学生学习、获取知识和能力的主要渠道,即大学生学习的"第一课堂",也是进行大学生创新精神培育的主要载体。课程载体主要包括:

一是专业课课程。专业课是学生在大学期间所占课时多、要求高、任务重,又多为必修的课程,因此专业课在大学生创新精神培育课程载体中居首要地位。为了加强大学生创新精神培育,教师应在专业课教学中及时增加学科最新发展的前沿问题内容,引导学生着眼于未来,拓展思维空间,鼓励学生冲破传统观念束缚,敢于向固有知识体系挑战,力争发现新问题,提出新观点。教师在教学中应树立现代教学理念,采用民主、科学的教学方法,组织开展小组讨论、案例分析、活动展示等,让学生积极主动地参与到教学活动中,在师生、生生互动中增强创新意识,养成创新精神。

二是公共课课程。这里的公共课主要指通识课,即高校面向全体学生,着眼于学生思想文化素质、社会交往能力、语言表达能力、科学素养的提高，着眼于学生综合素质发展的课程。通识课在大学生创新精神培育课程载体中居重要地位。因为综合素质培养类课程强调科学素质与人文素质的融合与共同提升，强调思维和精神的培育，这与创新精神的形成条件不谋而合，宽厚的知识储备和广阔的思维是创新的前提。扩大学生的知识面，提高学生的综合素质，有助于唤起学生对知识的好奇心，激发学生的批判精神。"真正有质量的教学不仅为学生开拓知识领域、训练学习方法，还熏陶学生的情感、态度、价值观，培养学生的独立思考和批判性思维。"[1]

三是创新创业类课程。创新创业类课程是面向全体学生开设的培养创新意识、启蒙创业能力、进行大学生职业生涯规划和就业指导的课程。课程着眼于培养大学生的创新精神、创业意识和社会责任意识及创新创业的基本能力。支持学生开展研究性学习、创新性实验、创业计划和创业模拟活动是课程的主要内容。同时，为了适应各级各类创新创业竞赛的需要，课程也将提高创新创业竞赛能力纳入课程的实践教学之中，聘请一些风险资本家（创业投资家）、创业家和实业家、新创立企业的高级管理人员等有创业亲身经历的实战派作为课程的教师，通过真实的案例模拟和研究，培养学生的创新创业意识，提升学生的创新思维和创业能力。

四是思想政治理论课。人的创新动力，来自理想和信念。只有树立中国特色社会主义的理想信念，坚定为党和人民建功立业的信心和决心，才能迸发出强烈的创新热情和坚忍不拔的创造意志。[2] 思想政治理论课对大学生理想信念的培育，是任何课程和其他教育活动所不能代替的。创新精神

---

① 汪霞：《大学生眼中的文化素质教育课程：基于对六所大学的调查》，《复旦教育论坛》，2013年第2期。

② 参见倪培霖：《大学生思想政治教育的时代性课题：创新精神的培养》，《思想理论教育导刊》，2007年第5期。

所要追求的目标与马列主义、毛泽东思想和中国特色社会主义理论体系的方法和原则的要求在本质上是一致的,大学生通过学习思想政治理论课,不仅可以把握进行思想创新、观念创新和实践创新的方法和原则,还可以通过生动鲜活的历史场景、历史事件把握马克思主义经典作家、中国化马克思主义者进行理论创新和实践创新的过程,从而激发和提高自身进行理论创新和实践创新的积极性和主动性。

2. 大学生创新精神培育的活动载体

活动是大学生学习、获取知识和能力的重要渠道,即大学生学习的"第二课堂",因而也是进行大学生创新精神培育的重要载体。活动载体主要包括:

一是创新创业活动。创新创业活动是高校近些年来开展的直接培养学生创新精神和创新能力的活动。要充分发挥创新创业活动载体的作用,高校需要厚植大众创业、万众创新的土壤,推进实施大学生创新创业引领计划,为大学生创新创业提供场所、公共服务和资金支持。同时还要积极组织各类创新型比赛,如举办校园科技周、高校科技节等活动,带领学生参观各类科技展览,增加学生触摸最新科技成果的机会,开阔学生视野,让学生在快乐、轻松的氛围中提高创新意识,培养创新精神。

二是实践教学活动。实践教学活动即各类实验课程。开展综合性、探索性、个性化的实践教学活动,有助于增强学生的创新精神。为此,高校应建立和完善服务于学生的实验室开放式管理制度,延长学生利用实验室的时间,面向全校的专业、学科开放,以提高实验室和实验设备的利用率,为培养大学生的创新精神创造有利条件。

三是课外科技活动。课外科技活动作为学生自愿参与的一种实践活动,有助于学生将在课堂中学到的理论知识转为实践能力。通过课外科技活动,学生能够拓宽视野、了解最新科技动态、熟悉和掌握科技工作的方法和步骤,以培养创新精神和能力。高校应该积极支持学生建立科技社团,指导学生开展课外科技活动,举办有助于学生创新精神和能力发展的科技竞赛,营造弘扬创新精神的氛围。

四是社会实践活动。社会实践活动是引导学生走出校门、接触社会、了解国情,使理论与实践相结合的活动。社会实践活动有助于大学生更新观念,产生创新的动机,培养创新精神。社会实践活动同社会文化相对接,社会实践要接触实际、关切民生,就是要培养大学生理智、宽容、谦和的品格和强烈的责任感、归属感、敬业精神。① 大学生通过参加社会实践活动可以培养求实、求是、求真的工作态度,可以促进他们关注社会现实问题,掌握第一手资料,进而激发他们研究、思考问题的热情,培养创新精神。

3.大学生创新精神培育的文化载体

文化是大学生学习、获取知识和能力不可缺少的环境氛围,因而也是进行大学生创新精神培育的重要载体。文化载体主要包括:

一是中华优秀传统文化。进行中华优秀传统文化教育是提高大学生文化素养、增强大学生文化自信的重要途径,也是大学生创新精神培育的重要文化载体。在中国的传统文化中,既有"苟日新,日日新,又日新"的思想,又有"穷则变,变则通"的精神,中华民族千百年来为人类社会所创造出的灿烂文化证明,中华优秀传统文化蕴含着创造力和创新精神。大学生通过中华优秀传统文化教育,能够受到传统文化中创新精神的熏陶,有助于将优秀的中国文化植入日后的创新行为之中。

二是校园文化。校园文化是大学生在进入大学校园后生活其中的软环境,文化环境的状况潜移默化地影响着大学生批判精神和创新精神的发展。

---

① 参见倪培霖:《大学生思想政治教育的时代性课题:创新精神的培养》,《思想理论教育导刊》,2007 年第 5 期。

高校要营造向真、向善、向美、向上的校园文化,利用校园文化载体向大学生进行科学态度、批判精神、创新思维的宣传教育,引导大学生树立创新意识,培养创新精神,努力做到求知要创新、生活要创新、工作要创新,成为一名善于独立思考的人,成为思维敏捷、不懈探索、求真求新的创新型人才。

三是审美文化。艺术教育是对大学生进行审美教育的主要途径,也是大学生创新精神培育的文化载体。艺术与创新密切联系,艺术教育不仅能够培养学生感受美、表现美、鉴赏美、创造美的能力,还能够激发学生的想象力和创新意识。高校应保证每个学生都能接受艺术教育,参与艺术活动;要充分利用广播、电视、网络、教室、走廊、宣传栏等,营造格调高雅、富有美感、充满朝气的审美文化环境,做到以美感人,以景育人。同时,让高雅艺术常见于校园,通过电影、戏剧、音乐会、美术展、设计展等活动,使大学生感受创新之美。

4. 大学生创新精神培育的网络载体

网络是大学生学习生活中不可缺少、难以离开的工具和环境,因而也是进行大学生创新精神培育的不可忽视的载体。网络载体主要包括:

一是"大数据"。利用大数据,可以建立有关的数据模型,研究其运行机理,从校园日常行为中获取海量的数据,将意识行为转化为理性数据,对创新精神的培养能够起到辅助作用。将校园生活、活动、创新教育设定为结构化或非结构化的数据,量化学生在校园文化中的状态,对提高学生的素养有着重要作用。另外,学校可以通过大数据记录实验室的使用情况,挖掘实验室在创新精神培养中利用的时间和使用效率。针对数据结果,有针对性地设计创新创业实践项目和课程。在培育学生综合能力、实践能力中,围绕学生的兴趣偏好,合理引导学生的知识结构建设,增强学生的创新意识,提高实践能力。

二是"互联网+"。"互联网+"为各个领域带来新的发展机遇,也为大学生创新创业提供了机遇,因而"互联网+"也是大学生创新精神培育的载体。高校可以鼓励大学生将"互联网+"融入创新创业项目,将移动互联网、云计算、大数据、物联网等新一代信息技术与行业产业紧密结合,培育产生基于互联网的新产品、新服务、新业态、新模式,使大学生在"互联网+"的创新创业探索中培养创新精神和创新能力。

(三)形成大学生创新精神培育的合力

大学生创新精神养成是包括诸多方面的系统,有学习新知、拓展思维、激发情感、明确目标、坚定理想、完善人格、学会合作、追求卓越、挖掘潜能等方面,因而大学生创新精神的培育也是多方面共同作用的结果,其中最主要的是学校内部各方面的合力及学校、社会和家庭三方面的合力。

1.形成高校内部各方面的合力

大学生创新精神的培育不是学校某一部门、某一方面所能完成的,而是需要所有部门、各个方面共同承担、完成的。

一是实现教书育人与创新精神培育的有机融合。实现教书育人与大学生创新精神培育有机融合,要求教师确立包含创新精神的教学目标,改革教学方法,在教学中采用启发式方法,引导学生充分发挥主观能动性,学会提出问题、分析问题和解决问题。鼓励学生提出与众不同的看法,训练学生的创新思维,将培养学生创新精神贯穿教学始终。

二是实现管理育人与创新精神培育的有机融合。高校管理部门人员应改变创新精神培育是专业课教师责任的误解,树立"全员培育全体学生创新精神"的观念,认识到管理育人包括对学生创新精神的培养。在教学管理工作中,应尽力为学生成长发展提供或创造"自由"空间。应尊重学生的学习兴趣、学习特长,解决"一招定终身"的问题,为学生创造一个扬其所长的成长环境,避免出现教育成本浪费和培养效率低下现象。此外,应尊重学生的自主选择权,给学生提供更多的选择机会。过紧过严过细、整齐划一的管理会阻碍大学生的发展。在日常管理中,应充分发挥大学生的积极性和创造性,让学生参与学校校园文化活动、宿舍管理、就业服务等学生事务管理工作,提高他们的自我塑造、自我管理能力。要构建学生自我认识、自我发现、自我评价、自我选择、自我发展、自我完善的管理体系,为学生提高自主性、创造性提供条件。高校的管理工作者应自觉地将学生创新精神培育贯穿于管理工作之中。

三是实现服务育人与创新精神培育的有机融合。高校学习生活服务部门应提高对服务育人中包含对学生创新精神培育的认识,将大学生创新精神培育贯穿于服务工作的全过程。如在图书信息服务、就业创业服务、心理咨询服务、资助服务、后勤服务等工作中,应尽力为学生的个性发展、自由发展提供条件,为学生创新精神养成提供服务。此外,从事服务工作的人员还可以用自身的爱岗敬业、无私奉献、艰苦奋斗、改革创新的精神,潜移默化地影响、感染学生。学校还应通过为学生提供便利、新颖、轻松的教育、教学和生活环境,促进学生发挥潜能,养成创新精神。

2. 形成学校、社会与家庭的合力

大学生创新精神的培育也不只是学校一个方面所能完成的,而是需要学校、社会和家庭共同承担、合力完成。

一是要营造鼓励创新的学校环境。高校应积极营造鼓励学生创新的环境。为此,要改革传统的教育理念,确立传授知识、发展能力、培养创新精神、提高学生素质的教育观念;[1]要为大学生获得更多自由发挥的空间,获得更多理念创新的空间创造条件;要制定和营造鼓励学生敢于抒发自己独特

---

① 参见雷继红:《试论大学生创新精神的培养》,《教育探索》,2010 年第 9 期。

见解,打破固有思维束缚,冲破樊笼勇于表达、勇于实践的政策和氛围。

二是要营造支持创新的社会环境。社会应营造鼓励创新、支持创新的环境。为此,在社会中要形成不逃避竞争、不惧怕失败、不屈服于浮躁,积极向上、崇尚创新的文化氛围;要形成尊重人们的合理选择,尊重人们的劳动成果,让人们的创新精神和创造活动得到认可的环境。同时,还要让大学生了解政府针对创新型人才培养而制定的各项政策,及时公开各项政策的落实情况,让大学生感受到政府培育创新型人才的决心,为大学生创新精神培育营造良好的社会氛围。

三是要营造有利于创新的家庭环境。家长要学会适当放手,相信大学生自己能处理好学习生活中的问题,避免过度干涉,给予大学生独立自由的成长空间;要尊重大学生的个性发展,尊重孩子合理的意愿,引导和鼓励孩子的兴趣所长;要营造自由宽松、充满温馨的家庭环境,使大学生自由地放飞心灵,展开丰富的想象去积极地思考问题;要鼓励大学生参与家务劳动,培养大学生生活独立自理能力和创造性生活技能,让生活成为创新灵感的源泉。

3. 充分发挥大学生自身在创新精神培育中的作用

大学生创新精神的培育仅靠学校、社会、家庭等外在力量难以实现,必须有学生的内在动力作基础。大学生应在以下四个方面着力:

一是创新心理的自我培养。大学生应自觉地培养创新心理。首先,要学会带着问题学习,积极参与教师组织的教学和科研活动,培养求知欲望,激发探索科学知识的兴趣,树立敢于创新的勇气。其次,要以具有较强创新精神的同学、杰出校友或优秀教师为典范,从他们的创新实践经历和成果中感受创新的魅力;要注意发现和享受日常生活中的创新创意带来的便捷和乐趣,增强接受新事物和新思想的勇气与能力,努力尝试在生活中研究新情况、解决新问题、探索新思路、找到新方法。再次,要主动参加学科竞赛、建模竞赛、知识竞赛及学生社团,拓宽获取知识、培养创新心理和创新意识的渠道。

二是创新思维的自我培养。大学生应自觉地培养创新思维。大学生要积极参与各项创新项目活动,在完成项目中发挥自己的优势特长,培养创新思维。要积极与老师、同学及各界人士沟通交流,开阔思维视野,增强思维的活力和创造力。要认真学习和领悟马克思主义哲学,掌握一切从实际出发的唯实思维、从对立统一角度分析和处理问题的辩证思维、注重立足实践把握认识过程的实践思维、对他人思想和自身观念进行必要扬弃和超越的批判思维和反思思维等基本思维方法。

三是创新意志的自我培养。大学生应自觉地培养创新意志。大学生要树立正确的失败观,辩证地看待失败,敢于面对失败,善于总结失败的教训,积极锻炼改进或调整自身的能力。要积极参加有挑战性的活动,通过克服艰难困苦的经历,提高不惧怕困难、战胜困难的勇气,增强敢于挑战和超越自我的信心,磨炼坚韧不拔的意志力,为创新精神的养成奠定心理基础。

四是创新目标的自我培养。大学生应自觉地树立创新目标。大学生要充分认识创新在时代发展、民族国家发展和个人发展中的重要作用,做到个人发展目标与时代发展趋势、与民族国家发展要求相符合。要树立正确的人生理想,将自我价值的实现与中华民族的伟大复兴相结合,将个人梦融入中国梦,为自我发展创造广阔的空间。

第二章　新时代大学生审美素养培育研究

　　党的十八大以来,以习近平同志为核心的党中央高度重视学校美育工作,将其摆在突出位置,作出一系列重大决策部署。2013 年党的十八届三中全会提出了"改进美育教学,提高学生审美和人文素养"的要求;2015 年国务院办公厅印发了《关于全面加强和改进学校美育工作的意见》;2018 年 8 月习近平总书记在给中央美院八位老教授的回信中指出,美术教育是美育的重要组成部分,对塑造美好心灵具有重要作用,要做好美育工作;2018 年 9 月在全国教育大会上习近平总书记对美育工作作出了重要指示:要全面加强和改进学校美育,坚持以美育人、以文化人,提高学生审美和人文素养;2020 年 9 月 22 日,习近平总书记在教育文化卫生体育领域专家代表座谈会上,再次强调要加强和改进学校美育;为了落实习近平总书记的讲话精神,2020 年 10 月中共中央办公厅、国务院办公厅印发了《关于全面加强和改进新时代学校美育工作的意见》,对新时代学校美育工作作出了全面部署。习近平总书记与党和国家高度重视美育工作,缘于新时代党和国家事业发展的要求。

一、新时代大学生审美素养培育的必要性

审美素养培育或称美育,是在一定的审美价值观的指导下,运用人类社会实践所创造的美对受教育者进行教育与熏陶,培养其正确的审美观念和欣赏美、创造美的能力,引导其按照美的规律来塑造自己的美好心灵,最终达到人格完善、全面发展的一种教育、培养过程。大学生是中国特色社会主义建设事业的生力军。在新时代,加强大学生美育,培养其良好的审美情趣和审美素养,促进美育与德育、智育、体育及劳动教育的有机融合,造就德智体美劳全面发展的合格人才,是高校顺应时代发展,落实立德树人的根本任务,建设美丽中国的根本要求和历史使命。

(一)全球审美化时代发展趋势之需要

随着社会生产力的不断发展,物质生活水平逐步提高,人们的精神文化需求也在不断增长。自20世纪60年代始,在一些欧美发达国家,经济生活发生了一个重要变化,即商品的文化价值、审美价值逐渐超越其实用价值而成为主导价值。人们购买一件商品往往并非着眼于其实用价值,而是着眼于其文化价值和审美价值,"日常生活审美化"越发凸显。英国诺丁汉特伦特大学社会学与传播学教授迈克·费瑟斯通于1988年提出了"日常生活审美化"这一命题,指出人类的审美活动日益超出所谓纯艺术、文学的范围,渗透到大众的日常生活中。日常生活审美化正在消弭艺术和生活之间的距离,在把"生活转换成艺术"的同时也把"艺术转换成生活"。具体而言,一方面,艺术和审美进入日常生活,被日常生活化;另一方面,日常生活中的一

切,特别是大工业批量生产中的产品和环境被审美化。

在我国,改革开放以来,随着经济的不断发展和人们的物质生活条件极大改善,人们"美"的意识逐渐觉醒,并快速呈现"与国际接轨"之势。著名社会学家费孝通在 20 世纪末曾经预测:"我们现在应当讲的还是科技,是讲科技兴国。但我们的再下一代人,可能要迎来一个文艺的高潮,到那时可能要文艺兴国了,要再来一次文艺复兴。"①现今,费孝通提到的"文艺复兴"气象已经呈现出来。艺术家不再是一个远离世俗社会进行"纯艺术"创作的群体,许多艺术家都在积极参与从城市到乡村的新的社会建构。在我们的生活空间里,处处都能感受到艺术的元素,如商场的空间布置与博物馆、展览馆的展厅越来越像,城市的公共区域富于艺术感的绿植、雕塑作品越来越多,乡村里的村容村貌、生态环境越来越美……在日常生活中,人们从对小品、相声的热衷,到对真人秀节目的追捧;从对各种影视剧的喜爱,到对境内外旅游观光的偏好,无不折射出我国大众基于物质水平的提高而对参与审美活动的热衷。可以说,在当代中国,美已经成为人们日常生活中的衣、食、住,以及非日常生活的物质生产和精神生活各个领域的价值选择与评判的一个重要标准。整个社会生活呈现出一种审美化的趋势。

美的生活化使审美变得更加普遍化。"美""审美"已成为使用频率颇高的热门词汇,甚至在继"智商""情商"之后出现了"美商"(Beauty Quotient,简称 BQ)这一新名词,用以评价人的审美素养。然而由于物质基础发展的不平衡、不充分与迅速传播的大众文化的消费性和娱乐性,人们的审美品位和艺术修养与审美化的步伐并不一致,更令人忧虑的是,人们的生存状态也绝非"唯美",与繁华伴生的是自然生态脆弱、工具理性膨胀、市场拜物盛行、精神疾患严重……表层的"唯美"难掩深层的"非美"。解决这个悖论要靠精神

---

① 转引自方李莉:《迈向人民的中国艺术人类学》,《中国文化报》,2018 年 7 月 20 日。

文明与物质文明共同发展,而美育无疑是精神文明建设的重要组成部分。爱因斯坦说过,"学校的目标始终应当是:青年人在离开学校时,是作为一个和谐的人,而不是作为一个专家"①。时代在发展,新时代呼唤着新型人才,对人的和谐程度提出了更高的要求。美国畅销书作家丹尼尔·平克在其2007 年出版的《全新思维》一书中指出:"我们的经济和社会正在从以逻辑、线性、类似计算机的能力为基础的信息时代(Information Age)向概念时代(Conceptual Age)转变。"②他认为,在概念时代,谁掌握了六种感知能力,即"设计感、故事感、交响能力、共情能力、娱乐感、探寻意义",谁就拥有了良好的审美能力、创新能力和感性思维的能力,谁就会占得先机。丹尼尔·平克的发现得到越来越多的人认可,平克甚至被誉为"新时代的哥白尼"。苹果公司创始人之一乔布斯曾经直言,苹果与其他计算机公司最大的区别在于,追求科技的同时,始终保持对于艺术和美的追求。可见,概念时代的到来,对人才的审美素质提出更高的要求。高校是培养人才的摇篮,新时代要求我们培养的大学生是左脑与右脑协调运作、感性思维与理性思维有机结合、科学素养与审美素养相得益彰的全面发展的人。审美化的时代特征呼唤高审美素养的人才。

(二)建设美丽中国之需要

党的十八大报告首次提出建设美丽中国,将生态文明提升到"五位一体"社会主义事业总体布局的高度,美丽中国成为生态文明建设的价值目标和生态理想。党的十九大报告,既回顾了过去五年美丽中国建设的主要成

---

① 转引自刘兵主编:《认识科学》,中国人民大学出版社,2004 年,第296 页。
② [美]丹尼尔·平克:《全新思维》,林娜译,北京师范大学出版社,2007 年,第2 页。

效,又对未来我国加快生态文明体制改革,建设美丽中国进行了全面部署,描绘了在本世纪中叶把我国建设成为富强民主文明和谐美丽的社会主义现代化强国的宏伟蓝图。"建设美丽中国"作为习近平新时代中国特色社会主义思想的重要组成部分,成为党和国家新时代社会主义建设的指导思想,体现了人民群众对中国发展和自身生活的审美需求。党的十九大报告中"美"字出现多达二十七次,彰显了"美"在党的奋斗目标及人民生活中举足轻重的地位。从哲学视角,"美"是实践基础上涉及主客体关系的认识论概念,是具有肯定意义的价值观概念。因而"美丽中国"包含着丰富的审美内涵。

首先,"美丽中国"体现为自然生态美。生产空间集约高效、生活空间宜居适度、生态空间山清水秀,给自然留下更多修复空间,给农业留下更多良田,给子孙后代留下天蓝、地绿、水净的美好家园,还自然以宁静、和谐、美丽,这是美丽中国的空间格局和直观体现。自然是人的无机的身体。优美的生态环境,是美丽中国得以实现和展现的物质载体。

其次,"美丽中国"体现为社会生活美。美丽中国的宏伟目标蕴含着人们对"美的生活"的向往与追求。"在漫长的历史进程中,中国人民依靠自己的勤劳、勇敢、智慧,开创了各民族和睦相处的美好家园。""以美好幸福为价值追求,让人民群众过上美好幸福生活",是以习近平同志为核心的党中央提出的新时代的责任和使命。马克思主义认为,人类的一切活动无不按照美的规律来建造,生活创造着美,美是生活的灵魂。美好生活是人们对美丽中国切身体验的延展。

最后,"美丽中国"体现为文化艺术美。艺术源于现实,文化艺术美是对现实美的反映。"一个时代的艺术不仅是一个时代民族精神的真实写照,也是时代、国家、民族的精神标杆和形象代言。"①中华优秀传统文化沉淀着中华民族最深层的精神追求,是中华民族的精神命脉,是涵养社会主义核心价值观的重要源泉。美好生活以丰富的物质产品为基础,也有赖于精神生活的极大丰富。假如说生态文明是"美丽中国"的环境景观和我们的自然家园,那么优秀的艺术和温馨的文化就是"美丽中国"的艺术形象和我们的精神家园。

建设美丽中国要求加强大学生审美教育。"美丽中国"是在一定的物质文明、社会发展进步基础上人们对精神文化家园的美好追求,是美的价值形态和幸福生活的实现路径。因而"美丽中国"建设就是将"物质美"与"精神美"统一起来,以物质与精神共美的视角去审视中国的发展、人民的生产生活、文化艺术的传承与创造,让中国变得物质富饶、环境优美、文化繁荣、人与自然和谐、人与人和谐、人与自身和谐,成就幸福美好的理想状态。可以说,生态文明是"美丽中国"的基点,人的全面发展是"美丽中国"的最高价值目标。建设美丽中国,美的生态环境需要人去维护,美的社会生活需要人去营造,美的文化艺术需要人去创造——人无疑是建设美丽中国的主体与核心,只有人的全面发展的"美丽",才是自然环境、社会生活乃至文化艺术"美丽"的保证。

而人的全面发展是离不开美育的。较之其他门类的教育,美育最突出的特点在于,它是与感性和生活密切相关的教育活动。它通过感知、情感的活动来熏染心灵、陶冶人格,在对审美对象的感知中产生对真善美的欣赏与向往,从而丰富心灵,提升精神境界,塑造健全人格,促进人的全面发展。按照党的十九大报告提出的"两个一百年"奋斗目标,现在 20 岁左右的大学

---

① 向云驹:《"美丽中国"的美学内涵与意义——学习十八大精神的一点体会》,《光明日报》,2013 年 2 月 25 日。

生,到生态环境根本好转、美丽中国目标基本实现的 2035 年还不到 40 岁;到本世纪中叶全面建成富强民主文明和谐美丽的社会主义现代化强国时,刚过 50 岁。因此,当代大学生是建设美丽中国、实现中华民族伟大复兴的见证者、参与者和主力军。为建设美丽中国造就合格的建设者,高校美育责无旁贷。高校应充分发挥美育的独特优势,促进学生的全面发展,积极培养学生的审美创美能力,引导学生深入理解自然生态美、社会生活美、文化艺术美的时代内涵,着力塑造具有生态文明理念、懂得美好生活真谛、崇尚人文精神追求的实践主体。

(三)落实立德树人根本任务之需要

党的十九大报告指出,要全面贯彻党的教育方针,落实立德树人根本任务,发展素质教育,推进教育公平培养德智体美全面发展的社会主义建设者和接班人。在 2018 年全国教育大会上习近平总书记强调,要全面加强和改进学校美育,坚持以美育人、以文化人,提高学生审美和人文素养。

美是纯洁道德、丰富精神的重要源泉。美育是审美教育、情操教育、心灵教育,也是培养丰富想象力和创新意识的教育,能提升审美素养、陶冶情操、温润心灵、激发创新创造活力。[1] 美育与德育"都作用于人的精神,都是引导青少年去追求人生的意义和价值,也就是都属于人文教育"[2]。美育能够为德育提供有感染力、吸引力的手段。在德育中引入美育这种形象生动的表达方式和情感体验机制,可以克服德育道德说教的刻板与枯燥,提高德育的实效性。美育可使受教育者达到心灵的和谐,从而为道德意志和理智

---

① 参见中共中央办公厅、国务院办公厅:《关于全面加强和改进新时代学校美育工作的意见》,《光明日报》,2020 年 10 月 16 日。

② 叶朗:《美学原理》,北京大学出版社,2009 年,第 413 页。

的发展打下必要的基础。美育通过培养审美能力,发展受教育者的真诚与热情,克服麻木和冷漠,能够为道德修养和道德行为扫除障碍,①形成具有高尚品德的"自律"人格。美育为德育的必由之路,是德育的基础。在教育过程中,美育在实现"育美"功能的同时,也能够有效地发挥"储善"的作用。

落实高校立德树人的根本任务对大学生美育提出了要求。"美育从根本上讲是一种对人的全面教育,是为实现崇高的理想,充分发挥人的潜能,实现人的全面发展的教育方式。"②2018年8月,习近平总书记在给中央美术学院老教授的回信中指出:"加强美育工作,很有必要。做好美育工作,要坚持立德树人,扎根时代生活,遵循美育特点,弘扬中华美育精神,让祖国青年一代身心都健康成长。"③美育对于立德树人具有不可替代的独特价值。因为美中蕴含着思想,承载着价值,美能够熔铸信仰,激发力量,孕育创造。美育是立德树人的重要载体,要全面贯彻党的教育方针,落实立德树人根本任务,高校必须将美育和德育、智育、体育、劳动教育进行统筹规划,融美育于诸育之中,营造大学校园浓郁的美育氛围,形成全员、全过程、全方位美育的新格局。

二、对大学生审美素养培育现状的审视

2015年9月,国务院办公厅印发《关于全面加强和改进学校美育工作的意见》,对学校美育改革发展作出了总体设计和具体部署。教育部自2016

---

① 参见杜卫:《美育论》,教育科学出版社,2000年,第133页。
② 李戎:《美育概论》,齐鲁出版社,1992年,第423页。
③ 习近平:《做好美育工作弘扬中华美育精神让祖国青年一代身心都健康成长》,《光明日报》,2018年8月31日。

年到 2018 年,分三批次与各省市签订学校美育改革发展备忘录。2020 年 10 月,中共中央办公厅、国务院办公厅印发了《关于全面加强和改进新时代学校美育工作的意见》,为新时代学校美育工作提供了顶层设计和全面部署。在党和政府的积极推动下,高校美育工作取得了可喜的发展,对提高学生审美素养和人文素养、促进学生全面发展发挥了重要作用。

(一)大学生审美素养培育取得的进展

大学生审美素养培育工作取得的进展主要表现在以下三个方面:

1. 对大学生美育的重视程度明显提高

一是高校普遍明确了分管美育的领导、设置了美育专门教学机构,为美育实施提供了组织基础。

二是不少高校开设了美育课程,为美育实施提供了主渠道保证。同时,高校在艺术类选修课的涵盖门类和课程数量上明显增加,在艺术课程管理上多采用学分制管理,并有相关教材作保证。比如,北京工商大学面向大学生共开设艺术通识选修课程 19 门,约 2000 课时,专业涵盖舞蹈、音乐两大类,包括音乐鉴赏、舞蹈鉴赏、声乐、合唱艺术,以及舞蹈史、音乐史等课程。北京第二外国语学院规定每个学生在校学习期间(2—7 学期),至少要通过艺术限定性选修课程的学习取得 2 个学分,修满规定学分的学生方可毕业。天津大学开设美育公选课 30 门,近两年与新工科建设密切结合,新建 15 门美育通识课。[①] 苏州大学开设美育课程 120 门,包括艺术理论、艺术鉴赏、艺术实践和地方传统文化艺术四大模块。[②]

---

① 参见天津大学:《坚持立德树人,以美涵育一流人才》,《中国教育报》,2019 年 8 月 31 日。

② 参见苏州大学:《以美育人、培根铸魂,勇担美育工作新使命》,《中国教育报》,2019 年 8 月 31 日。

三是高校增加资金投入,加强设施、场馆建设,为美育实施提供了物质基础。大部分高校都投入了资金添置开展美育必需的硬件设施,而且投入呈逐年递增趋势。配备有体操房或舞蹈房的分别占 21.6% 和 29.3%,配备有钢琴、打击乐器或钢管乐器等美育教学器材的学校也超过半数,配备有多功能厅、绘画室等专用场所的占 55.9%。① 天津大学每年划拨经费 350 余万元保障美育工作的实施,建设了公共音乐教室、艺术长廊、共享空间 60 余个,美育场馆 7 个。②

2. 大学生审美素养培育方式愈益丰富

高校校园文化活动不断丰富,为美育实施提供了实践基础。在国家大力提倡"高雅艺术进校园"的大背景下,各高校的艺术活动通过学生的第二课堂开展得丰富多彩。其中,设立绘画兴趣社团的占 58.9%,设立文学社的占 62.7%,设立其他社团如电影爱好者社团、戏剧兴趣小组的占 11.6%。③ 2017 年,北京教委举办了"大学生戏剧节""大学生舞蹈节""大学生书画艺术作品展"。据统计,在为期 18 天的大学生舞蹈节期间,北京市 92 所普通高校中 62 所高校、5288 人参与了大学生舞蹈节活动。苏州大学连续 9 年举办新生美育第一课——"梦想开始的地方"迎新生文艺演出,融价值观教育、传统文化、地方文化于一体。观赏人次 6 万多,新生覆盖率 100%。④ 此外,教育部组织的体育艺术 2 + 1 项目、全国大中小学生艺术展演活动、中华优秀文化艺术传承校创建等,都为大学生搭建了参与审美实践的平台。

3. 大学生审美素养培育队伍进一步壮大

高校美育教师的数量和素质状况总体较好,为美育实施提供了队伍基

---

①③　参见林惠仙:《浅析高校美育对大学生的意义》,《美与时代》(下),2015 年第 4 期。

②　参见天津大学:《坚持立德树人,以美涵育一流人才》,《中国教育报》,2019 年 8 月 31 日。

④　参见苏州大学:《以美育人、培根铸魂,勇担美育工作新使命》,《中国教育报》,2019 年 8 月 31 日。

础。在高校提高对美育重要性认识的同时,也提高了对美育队伍建设的重视,不少高校补充了专职美育教师的数量,且多为硕士以上研究生学历。如天津大学配备了专职美育教师 13 位,兼职美育教师 81 位,还聘任了具有研究与指导能力的师生、校友担任兼职教研员和美育导师。[①] 部分高校依托自身人才和资源优势,开展师资培训,提升美育教师的审美素养和艺术品位,如 2017 年清华大学、北京师范大学建立了中华优秀文化传承基地,成立全国首家以学校为基础的北京市学校中华传统文化促进会。2017 年 6 月开展中华优秀传统文化进校园师资培训,涵盖戏曲唱腔与身段、诗词鉴赏、书法绘画、非遗传承等内容,对促进美育教师队伍素养的提升发挥了积极作用。

综上所述,党的十八大以来,以习近平同志为核心的党中央高度重视学校美育工作,把学校美育工作摆在更加突出的位置,作出一系列重大决策部署,推动学校美育实现了跨越式发展,育人导向凸显,发展势头良好。

(二)大学生审美素养培育中存在的问题

党的十八大以来,高校美育实现了跨越式发展,取得了历史性成就。但总体上看,美育仍然是高校教育工作中的薄弱环节,是高等教育中亟待补齐的短板。其具体体现在以下四个方面:

一是部分高校对大学生美育的重视程度不够。《全国普通高等学校公共艺术课程指导方案》明确指出,公共艺术课程与高等学校其他公共课程同样是我国高等教育课程体系的重要组成部分,是高等学校实施美育的主要途径。普通高等学校应将公共艺术课程纳入各专业本科的教学计划之中。但是在一些高校的实际工作中,美育并未获得应有的地位。有的学校未将

---

① 参见天津大学:《坚持立德树人,以美涵育一流人才》,《中国教育报》,2019 年 8 月 31 日。

美育纳入学校教学计划,尚未开设艺术类限定性选修课,尚未将艺术教育列入教育培养目标,缺乏科学、规范的符合各自院校特点的公共艺术教育体系。一项调查显示,90%以上的大学不开设美学基本原理课,70%以上的大学不开设音乐、美术等艺术课,更别谈把大学美育作为独立意义上的课程来设置。① 这表明,高校的领导者对美育工作的重视程度还有待提高。

二是大学生美育载体较少、效果欠佳。《关于全面加强和改进新时代学校美育工作的意见》指出,大学生美育的载体除了美育课程,还有美育实践、美育渗透、美育环境与社会美育,等等。然而目前大学生美育的载体比较单一,主要是通过校园文化活动所进行的美育实践。同时,校园文化活动开展的情况参差不齐。如一份对高校审美活动现状的调查显示,学生对"学校审美教育课程和活动安排情况"回答"较多"的为0,"一般"的为16%,"很少"的为28%,"没有"的为44%,"不了解"的为12%。② 学生参与活动的情况和实际效果也不容乐观。有调查显示,认为学校的各类文化、艺术类活动开展得较好以上的学生为18.4%,一般的为61.2%,不好的为10.3%,没有参加过的为7.2%。另外,在对大学生审美水平提升的影响因素上,认为"个人因素的影响最多"的占35.7%,其次是"经济收入对审美教育影响较大"的占22.4%,"家庭氛围的影响因素"的占19.7%,"学校教育的影响"只占21.4%。③ 这一调查结果表明,学生认为自身审美素养的形成与高校教育关系不大。学生在大学阶段没有了高考的重压,有的是相对宽松的课余时间,本应在审美素养上得到较好发展,但实际结果却并不尽然。看似热闹的大

---

① 参见李如密、屠锦红:《当代大学美育:价值辩护、困境透视与振兴之路》,《徐州工程学院学报》(社会科学版),2015年第1期。
② 参见石懿、杨德祥:《大学生美育现状及实效路径研究——以四川省高校为例》,《湖北经济学院学报》(人文社会科学版),2018年第6期。
③ 参见谢清滢:《高等农业院校美育现状探讨——以H农业大学为例》,华中农业大学硕士学位论文,2015年。

学校园艺术文化活动,对大学生的深层次影响力还相当有限。

三是大学生美育硬件条件还难以满足需要。美育在本质上是感性教育、情感教育,需要形象直观的教学手段,对硬件条件要求相对较高。如高校公共艺术教育所需要的设施包括多媒体教室、画室、展室、琴房、音乐厅、小剧场、体育馆等,一些调查显示,这部分的资金投入明显不足,不少高校的场地环境、设施设备尚不能完全满足美育工作的需求。除了艺术教育资源相对集中的艺术专业院校,一些"高校将教学设施的完善都集中在了专业性学科的建设中,而针对艺术教育所提供的教学条件还普遍偏低,教学条件非常简陋,部分高校甚至存在严重不足的情况"①,导致大学生美育活动的类型、覆盖面受限,往往主要是通过一些舞蹈比赛、文艺晚会、艺术表演、书画展览等活动来开展,参与者集中在部分学生群体中,难以提升全体学生的审美素养。

四是大学生美育队伍数量、素养尚不能适应要求。教育部办公厅在《全国普通高等学校公共艺术课程指导方案》中要求,各校担任公共艺术课程教学的教师人数,应占在校学生总数的 0.15% ~ 0.2%,其中专职教师人数应占艺术教师总数的 50%。但不少高校尚未达到这一标准。例如北京 92 所高校艺术教师共有 4500 多人,每一高校平均 50.2 人,队伍总量看似可观,但这些艺术教师大部分集中于 8 所艺术院校,综合型、理工型、农林型等院校美育师资严重短缺,急需补充大量专业美育师资。应该说,北京地区的高校美育工作因其资源、人才的优势,是走在全国前列的,其他省市高校的美育师资队伍情况更不容乐观,不仅存在数量不足的问题,人员构成、专业素养也多有缺欠。高校美育课程主要包括音乐、美术、舞蹈、戏剧、戏曲、影视等类

---

① 崔营营:《艺术教育的现状分析及对策研究》,《湖南城市学院学报》(自然科学版),2016 年第 1 期。

别,而一些高校美育教师的所学专业比较单一。以某校为例,全校约12000名学生,但美育方面的专职教师3人,且都是音乐学专业教师,教师基本是民乐、声乐和器乐等方面的专长,①为此只能开设音乐类的选修课,难以满足当今大学生多元化美育的要求。

综上,目前大学生美育的总体状况令人喜忧参半。思想上的重视与轻视并存,实践上的发展与滞缓同在,条件上的完善与匮乏兼具,教师素质上的高低强弱互见。新时代高校美育在改革发展中表现出了三个不适应:高校美育与素质教育的要求还不相适应,与推进教育现代化的要求还不相适应,与实现党的"两个一百年"奋斗目标还不相适应。

(三)大学生审美素养培育中存在问题的原因分析

大学生美育中存在问题,主要有以下五方面原因:

一是对大学生美育的地位缺乏足够认识。认识是行动的先导。大学生美育的诸多问题究其根源,很重要的一点是决策者对此项工作重视不够,而忽视美育工作的原因主要出于主客观两个方面。在主观方面,一些高校领导对于美育在教育中的地位、性质、作用的认识不足,没有真正理解审美素质是人才素质不可或缺的一个重要方面;没有认识到美育不仅能够提高学生的审美与人文素养,也有助于推动其他诸育齐头并进;没有看到美育对于培养学生创新能力,促进学生人格完善、全面发展所具有的独特作用。在客观方面,从历史上看,新中国成立后我国的教育方针几经修订,自1957年在教育方针中将美育取消后,长达30年没有美育的位置。改革开放之后,美育回归教育方针也并非一帆风顺,虽然1999年在中共中央、国务院《关于深化

---

① 参见陈梦媛:《新时代下大学生美育工作之探究》,《集宁师范学院学报》,2018年第5期。

教育改革,全面推进素质教育的决定》中,明确了美育在教育方针中的位置,但美育在教育方针中曾经时隐时现的尴尬境遇还是使一些教育者形成了一个理解误区和思维定式——美育处于从属地位,甚至可有可无。从当下来看,教育部本科教学评估是促进高校办学规范化的一个重要机制,但其中尚无明确的美育指标。另外,上级主管部门对高校的各种专项评估中(各个专业的评估、思想政治理论课评估、体育课评估等)也未见美育的踪影。应对各种评估,好比是"雪中送炭",加之高校安全稳定、日常教学、科研、学科建设、后勤、基建等各项工作都涉及"主体责任",有马虎不得的硬指标,因而作为颇具弹性、"锦上添花"的大学生美育的地位,在领导者的观念中自然要屈居"其次"了。

二是对大学生美育缺少统筹规划、顶层设计。《关于全面加强和改进新时代学校美育工作的意见》明确要求,高校对美育工作要进行总体规划、统筹安排、形成合力。然而不少高校的美育工作缺乏统筹规划、顶层设计。基于认识不足导致的机制缺陷,恐怕是造成这种现状的根源。在现行的高校管理机制中,"除了部属高校和极少数省属高校设立了实体性的'艺术教育中心'('国家文化素质教育基地''素质教育中心')以外,不少高校的美育工作主要由学校团委牵头负责,党委宣传部、教务处、学生处为主要成员单位。这种制度设计的结果是把美育当成课外活动或第二课堂的活动课程,党委、行政、教务、学生、宣传、团委,谁都在抓美育,谁都被美育所抓,结果是'龙多不治水',使高校的美育工作流于一般形式"[1]。这种管理机制导致大学生美育被"窄化"。通常只有部分同学参加的课外审美活动被视为学校美育工作而纳入议事日程,而对于能够惠及全体同学的审美教育主渠道——美育课程建设未得到应有的重视。至于非美育课程的美育渗透、美育环境

---

[1]　钟仕伦:《高师院校美育工作评估标准及指标体系初探》,《美育学刊》,2016 年第 6 期。

的营造、学校美育与社会美育的统筹等大学生美育的其他载体,多数院校还处于"无人问津"的自发状态,难以做到围绕美育目标,形成育人合力。

三是对大学生美育师资队伍的培养缺乏力度。美育教师数量不足、具有良好素质者不多的现状在高校普遍存在,美育师资队伍的培养缺乏力度是其中的重要成因。具体而言,一是高校缺乏美育专业化教师队伍建设和保障机制。不少高校美育课教师队伍无专门的岗位编制和建设规划,美育课为任意性选修课,教师讲授此类课程,多是出于个人专长或兴趣,甚至是本职工作之外利用业余时间进行的"自愿行为",导致教师对参与美育教学工作、提升自身专业素养的动力不足,进而影响整个美育教师队伍建设进程。二是对美育教师培养的重视程度不够。美育专业的综合性和实践性决定了高校美育教师应是一种复合型人才,既要通晓美学、教育学、心理学等各种专业学科的知识,又要有较高的艺术修养,还要有一定的教学能力,因而美育教师培养的难度相对较大。但是目前高校由于对美育的重视不够,直接导致对美育教师培养缺乏足够的重视。三是社会上专门培养美育人才的机构较少。教育部专业目录尚无此专业。一些师范院校设有音乐系、美术系、舞蹈系等,但是没有专门培养美育师资的本科专业。在网上搜寻发现,目前招收美育学硕士研究生的高校仅南京师范大学一所,其他高校也很少能为美育教师提供培训和进修的机会。故而,美育教师队伍的诸多问题也就在所难免。

四是对大学生美育的研究不能满足实践需求。高校美育整体发展水平不尽如人意,理论基础薄弱也是不可否认的一个原因。这其中既有历史根源,也有现实因素。曾几何时,"美""追求美"被贴上"封资修"的标签,是遭受唾弃和批判的思想意识与生活方式,美育理论研究在相当长的时间陷于停滞。改革开放之后,美育研究才逐渐兴起。自20世纪末,我国大力倡导素质教育战略,大学生美育的研究开始从少数学者的书斋走入一批高校美育、艺术教育一线教师的视野,从而得到在实践研究领域的延伸。但从整体来看,大学生美育研究的体系还不完善,在理论研究和政策研究层面尚存在缺欠。并且由于缺少理论支撑,对实践的讨论也多为泛泛而谈,难以满足大学生美育的实践需要。

五是社会功利化倾向阻滞了大学生美育的发展。社会存在决定社会意识。社会主义市场经济负面效应带来的功利主义倾向,对大学生美育也不无影响。其主要表现为两个层面:一是学校层面,一些高校单纯从市场需求出发来进行专业设置和定位人才培养的目标,忽视对学生人文素质的培养,特别是对于学生美育课程、美育实践的投入不足,导致大学生美育发展的滞后。二是社会层面,大众文化在丰富社会大众文化生活的同时,蕴含于其中的一些负面的价值取向、思想内容给大学生审美素养造成了不利影响。如大众文化的娱乐性,过多强调感官的愉悦和刺激,影响大学生审美情趣的提高;大众文化的媚俗性,一些文化作品包含大量低俗的内容,导致大学生的审美判断能力的弱化、价值观念的混乱,从而危害其健全人格的塑造。这些都与大学生美育的宗旨背道而驰,在一定程度上形成掣肘效应。

三、破解大学生审美素养培育中存在问题的理论依据

马克思和恩格斯的美育思想为解决新时代大学生审美素养培育中的问题提供了指导思想,席勒的美育思想为解决大学生审美素养培育中的问题提供了理论借鉴。

（一）马克思和恩格斯的美育思想

在马克思和恩格斯的思想中，人始终是其理论的出发点和归结点，"人的根本就是人本身"①，人的全面发展是马克思和恩格斯的最高人格理想及构建社会理想的最基本尺度。

1. 人的全面发展的思想

马克思和恩格斯关于人的全面发展的思想主要有：

一是人的全面发展就是人的解放。马克思主义理论就是人的解放的理论，马克思和恩格斯人的全面发展学说是人的解放理论的有机组成部分。马克思深刻揭示了资本主义私有制及社会分工给工人造成的局限和摧残，工人在劳动中"不是自由地发挥自己的体力和智力，而是使自己的肉体受折磨、精神遭摧残"②，成为丧失自由的"从属品"和片面发展的畸形人。他明确指出："人的全面发展意味着自己真正获得解放"③，认为"唯一实际可能的解放是以宣布人是人的最高本质这个理论为立足点的解放"④。实现人的解放是人的全面发展的根本前提和重要内容。

二是人的全面发展的基础是能力的全面提高。马克思认为："全面发展的个人……不是自然的产物，而是历史的产物。要使这种个性成为可能，能力的发展就要达到一定的程度和全面性。"⑤在社会历史的进程中，人的能力只有达到一定的高度和全面性，才能够使人"作为一个完整的人，占有自己

---

① 《马克思恩格斯文集》（第一卷），人民出版社，2009 年，第 11 页。
② 同上，第 159 页。
③ 《马克思恩格斯全集》（第 3 卷），人民出版社，1979 年，第 286 页。
④ 《马克思恩格斯文集》（第一卷），人民出版社，2009 年，第 18 页。
⑤ 《马克思恩格斯文集》（第八卷），人民出版社，2009 年，第 56 页。

的全面的本质"①。

三是人的全面发展的实质是个性的自由发展。马克思和恩格斯在主张人的全面发展的同时,也强调个性的自由发展,谈到"在现实世界中,个人有许多需要","他们的需要即他们的本性"②。人有"多种多样的志趣",多种多样的"个人才能"。而如何获得个性的自由发展? 马克思在《政治经济学批判(1857—1858 年)》手稿中说,取代资本主义"物的统治"的新的社会形态的特征,是"建立在个人全面发展和他们共同的社会生产能力成为他们的社会财富这一基础上的自由个性"③。马克思和恩格斯认为"全面发展"要以"自由个性"为基础,人的全面发展实质上就是人的个性的自由发展。

2. 美育是实现人的全面发展的重要途径

在马克思和恩格斯的美育思想中,培养全面发展的人是美育的根本任务。他们将消灭私有制,铲除异化现象,建立共产主义社会作为实现人的全面发展的根本途径。但是共产主义的实现既需要大力发展生产力,又需要通过教育不断提高人的精神素质,使人走向全面发展。马克思指出:"最先进的工人完全了解,他们阶级的未来,从而也是人类的未来,完全取决于正在成长的工人一代的教育。"④在马克思和恩格斯的思想中,美育对于实现人的全面发展,具有独特的作用。具体来说主要体现在以下三个方面:

第一,美育对于"异化"现象具有一定程度的"纠偏"作用。马克思强调劳动创造了美,但同时也揭露了资本主义私有制下的异化劳动和分工对人性的摧残。他指出:"劳动生产了美,但是使工人变成畸形。"⑤如何解决这一问题? 在现实社会条件下,他认为:"资本主义生产就同某些精神生产部门

---

① 《马克思恩格斯文集》(第一卷),人民出版社,2009 年,第 189 页。
② 《马克思恩格斯全集》(第 3 卷),人民出版社,2002 年,第 514 页。
③ 《马克思恩格斯文集》(第八卷),人民出版社,2009 年,第 52 页。
④ 《马克思恩格斯全集》(第 1 卷),人民出版社,1995 年,第 410 页。
⑤ 《马克思恩格斯文集》(第一卷),人民出版社,2009 年,第 158 ~ 159 页。

如艺术和诗歌相敌对。"①"激情、热情是人强烈追求自己的对象的本质力量。"②美不带有直接的功利性,最具自由品格。在审美活动中,人能够享受到精神自由,能够细腻而充分地体验自身的情感和想象,达到各种心理机能和谐一致的自由境界。审美具有令人解放的性质,从而对于"异化"现象起到一定程度的"纠偏"作用。

第二,美育运用审美形象作用于人的情感,具有强烈的感染性,能激发人的潜能、振奋人的精神,使人产生新的生命需要。马克思曾说过:"钢琴演奏者生产了音乐,满足了我的音乐感,不是也在某种意义上生产了音乐感吗? ……钢琴演奏者刺激生产,部分地是由于他使我们的个性更加精力充沛,更加生气勃勃,或者在通常意义上说,他唤起了新的需要……"③美育使人精神旺盛、生气勃勃,并由此形成了生命的"新的需要",而需要是能力的内在规定,需要的丰富和发展促进了能力的丰富与发展,二者相互促进,形成良性循环,必然使人的发展不断趋于全面。

第三,美育帮助人们用艺术的方式把握世界,这对人们更好地认识社会、人生具有重要的意义。马克思认为,人类对世界的精神性掌握包括理论思维、艺术、宗教、实践精神四种方式。其中艺术的掌握方式是通过创造美的形象来再现审美对象和表现审美意识,它既是对客观世界的反映,又是对主观感受的表现,"艺术掌握世界的过程实际上就是美的创造的过程,即是人按照美的规律来改造客观世界和改造人类自身的过程"④。艺术的方式就像照相机的广角镜头,为人们了解社会、人生提供了广阔的视野。如马克思在谈到 19 世纪英国小说家的创作特点时指出,他们"向世界揭示的政治和

---

① 《马克思恩格斯全集》(第33卷),人民出版社,2004年,第346页。
② 《马克思恩格斯文集》(第一卷),人民出版社,2009年,第211页。
③ 《马克思恩格斯全集》(第30卷),人民出版社,1995年,第264页。
④ 喻秋兰、郭声健:《论马克思美育思想的现实意义》,《长沙大学学报》,2002年第9期。

社会真理,比一切职业政客、政论家和道德家加在一起所揭示的还要多"①。恩格斯也说,巴尔扎克的《人间喜剧》"给我们提供了一部法国'社会',特别是巴黎上流社会的无比精彩的现实主义历史"②。美育无疑有助于人们从整体上认识世界、了解人生,从而促进个人的全面发展。

3.美育来源于人的生产生活实践

马克思和恩格斯没有把美育局限于艺术教育,而是认为美育与人们的实践活动紧密结合,美育渗透到社会生产、生活的各个领域。

首先,生产实践造就了审美对象、审美主体及审美活动本身。马克思指出,劳动创造了美,同时也造就了能按美的规律造型的审美主体。他说:"五官感觉的形成是迄今为止全部世界历史的产物。"③"社会的人的感觉不同于非社会的人的感觉。只是由于人的本质客观地展开的丰富性,主体的、人的感性的丰富性……"④马克思认为,包括美感在内的人的各种丰富的感觉,都是在人的实践活动的历史性展开与积累中形成的。脱离了实践,脱离了对象化活动,就不可能有美感的发生,也就谈不上对人进行审美教育,社会的生产生活实践是美育根本性的来源。

其次,美育是由社会经济基础所决定的观念意识形态的上层建筑。马克思指出:"宗教、家庭、国家、法、道德、科学、艺术等等,都不过是生产的一些特殊的方式,并且受生产的普遍规律的支配。"⑤这是唯物史观核心思想的最初表达,揭示了审美欣赏和艺术创造活动与经济实践活动的关系,及其在整个现实生活中的地位。马克思认为,美的思想是与人们的生产实践活动紧密结合在一起的。

---

① 《马克思恩格斯全集》(第10卷),人民出版社,1998年,第686页。
② 《马克思恩格斯文集》(第十卷),人民出版社,2009年,第570页。
③④ 《马克思恩格斯文集》(第一卷),人民出版社,2009年,第191页。
⑤ 同上,第186页。

综上,马克思和恩格斯的美育观是建立在考察人类历史的发展和人类改造世界的实践活动的基础之上,是对人类先进的美育思想的继承和发展。马克思主义关于实现人的全面发展的美育理论,是大学生审美素养培育研究的指导思想。

(二)席勒审美教育思想借鉴

1793 年,德国著名剧作家席勒在其名著《美育书简》中正式提出了"美育"一词,并构筑了一个相对完备和新颖的美育理论体系。其中,关于美育的功能、途径及手段等论述为大学生美育研究提供了重要的理论借鉴。

1. 美育的功能——实现人性的完满发展

席勒在人类历史上第一次提出了"美育"的概念,并认为审美教育的功能就是克服资本主义时代对人性的扭曲和割裂,恢复人所应有的存在的自由,实现人性的完满发展。他说:"我们有责任通过更高的教养来恢复被教养破坏了的我们的自然[本性]的这种完整性。"①

席勒鉴于他所处的时代"上层腐朽,下层粗野"的状况,认为当时的人是不完整的分裂的人。这种分裂的人身上存在着两种冲动:一种是"感性冲动";另一种是"形式冲动",又叫"理性冲动"。前者的对象是生活,它占有、享受,被官能所控制,是被动的,处于这种状态的人是自然人;后者的对象是形象,它要的是秩序和法则,受思想和意志的支配,是主动的,处于这种状态的人是理性人。二者各有强制性,不能直接结合,要使二者结合,即要使人从自然人走向理性人,中间必须有一座桥梁,这便是审美教育。席勒认为审美活动是自由的,而审美教育是实现人的自由的唯一途径。它使得感性与

---

① [德]席勒:《美育书简》,徐恒醇译,中国文联出版公司,1984 年,第56 页。

理性、物质与形式等对立都结合起来,从而克服人的分裂状态,是提高人的素质和完善人格、使人类从必然王国向自由王国迈进所不可或缺的手段和目的。席勒说:"有促进健康的教育,有促进认识的教育,有促进道德的教育,还有促进鉴赏力和美的教育,这最后一种教育的目的在于培养我们的感性和精神力量的整体达到尽可能和谐。"①

2. 美育的途径——游戏冲动

在席勒看来,审美教育克服人性分裂的具体途径是在于其能唤起人身上的第三种冲动——游戏冲动,这种冲动是自由的同义语。他认为,近代人性的分裂,就是感性冲动和理性冲动相互干扰的缘故,只有消除他们的对立,调解它们的矛盾,把它们结合起来,才能成为完整的人,才能获得真正的自由。这就需要第三种力量——"游戏冲动"作为中介和桥梁,游戏把它们结合起来,使这两种冲动的强迫性在审美游戏中得到消解,这样,人就不再受外在和内在的强迫,实现了完满的人性。

席勒指出,这种游戏冲动是和审美紧密联系在一起的。他说:"美是这两种冲动的共同对象,也是游戏冲动的对象。"②席勒在这里所讲的"游戏",不是一般意义上的嬉戏娱乐,而是摆脱了感性的物质需要和理性的道德纪律强制的自由活动。他说:"只有当人充分是人的时候,他才游戏;只有当人游戏的时候,他才是完整的人。"③即人只有通过审美活动,才能实现感性和理性、物质和精神、受动与主动的结合与统一,才能克服人性的分裂,达到"人格的完整"与"心灵的优美"。④

---

① ［德］席勒:《美育书简》,徐恒醇译,中国文联出版公司,1984 年,第 108 页。
② ［德］席勒:《审美教育书简》,冯至、范大灿译,北京大学出版社,1985 年,第 78 页。
③ ［德］席勒:《美育书简》,徐恒醇译,中国文联出版公司,1984 年,第 90 页。
④ 参见俞晓霞:《欲望超脱与生命自由——王国维与席勒美育思想比较》,《文艺争鸣》,2009 年第 1 期。

3.美育的手段——艺术美

席勒认为,美育所凭借的手段是美的艺术。这是由艺术的性质决定的。艺术美是一种消灭了进入艺术作品的质料的形式美,是摆脱了一切独断和人的成见束缚的想象力的自由驰骋。所以只有这种艺术美才能成为以自由为内涵的美育的最重要手段。① 席勒将美分为"融合性的美"和"振奋性的美"两种类型,指出了其各自的优势与局限。"融合性的美"不仅可以使物质、感性的人也来关注精神、气质、形式,不再显得那么粗俗;而且可以使善于抽象思辨的人恢复其感性欲望,增加些生活乐趣。"振奋性的美"所针对的主要是所谓"有教养的时代"所造就的人格精神趋于萎靡的现状,它能够在物质和精神方面使人的心情紧张,增加其反应力。它们的弊端在于,"振奋性的美不能防止人有某些粗野与冷酷的痕迹,正如融合性的美不能防止人有某种程度的软弱和衰竭一样"。主张对不同的人施以不同类型的美育,以发挥各自的优势。② 同时,席勒认为最理想的美育是将二者结合起来:"我将检验融合性的美对紧张的人所产生的影响以及振奋性的美对松弛的人所产生的影响,以便最后把两种对立的美消融在理想美的统一中,就像人性的那两种对立形式消融在理想的人的统一体中那样。"③

席勒的《美育书简》是人类历史上第一部美育的宣言书,不仅正式提出了"美育"一词,而且从审美的角度解决了"人是什么"的问题,第一次系统阐述了美育的概念、性质、功能和意义,以美学为依托思考了人性的完善、人类的命运和社会的改良,标志着西方美育理论从"灵魂净化"向"人性解放说"的转变。青年时期的马克思曾深受其影响,称之为"新思想运动的预言家"。

---

① 参见曾繁仁:《转型期的中国美育》,商务印书馆,2007 年,第 113 页。
② 参见黄健云:《席勒的美育思想及其价值》,《吉首大学学报》(社会科学版),2005 年第 10 期。
③ [德]席勒:《美育书简》,徐恒醇译,中国文联出版公司,1984 年,第 94 页。

席勒关于审美教育功能、途径、手段的思想,为大学生美育研究提供了理论借鉴。

四、新时代加强大学生审美素养培育的策略

《关于全面加强和改进新时代学校美育工作的意见》提出了新时代学校美育工作的目标,即到 2022 年学校美育取得突破性进展,美育课程全面开齐开足,教育教学改革成效显著,资源配置不断优化,评价体系逐步健全,管理机制更加完善,育人成效显著增强,学生审美和人文素养明显提升;到 2035 年,基本形成全覆盖、多样化、高质量的具有中国特色的现代化学校美育体系。该目标是新时代加强大学生美育工作的方向。据此,新时代加强大学生美育要在以下七方面着力。

(一)全面理解贯彻新时代党的教育方针

新时代党的教育方针是马克思主义教育思想和中国特色社会主义教育实践相结合的产物,是高校办学的根本遵循,是加强大学生美育的根本保证和基本遵循。

1. 全面理解新时代党的教育方针,提高对大学生美育地位的认识

党的十八大以来,以习近平同志为核心的党中央高度重视美育工作,突出了美育在新时代党的教育方针中的地位。2015 年 12 月,在全国人大常委会审议通过的教育法修正案中,将教育方针规定为:"教育必须为社会主义现代化建设服务、为人民服务,必须与生产劳动和社会实践相结合,培养德、智、体、美等方面全面发展的社会主义建设者和接班人。"在 2018 年 9 月召开

的全国教育大会上,习近平总书记指出,坚持党对教育事业的全面领导,把立德树人作为根本任务,培养德智体美劳全面发展的社会主义建设者和接班人。同时他强调,要全面加强和改进学校美育,坚持以美育人、以文化人,提高学生审美和人文素养。为了贯彻落实习近平总书记的讲话精神,中共中央办公厅、国务院办公厅印发了《关于全面加强和改进新时代学校美育工作的意见》,该文件是党和国家对新时代学校美育工作的顶层设计和全面部署,是高校加强大学生美育的根本遵循。文件指出,学校美育工作要以习近平新时代中国特色社会主义思想为指导,全面贯彻党的教育方针,坚持社会主义办学方向,以立德树人为根本,以社会主义核心价值观为引领,以提高学生审美和人文素养为目标,弘扬中华美育精神,以美育人、以美化人、以美培元,把美育纳入各级各类学校人才培养全过程,贯穿学校教育各学段,培养德智体美劳全面发展的社会主义建设者和接班人。①

高校的管理者、美育工作者和广大师生应坚持马克思主义的立场观点,全面理解新时代党的教育方针,明确立德树人是教育的根本任务,培养德智体美劳全面发展的社会主义合格建设者和可靠接班人是新时代高等教育的目标和使命;应深刻认识美育是培养整体人格的教育,是使人成为一个真正的人、一个"大写"的人、一个健全的人的教育,缺乏美育的高等教育是不完整的教育,缺乏美育的大学生不可能成为全面发展的社会主义建设者和接班人。

2. 全面贯彻新时代党的教育方针,加强大学生美育工作

全面贯彻落实新时代党的教育方针,要求我们在大学生美育工作中做到:第一,增强责任感,担负起立德树人的使命。立德树人是高校的立身之

本,是每一位高校教师的使命与职责。马克思说过:"作为确定的人,现实的人,你就有规定,就有使命,就有任务。"①作为大学生美育工作主体的教师应在提高加强大学生美育必要性和重要性认识的基础上,不断增强自身的使命感和责任感,积极发挥尚美塑德的示范性,以良好的师德师风和审美素养,言传身教,感化学生;应自觉地将"立德树人"贯穿于教育教学工作之中,引导学生积极接受审美教育,提升审美素养,帮助学生通过对美的欣赏和创造,发展认识能力,丰富精神生活,陶冶高尚情感,实现全面发展。

第二,求真务实,不断推进大学生美育理论与实践创新。大学生是最富有朝气的群体,他们善于接受新观念、新事物,最忌因循守旧。在日新月异的新时代,大学生美育的研究与实践要跟上时代的发展步伐,努力贯彻落实党和国家学校美育工作的指导方针,深入发掘、弘扬中华优秀传统文化中的美育思想,积极借鉴当代西方美学美育的新成果,推进美育理论和实践的创新。在推进大学生美育工作时,把大胆探索与求真务实有机结合起来,把时代性、规律性、创造性统一起来,做到既勇于创新,又善于创新,扎实有效地做好大学生美育工作。

(二)明确大学生审美素养培育的基本原则

大学生美育的原则是在大学生美育中必须遵循的基本要求。它是根据美育的目标、特点和规律概括、提炼出来的,是美育科学理念的渗透和实践经验的总结。

一是系统性原则。系统性原则是指将大学生美育作为一个有机整体来认识的准则,是落实"大美育"理念和协调发展理念的客观要求和具体呈现。

---

① 《马克思恩格斯全集》(第3卷),人民出版社,1960年,第329页。

系统性原则要求将大学生美育看作由多维度、多方面、多要素构成的有机整体,重视顶层设计,围绕育人目标统筹规划美育的内容和途径,加强资金、软硬件、课程设置、师资队伍等各方面的投入与建设,保证大学生美育工作的良性运转、整体推进。

二是和谐共进原则。和谐共进原则主要是指大学生美育要与德育、智育、体育、劳动教育相互融合、和谐共进。和谐共进原则要求在美育实施过程中与诸育相互关联,在内容、方法上互相渗透、互相借鉴。一方面,要注重在德智体劳的教育内容和教育方法中渗透美育,达到以美储善、以美启真、以美促健、以美助劳的良好效果。另一方面,也要注意将德育的道德理性、智育的科学理性、体育的奥林匹克精神和劳动教育的实践精神寓于美育之中,使大学生美育在保持情感教育特性的同时获得正确的指导思想和丰富内涵,促进大学生美育的深入发展。

三是寓教于乐原则。寓教于乐原则集中体现了"以人为本"的大学生美育理念。寓教于乐原则要求在美育过程中,将思想性和娱乐性有机结合,寓教于乐,寓情于理,达到悦耳、悦目,以实现悦志、悦神的教育效果。在大学生美育过程中坚持这一原则,应将真与善融入美的形象,精心创设美育情境,通过具体可感的形象来感染、熏陶学生,使学生通过审美体验,产生对善的向往、真的追求,在潜移默化中实现美育目标。

四是创造性原则。创造性原则就是在大学生美育中要注重培养学生的创新意识和创新能力。坚持大学生美育的创造性原则,首先要注重学生审美感受力的培养,使学生在审美过程中把对美的感知同情绪上的体验结合起来,创造出具有独特审美意蕴的全新意象。其次,要指导学生积极进行创美实践,帮助他们了解不同形式的美的表达方式,掌握美的创造规律。再次,要培养学生的灵感思维能力,引导学生丰富审美意象,形成自由的、和谐的审美状态,为灵感的激发创设必备条件。

（三）完善大学生审美素养培育的内容

内容是大学生美育的核心，缺乏科学、全面、具有吸引力的内容，美育难以获得理想的效果。大学生美育的内容可涵盖自然美、社会美、艺术美、科技美和工艺美等多个方面。

一是自然美育。自然美育是借助自然景色、自然现象之美对大学生进行的审美教育。大自然不仅是人类生息发展的天然环境，也是"人的无机的身体"，是学生审美情感体验的最丰富的源泉。对大学生进行自然美育，一是培养大学生体验和鉴别自然美的不同形态，以生动、形象的影像资料加以呈现，或引导学生身临其境，使其直观感受自然美的本质、特征及自然美育的重要意义。二是培养大学生掌握自然美的审美方法，启发他们将景观与文化、情感相融合，触发大学生审美情感的净化与审美精神的升华，激发其审美想象力与创造力的丰富和提升。

二是社会美育。社会美育是借助社会事物、社会生活和社会现象之美对大学生进行的审美教育。对大学生进行社会美育，一是要对大学生进行劳动美及人的美的审美教育，使其深刻理解"劳动最光荣、劳动最美丽"的道理，实现外在仪表美和内在心灵美的和谐统一。二是要对大学生进行社会交际美的审美教育，培养其在人际交往中具备真诚友爱、礼貌守俗、幽默风趣的形象气质。三是要对大学生进行社会现象美的审美教育，引导学生从审美的视角观照人类的物质环境、制度环境与社会发展，在培育"发现美的眼睛"的同时深植共产主义的理想信念。

三是艺术美育。艺术美育是借助艺术作品中所蕴含的美对大学生进行的审美教育。大学生艺术美育包括以下三个方面内容：一是反映现象美的音乐、舞蹈、建筑等的审美教育，二是反映现实的个体美和种类美为基础的雕塑、绘画的审美教育，三是反映现实的社会美的文学、戏剧、电影等的审美教育。艺术美是现实美的反映，是对现实美的高度凝练与概括，是美的精华，也是大学生美感的重要来源。艺术美育是大学生美育最重要的手段。

四是科学美育。科学美育就是借助科学理论的内在审美价值对大学生进行的审美教育。大学生美育应当渗透在数学、物理、化学、生物、地理等诸多自然科学的课程之中。科学美育要求大学生一方面在学习自然科学的理论知识时体会公式的概括之美，证明、演算、推断过程的逻辑之美，分类、演化、发展的动态变化之美；另一方面在实验或考察的过程中，体会自然规律与现实结合的实用之美。科学美育有利于大学生在学习中养成审美态度，在提高审美素养的同时，激发探索科学奥秘的情趣与热情。

五是工艺美育。工艺美育是利用工艺之美，或称工艺美术对大学生进行的审美教育。大学生工艺美育能够使学生透过具体的工艺美术作品，穿越文化与时代的界限，感受人类的智慧和审美创造力。工艺美育不仅仅局限于课堂，随着"日常生活审美化"的发展，生活中工艺美的元素几乎举目可见，在人们社会生活中的地位越来越重要。工艺美育一方面能够使大学生得到更多的来自现实美的熏陶，另一方面，工艺美育也应当渗透到各类高校各个专业的专业课课堂教学之中。在倡导"工匠精神"的今天，工艺美育具有重要意义。

总体而言，新时代大学生美育的内容要注重体现民族性。无论是自然美育、社会美育，还是艺术美育和工艺美育，都应深入挖掘传统文化的内涵。讴歌祖国壮丽山河的古代诗词歌赋，传播华夏人文精神的古代琴棋书画，饱含祖先智慧灵巧的青铜玉石、建筑雕塑……中华优秀传统文化具有丰富多彩的表现形式，蕴含着取之不尽的美育资源。大学生美育要引导学生从这些资源中汲取营养，继承、弘扬中华美育精神，增强民族文化自信。

（四）丰富大学生审美素养培育的方法

"工欲善其事必先利其器"，方法对目标的达成至关重要。大学生美育要以愉快教育、课堂渗透、游历教育、环境熏陶等作为主要方法，并注重以上方法的综合运用。

一是愉快教育法。愉快教育法的主要特点是重在感性直观，并伴随着过程中师生愉悦轻松的体验。在美育类课程教学中，可通过大学生容易接受的不同题材、不同形式、不同风格的审美媒介，如席勒谈到的"融合性的美"和"振奋性的美"，使他们获得丰富的审美感受。在运用愉快教育法时应注意克服教学方法单一、死板的弊端，把生动活泼、灵活多样的教学方式融入教学全过程。

二是寓美于教法。寓美于教法是将美育蕴含在学校的教育教学之中。该方法要求高校的德、智、体等各种课程积极借鉴美育的理念与方法，充分发掘课程内容及形式的审美因素，在有效提高本学科教学效果的同时发挥美育功能。如教师制作的图文并茂、动静结合的课件，简洁生动、幽默风趣的语言，布局合理、字迹秀逸的板书等，都能给予学生审美感受，并激发学生的学习兴趣。

三是游历教育法。游历教育法是引导大学生在旅游观光与社会实践中得到审美教育的方法。具体可以通过两种方式来实现：一是游历自然美，鼓励学生在节假日走出书斋，投身于自然的怀抱，感受千姿万态的自然景观美，促进学生形成热爱自然、保护自然、奉献自然的生态价值观。二是游历社会美，引导学生利用各种机会，如寒暑假的社会实践、专业调研考察，广泛深入社会生活，深刻感受气象万千的社会美。每次活动后，要组织学生及时总结，畅谈感想，交流心得，深化其在思想道德、专业技能和审美素养等方面的收获。

四是环境熏陶法。环境熏陶法是指高校借助鲜活的美的事物、无形的文化及群体意识,营造美的氛围,使受教育者在潜移默化中接受审美教育的方法。具有校园特色的人文氛围、校园精神和生活环境都是审美教育的重要途径。高校校园环境可大致分为物质环境与精神环境两个层面。校园物质环境,包括校园整体布局、校园建筑造型、雕塑、绿化美化和配套设施等所营造的氛围。校园精神环境是一所学校师生员工整体的精神风貌。其中,校风、学风建设是学校精神文化环境建设的核心内容。美的环境具有润物无声的美育功能。

(五)健全大学生审美素养培育的机制

建立科学有效的机制是美育得以规范有序、富有成效开展的基础性工程。

1. 健全加强大学生美育的领导和工作机制

高校应设立美育的专门领导机构,成立由党委书记、校长负责的美育工作指导委员会,加强对美育工作的顶层设计和指导监督。为了将美育工作落到实处,充分实现其育人功能,高校应成立作为二级管理机构的美育中心,下设美育教研室和美育活动指导室,分别负责全校的美育教学及研究工作和审美实践活动。美育中心在美育工作指导委员会的直接领导下,统筹管理学校的美育教学与实践。美育工作指导委员会定期督导相关部门加强美育渗透和环境美育工作。

2. 健全加强大学生美育的动力机制

一是优化美育课程设置,发挥课堂教学主渠道的作用。在高校,课程的覆盖面是最广的,特别是必修课或限制性选修课,能使每位学生系统接受相应的教育,是大学生美育的主渠道。美育课程主要包基础理论课、艺术鉴赏课和艺术史论课,诸如《大学美育》《艺术概论》《中西绘画欣赏》《世界名曲赏析》《艺术思想史》等。高校还可以根据地方特色或民族院校的特点,开设一些介绍地方艺术、民族艺术的选修课,从而形成学校艺术教育的特色。

二是完善激励机制,搭建学生审美创美的实践平台。席勒认为,审美游戏能够使人的感性和理性相统一,促进人格的完善。大学生课外艺术文化活动具有"审美游戏"的属性,是大学生美育重要的实践平台。在灵活多样的艺术文化活动中,蕴含着丰富的美育内容,具有大学生自我美育的良效。高校应通过有目的、有计划地组建各类艺术团、美育工作室、学生社团,举办诸如校园文化节、艺术节、艺术竞赛、评比活动等丰富多彩的校园文化活动,制定相应的激励机制鼓励学生踊跃参加美育实践活动。

3. 健全加强大学生美育的保障机制

一是调动校内外积极因素,拓展美育资源。马克思主义美育观强调生产生活实践是美育的根本来源。大学生美育仅仅局限在高校这个"象牙塔"里是远远不够的,必须带领学生走出校园,到社会这个大熔炉里去"淬炼"。高校要引导学生走入社会生活,去发现美、辨别美、学习美、创造美,把在学校所学、所想运用到实践中。同时,要积极引导校外高雅的、吸引力强的审美文化资源进校园,充分拓展大学生的美育载体。

二是加大美育经费投入,完善美育师资队伍建设。高校应在美育的硬件建设上切实增加投入,加强美育场馆设施建设,建成较为完善的音乐教室、舞蹈教室、学生剧院、艺术展厅及学生活动中心等,为大学生审美教育教学活动提供必要的场所和设备。高校应加快美育师资队伍的建设,可通过择优从社会招聘专业教师,招聘或选留优秀博士、硕士毕业生等途径充实教师队伍;同时,充分发挥一些有业务专长的教职工(包括热心于美育和艺术教育事业并能够身体力行的退休教师专家、学者)的作用,聘请他们兼任美育专业课堂教学和课外辅导任务,构建年龄、专业、职称结构合理的美育师资队伍,提高大学生美育工作的质量。

4.建立健全加强大学生美育的评价机制

高校要制定科学的评价标准及程序,定量分析与定性分析相结合,力争既简便易行具有操作性,又有利于切实推动大学生美育工作的深入发展。

第一,加强上级主管部门对高校开展大学生美育工作状况及成果的评价。评价主要包括三个方面:一是学校对美育工作的重视程度,包括决策者是否真正理解党和政府关于大学生美育的方针政策,其在学校发展战略、人才培养目标及年度工作计划等的具体体现;是否建立促进美育工作的有效机制,保证美育工作人、财、物的投入等。二是校园文化氛围的建设情况,其体现为精神的和物质的两个方面,校园精神文化主要包括校园历史传统和被全体师生员工认同的共同文化观念、价值观念、生活观念等意识形态;校园物质文化主要是利用校园自然环境、校园文化艺术设施、校舍设施环境等物质文化资源打造"育人式"校园。三是校区软环境与硬环境建设相互配合、协调的情况。

第二,加强学校对教师实施审美教育情况的评价。关于教师"教"的评价,可主要涉及对三类教师的评价。第一类是对美育教师"教"的评价,其包括是否深入理解并呈现教材内容,是否完成课程的目标要求。第二类是对非美育教师"教"的评价,其包括是否注重发掘并呈现课程中的审美因素,是否完成非美育类课程审美渗透的目标要求。第三类是对辅导员、班主任的评价,其包括组织学生开展课外美育活动的情况和日常生活中对学生审美素质的教育引导情况。

第三,加强教师对学生参与美育情况的评价。对于大学生的美育评价应是一种个性化的评价,具体可从以下三个方面实行:一是现实性评价和发展性评价相结合。现实性评价的主要内容包括学生对于美育知识理论的掌握、审美观念、审美能力等情况的评价;发展性评价侧重于对学生审美情趣、创美能力等方面的评价。二是日常评价和阶段性评价相结合。日常评价是指教师以对学生在日常审美教育活动中的表现和参与活动情况的评价,阶段性评价是指对学生的期中、期末的阶段性测评。三是自评与他评相结合。自我评价是学生对自己在审美教育中的表现和参与美育活动的情况所作出的评价,他人评价是同学间的互评或学生小组的集体评价及老师的评价。

(六)提高大学生审美素养培育队伍的素质

按照"大美育"理念,大学生美育的途径包括美育类课程、美育实践、非美育课程的美育渗透等诸多方面。因此,美育队伍中既有美育类课程教师,也涵盖着非美育类课程教师、辅导员、班主任及骨干学生等多个群体。

1.提高美育类课程教师队伍的整体素质

美育类课程教师的素质主要包括思想品德素质和文化业务素质。培养和提高教师的素质,可通过多种形式、多种渠道进行。如建立师德建设激励机制,开展各类师德教育活动,进行定期的业务学习,有计划地选派教师到国内外大学生美育工作开展较好的高校去学习进修,鼓励教师开展学术研究,力求教、研结合,以研促教。

2.提高非美育类课程教师队伍的审美素质

提高非美育类课程教师审美素质,应倡导教师塑造自身良好的人格形象,引导教师们深入认识自身的教育教学工作与大学生美育的关联,认识到自身的人格形象对学生潜移默化的影响。在此基础上,加强自身美学、美育知识技能的学习实践,积极提高自身的审美素养,把审美元素全方位渗透到教学活动中去,达到"随风潜入夜,润物细无声"的育人效果,使学生在更好地掌握专业知识与技能的同时,得到美的熏陶,促进其思维能力和创造能力的全面发展。

3. 提高辅导员、班主任队伍的审美素质

高校辅导员、班主任首先要树立美育就在学生生活和成长中的观念,要将美育与学生思想政治教育和日常管理工作有机结合,开展有针对性的审美教育。比如,结合就业指导工作组织面试礼仪讲座、结合学生日常行为规范教育举办"生活中的美"主题班会活动等。同时,辅导员、班主任还要不断探索和掌握审美教育的方法。一是要完善自我,成为学生的良好榜样,当好"示范者";二是要利用校园文化资源,组织开展特色活动,提供创造美的平台,做好"组织者"。将美育有机地融合在学生工作中,既有助于提高学生工作的实效性,又有利于学生审美素质的提高。

4. 提高美育骨干学生的审美素质

学生社团中骨干学生的审美素质,在很大程度上决定着社团活动美育功能的发挥。因此,有必要根据不同层次学生的接受能力和爱好,分类指导,提供较多学习实践的机会,培养一定数量具有良好审美素养的骨干学生。同时,将具有"交流、对话、民主、探讨"特点的"朋辈"教育引入大学生的美育过程中,有意识地创设环境,通过交流达成彼此"视界"的融合,有效发挥骨干学生的引导者作用,促进大学生健康人格的共同成长。

(七)优化大学生审美素养培育的环境

挖掘环境育人资源,美化学校育人环境,通过环境塑造人,促进学生的全面发展,也是学校美育工作的重要方面。当前,在优化大学生美育环境方面要重视以下五个方面:

1. 优化大学生美育的自然环境

高校实施美育有益于促进校园环境的净化和美化,同时,优美、和谐、向

上的校园环境又能够促进大学生综合素质的提高和完美人格的形成。大学生美育应当重视自然环境的选择和美化,筑坡建园、广植花木,保持空气清新、环境洁净,都是营造优美自然环境的基本方法。

2. 优化大学生美育的物质环境

高校富有人文气息和自身特色的物质环境本身就具有美育功能,也是开展大学生美育的最佳场所。高校应加强校园建筑和室内环境的整体布局、规划设计,使其体现出统一、严肃、朴实、典雅的风格。同时,各学院(系)的环境建设应突出自身的专业特色,给人一种奋发向上、充满生机的感受,使大学生身心愉悦,获得美的陶冶。此外,高校还可因地制宜,制作宣传栏、甬路牌、壁报栏、文化墙等,达到让"每一堵墙壁会说话"的潜移默化效果。

3. 优化大学生美育的精神环境

高校精神环境作为一种长期积淀而形成的特定群体精神,应具有高尚、文雅、精益等特征。其虽然是无形的,但对师生的精神气质、行为习惯、思维方式等都具影响力。优化大学生美育的精神环境,首先要建设积极向上的校园精神文化。其核心是营造勤奋、严谨、求实、创新的优良校风,使个体成员在实践中不断调节自己的心理与行为,使之符合高校及社会既定的行为规范。其次,要加强人文素质和科学精神教育。通过教育资源的整合,努力形成一支学术水平高、学科构成合理的专家学者队伍,逐步建立起内容覆盖课堂教学、课外活动和社会实践的科学教育体系,充分发挥好国家和地方大学生文化素质教育基地的示范辐射作用,促进大学生人文素质和科学精神的融合与提高。

4. 优化大学生美育的人际环境

高校的人际环境主要是指师生之间、教师之间、学生之间、行政管理人员与师生之间在交往互动中显示的相互关系、文化素质和精神风貌。和谐的人际环境能够有效地促进大学生的身心健康和人格完善。在学校的各种人际关系中,师生关系是最主要的。教师高尚的师德师风是让学生爱戴、建构融洽的师生关系的重要因素,也是审美精神的集中体现。审美化的人际关系是高校师生共同的追求,美育渗透在这方面能发挥独特作用。因为美育渗透以促进人的和谐发展为根本目的,以引导人超越功利的纠缠和伦理的束缚、建构师生平等对话的主体间性关系为本质特征。① 因而优化大学生美育的人际环境,师生关系是美育渗透的重点。

5.优化大学生美育的网络环境

在新媒体时代的今天,网络美育在大学生美育中的地位越来越重要。优化大学生美育的网络环境,使大学生屏蔽非美的熏染,收获美的陶冶,可从以下两方面来努力。其一,构建网络环境的综合治理体系。应通过司法、公安、工商、学校等部门和社会各界的共同努力,健全网络立法,加强网络监管,避免网络空间成为道德、审美的飞地和不良信息的垃圾场。营造一个从网上到网下均文明健康的社会人文环境。其二,探索符合大学生心理特点的网络美育方法。美育教师要深入研究网络审美与现实审美的差异,针对大学生群体求新求变、情感丰富、兴趣广泛、参与性强等特点,积极运用不断发展的信息技术手段,提供大学生喜闻乐见的美育内容,努力培育大学生识别美、欣赏美、评价美、创造美的能力,使网络成为大学生实现审美自觉,形成审美化的生存理念和生活方式的有效途径。

---

① 参见叶碧:《论美育渗透的途径》,《浙江传媒学院学报》,2006 年第 6 期。

第三章　新时代大学生文化自信教育研究

　　党的十八大以来,习近平总书记对文化自信进行了一系列的论述,在2014 年 2 月 24 日的中央政治局第十三次集体学习中,他提出要"增强文化自信和价值观自信"①。2016 年 5 月 17 日,在哲学社会科学工作座谈会上他又指出:"坚定中国特色社会主义道路自信、理论自信、制度自信,说到底是要坚定文化自信。文化自信是更基本、更深沉、更持久的力量。"②在 2016 年的"七一"重要讲话中,习近平总书记再次指出:"坚持不忘初心、继续前进,就要坚持中国特色社会主义道路自信、理论自信、制度自信、文化自信。文化自信,是更基础、更广泛、更深厚的自信。"③在党的十九大报告中他又强调:"没有高度的文化自信,没有文化的繁荣兴盛,就没有中华民族伟大复兴。"④新时代高校肩负着培养勇担中华民族伟大复兴大任的时代新人的重任,要完成这一重任,必须加强大学生文化自信的教育,为其担起民族复兴

---

　　① 《习近平谈治国理政》,外文出版社,2014 年,第 164 页。

　　② 《习近平谈治国理政》(第二卷),外文出版社,2017 年,第 339 页。

　　③ 习近平:《在庆祝中国共产党成立 95 周年大会上的讲话》,《光明日报》,2016 年 7 月 2 日。

　　④ 习近平:《决胜全面建成小康社会 夺取新时代中国特色社会主义伟大胜利——在中国共产党第十九次全国代表大会上的报告》,人民出版社,2017 年,第 41 页。

大任奠定坚实的文化根基。

一、新时代大学生文化自信教育的必要性

在中国特色社会主义新时代,加强大学生文化自信教育十分必要,是落实社会主义大学职能的需要,是培养担当民族复兴大任的时代新人的需要,是实现中华民族伟大复兴中国梦的需要。

(一)落实社会主义大学职能之需要

学校职能是学校工作的基本依据。新时代加强大学生文化自信教育,是由当代高校的职能所决定的。当代高校具有人才培养、科学研究、社会服务、文化传承创新和国际交流合作的职能。大学作为人类文化发展到一定历史阶段的产物,既是人类教育活动的场域,也是文化传承和创新发展的载体和阵地。因此,文化传承创新是高校的主要职能之一。

文化的内涵有广义和狭义之分,广义的文化是指人类在社会历史发展过程中所创造的物质财富和精神财富的总和;狭义的文化特指人类在社会历史发展过程中所创造的精神财富,即社会的精神文明或思想文化。这里所说的文化是指狭义的内涵。思想文化对一个国家、民族的存在和发展至关重要。习近平总书记指出:"文化是一个国家、一个民族的灵魂。历史和现实表明,一个抛弃了或者背叛了自己历史文化的民族,不仅不可能发展起来,而且很可能上演一幕幕历史悲剧。"[①]一个国家、民族的兴旺发达,与其文

---

① 《习近平谈治国理政》(第二卷),外文出版社,2017年,第349页。

化能否传承创新发展密切相关,而国家、民族文化传承创新的重要途径是教育。高等教育在国家教育中居于重要地位,其发展水平标志着一个国家的发展水平和发展潜力。因而高等教育是中华文化传承创新的重要途径之一。高校是传承创新中华优秀传统文化、革命文化和社会主义先进文化的最重要的阵地。在中国特色社会主义新时代,高校传承创新文化的职能是通过培养大学生的文化底蕴、增强大学生的文化自信来实现的。文化自信是道路自信、理论自信、制度自信的基础,高校只有培养出具有坚定文化自信的人才,才能保证中国特色社会主义事业长兴不衰、永续发展。

习近平总书记在全国教育大会上指出,培养什么人是教育的首要问题。大学的根本职责是育人,因此世界各国都把办好大学、培养人才作为实现国家发展、增强综合国力的战略举措。我国是中国共产党领导的社会主义国家,这就决定了我国高校必须把培养社会主义建设者和接班人作为根本任务,培养一代又一代拥护中国共产党领导和我国社会主义制度、立志为中国特色社会主义奋斗终生的有用人才。社会主义高校要肩负起为党育人、为国育才的根本任务,必须在学校建设中坚持以社会主义核心价值观为中心内容的正确价值引导。而价值观是文化的核心,要树立先进的价值观,必须有先进的文化支撑。社会主义大学要以社会主义核心价值观为引导,必须以中华优秀传统文化、革命文化和社会主义先进文化为底蕴。为此,要培养大学生树立社会主义核心价值观,高校就要发挥其文化传承创新职能,对大学生进行中华文化教育,增强其文化底蕴与自信。

新时代高校应对西方文化渗透挑战要求加强大学生文化自信教育。自新中国成立以来,西方国家对社会主义中国的敌视从未停止。在武力压制难以实现的情况下,改用文化渗透、进行和平演变成为西方国家的主导战略。习近平总书记强调,当今世界正在经历百年未有之大变局。在大变局中,中国成为世界第二大经济体,日益走近世界舞台中央,在国际事务中发挥着愈来愈重要的作用。对于中国的变化,美国和西方一些国家的做法是,一方面鼓吹"中国威胁论",挑起贸易战、科技战,设法打压、扼制中国的发展;另一方面试图搞乱中国,与我们打争夺接班人之战,企图实现他们西化分化搞"颜色革命"的图谋。中国香港发生的一系列事件,特别是参与事件的多为青年学生的情况,凸显了香港高校文化西化的问题,凸显了香港高校学生对中华文化自信缺失的问题,充分说明了西方文化渗透的严重性和缺失文化自信造成的恶果。另外,新自由主义、普世价值等西方文明中心论思潮,否定中华优秀传统文化、革命文化等历史虚无主义思潮在国内泛滥,也在一定程度上削弱了大学生的文化自信。为了有效应对西方文化渗透的挑战,高校必须发挥其文化传承创新的职能,加强对大学生进行文化自信教育。

(二)培育担当民族复兴大任时代新人之需要

习近平总书记在党的十九大报告中提出了"培养担当民族复兴大任的时代新人"的要求,担当民族复兴大任的时代新人,一定是有深厚文化底蕴,对中华民族文化充满自信,并在新时代能够弘扬创新的人。大学生是国家的前途和民族的希望,为了使其成为能够担当民族复兴大任的时代新人,必须进行文化自信教育。

时代新人要有强烈的担当民族复兴大任的使命感和责任感。作为担当民族复兴大任的时代新人,必须有理想有担当,具有劳动奋斗、不怕牺牲、勇往直前的精神,充满对中国特色社会主义道路、理论、制度、文化的自信。时代新人这种高度的使命感、责任感和对中国特色社会主义的自信,来源于对中华民族优秀传统文化、革命文化和社会主义先进文化的自豪感,来源于对中华民族生生不息、发展壮大与中华民族文化的博大精深、源远流长、接续创新发展须臾不分的深刻认识。而对中华文化的自豪感来源于对中国特色社会主义文化的自信,坚信中国特色社会主义文化不仅经受了历史长河的考验和检验,而且能够经受当代世界中西文化交流、交融、交锋的考验和检验,更能够经受未来世界中西文化竞争的考验和检验。因此,要培养担当民族复兴大任的时代新人,必须进行文化自信教育。

1.时代新人要有健全的人格

所谓"人格",是指人对社会、对自然、对他人、对自己所表现出来的相对稳定和持久的、独特的思想活动方式、心理活动过程和行为模式,是人的思想、道德品质、性情、气质和能力等内在特征的总和。新时代是面对世界百年未有之大变局和中华民族伟大复兴全局的时代,是充满挑战和竞争的时代,也是充满机遇与奋斗的时代。在这一时代,只有具备健全的人格,才能适应激烈的社会竞争,经受住困难和挫折的考验,才能做到在危机中育新机,于变局中开新局。时代新人所需的人格包括:坚定的理想信念、正确的价值理念、高尚的道德情操、真挚的家国情怀、良好的心理素质等。"人格主要是由文化塑造的"①,健全的人格需要在文化沃土中滋养。心理学家荣格曾说过,一切文化都沉淀为人格。人格的养成和完善需要丰富的营养、肥沃的土壤,时代新人健全人格的培养离不开中华优秀传统文化、革命文化和社会主义先进文化的滋养。

文化通过教育传承文化理论,通过社会风气、家庭环境,感染、熏陶人的思维模式、价值观念和行为习惯,塑造个人与社会制度要求相一致的人格模式。社会文化氛围的优劣直接影响着个体的人格塑造。进步的文化氛围有助于健全、完善人格的形成,落后的文化氛围,则荼毒人的心灵,使人的观念保守、思维能力降低。时代新人健全人格的培养,不是无源之水、无本之木,

---

① 韩庆祥:《哲学的现代形态——人学》,黑龙江教育出版社,1996 年,第 325 页。

而是离不开中华优秀传统文化、革命文化和社会主义先进文化的滋养。为此,高校必须加强对大学生文化自信的教育。

2.时代新人要有正确的价值观

价值观自信是文化自信的核心与灵魂。文化的性质由价值观决定,文化的魅力由价值观彰显,文化的发展由价值观引领。习近平总书记指出:"人类社会发展的历史表明,对一个民族、一个国家来说,最持久、最深层的力量是全社会共同认可的核心价值观。"[1]对于一个人来说,确立什么样的价值观决定了其基本素质和发展方向。每个时代有每个时代的精神,每个时代有每个时代的价值观念。当代中国的价值观就是社会主义核心价值观。社会主义核心价值观既是新时代国家和民族的精神追求与社会评判是非曲直的价值标准,也是当代中国每个人应树立的正确价值观。因此,作为时代新人要有正确的价值观,就是要树立社会主义核心价值观。而"培育和弘扬社会主义核心价值观,必须立足中华优秀传统文化,抛弃传统、丢掉根本,就等于割断了自己的精神命脉"[2]。没有文化涵养的价值观是无根的价值观,无根的价值观是难以牢固的。中华优秀传统文化已经成为中华民族的基因,根植在中国人内心,潜移默化影响着中国人的思想方式和行为方式。提倡和弘扬社会主义核心价值观,必须从中汲取丰富营养。要将大学生培养成时代新人,就要使其树立社会主义核心价值观。为此,必须对大学生进行文化自信教育。

(三)实现中华民族伟大复兴中国梦之需要

习近平总书记在党的十九大报告中指出,实现中华民族伟大复兴是近

---

① 《习近平谈治国理政》,外文出版社,2014 年,第 168 页。
② 同上,第 164 页。

代以来中华民族最伟大的梦想,是新时代中国共产党的历史使命。实现中华民族伟大复兴的中国梦,是一个伟大的系统工程,其涉及社会经济、政治、法治、科技、文化、教育、民主等各个方面,需要在一代代青年的接力奋斗中变为现实。

　　大学生是实现中华民族伟大复兴中国梦的主力军。习近平总书记于2014 年 5 月 4 日在北京大学师生座谈会上指出:"现在在高校学习的大学生都是 20 岁左右,到 2020 年全面建成小康社会时,很多人还不到 30 岁;到本世纪中叶基本实现现代化时,很多人还不到 60 岁,也就是说,实现'两个一百年'奋斗目标,你们和千千万万青年将全过程参与。"①青年兴则国家兴,青年强则国家强。作为参与社会主义现代化建设全过程的当代大学生,要努力做到树立远大理想,热爱伟大祖国,担负时代责任,勇于砥砺奋斗,练就过硬本领,锤炼品德修为,只有这样才能胜任历史、时代赋予的使命。当代大学生要做到这六个方面,必须以深厚的中华文化为底蕴。为此,必须加强对大学生的文化自信教育。

二、对大学生文化自信教育现状的审视

　　新时代加强大学生文化自信教育十分必要,而弄清教育的现状是加强教育的基础。现状包括目前在大学生文化自信教育上取得的进展、存在的问题,以及对存在问题原因的分析。

---

　　① 《习近平谈治国理政》,外文出版社,2014 年,第 175 页。

（一）大学生文化自信教育取得的进展

党的十八大以来，以习近平同志为核心的党中央高度重视在大学生中开展中华优秀传统文化教育、社会主义核心价值观教育、"四史"教育，推进了大学生文化自信教育的发展，其主要体现在三个方面。

1. 深入推进大学生中华优秀传统文化教育

深入推进大学生中华优秀传统文化教育主要体现在：

一是积极贯彻落实党和国家有关文件精神。党的十八大以来，党和国家高度重视高校中华优秀传统文化教育工作。2013 年 3 月，习近平总书记在中央党校校庆讲话中指出："中国传统文化博大精深，学习和掌握其中的各种思想精华，对树立正确的世界观、人生观、价值观很有益处。"①2015 年 1 月，中共中央和国务院办公厅联合印发《关于进一步加强和改进新形势下高校宣传思想工作的意见》，提出了"完善中华优秀传统文化教育"的要求，强调要重点讲清中华优秀传统文化的核心内涵和内在价值。2017 年 2 月，中共中央印发的《关于加强和改进新形势下高校思想政治工作的意见》明确提出，要弘扬中华优秀传统文化，推动中华优秀传统文化融入教育教学。2017 年 12 月，教育部印发的《高校思想政治工作质量提升工程实施纲要》提出了新时期高校思想政治工作"文化育人质量提升体系"的基本任务和"深入推进文化育人"的要求，强调通过开展文化建设活动、展示文化成果、建设文化传承基地等途径深入"推进中华优秀传统文化教育"。② 为了落实党和国家上述文件精神，高校积极推进将中华优秀传统文化教育纳入思想政治教育

---

① 张作祥：《中国传统文化在高校思想政治教育中的实践意义》，《光明日报》，2015 年 12 月 11 日。

② 教育部：《高校思想政治工作质量提升工程实施纲要》，《光明日报》，2017 年 12 月 7 日。

的工作。

高校将学习宣传中华优秀传统文化纳入学生思想政治教育主要通过三个方面来实现:第一,将中华优秀传统文化作为大学生思想政治理论课的重要内容,开设了传统文化方面的思政选修课、综合素养课等,并在开设的包括《形势与政策》课在内的五门必修课程和研究生课程中融入中华优秀传统文化教育内容。第二,充分利用大学生思想政治教育的载体宣传中华优秀传统文化,在学校文化环境建设、校园文化活动等方面融入传统文化元素。比如,有些学校在校园树木、校园道路的命名或外观设计中体现中华传统文化特色,在新媒体平台加强传统典故的宣传教育,开展传统文化专题学习实践活动等。第三,在学生日常管理中融入中华优秀传统文化教育要求,如有的学校在《学生手册》《新生必读》等规章制度中提出弘扬中华优秀传统文化、践行中华民族优良传统美德等要求,培养学生自觉传承、践行中华优秀传统文化的意识和行为。同时,为了贯彻落实文件关于"开设中华优秀传统文化必修课,在哲学社会科学及相关学科专业和课程中增加中华优秀传统文化的内容"的精神,全国高校纷纷开设中华优秀传统文化教育的必修课、选修课、网络公开课等,目前各高校在网易公开课平台上开设传统文化类课程共一百余门。

二是开展形式多样的教育活动。全国高校积极开展以中华优秀传统文化为主题的校园文化活动,如成立与传统文化相关的社团和兴趣小组,在同济大学就成立了采薇茶艺社、禅学社、点墨轩书法社、尔雅中医文化社、国绘社等十八个传统文化类社团;开展以传统文化为主题的各种实践活动,如民俗展示、经典诵读、诗词创作、"礼敬中华优秀传统文化"等活动;举办以传统文化为主题的报告会、讲座、论坛等。

三是搭建知行合一的文化传承基地。如成立了全国高校博物馆育人联盟、中华优秀传统文化艺术传承基地、中华优秀传统文化学习体验中心等。

2.积极开展大学生社会主义核心价值观教育

为了落实习近平总书记提出的"青年处在价值观形成和确立的时期,抓好这一时期的价值观养成十分重要。就像穿衣服扣扣子一样,如果第一粒扣子扣错了,剩余的扣子都会扣错。人生的扣子从一开始就要扣好"[①]的要求,高校运用多种载体、采用多种方式对大学生开展社会主义核心价值观教育,教育效果已经显现。2017年4月,在北京地区随机抽取的12所高等学校在校大学生为调查对象的调查显示,社会主义核心价值观得到大学生的高度认同。如对"任何社会、任何国家都应有自身的核心价值观,没有价值引领的社会发展必然是盲目和不科学的"的问题,大学生的认同度或"赞同度"达到94.6%,其中46.1%的学生选择"非常赞同",48.5%的学生选择"基本赞同";对"当前国家倡导的社会主义核心价值观对大学生自身成长成才有必要"的问题,选择赞同的大学生为89.2%,其中33.7%的大学生选择"非常有必要",55.5%的大学生选择"有必要";对"中华民族树立起自己坚定的文化自信和价值观自信的必要性"的问题,大学生表示有必要的达96.7%,其中61.9%的大学生认为"非常必要",34.8%的大学生认为"必要"。通过这次波及世界的抗击新冠肺炎疫情斗争的切身感受,大学生对社会主义核心价值观的认同度和践行自觉性又有了明显的提升。

3.初步开展党史、新中国史、改革开放史和社会主义发展史教育

在2016年底全国高校思政工作会议上,习近平总书记提出了高校要"加强党史、国史、改革开放史、社会主义发展史教育"的要求。2020年6月30日在给复旦大学《共产党宣言》展示馆党员志愿服务队全体队员的回信中他又指出:"心有所信,方能行远。面向未来,走好新时代的长征路,我们更需要坚定理想信念、矢志拼搏奋斗。希望广大党员特别是青年党员认真学

---

① 《习近平谈治国理政》,外文出版社,2014年,第172页。

习马克思主义理论,结合学习党史、新中国史、改革开放史、社会主义发展史,在学思践悟中坚定理想信念,在奋发有为中践行初心使命,努力为实现'两个一百年'奋斗目标、实现中华民族伟大复兴的中国梦贡献智慧和力量。"①为了落实习近平总书记学习"四史"的要求,教育部办公厅于2020年6月29日发布了《关于在全国高校师生中开展党史、新中国史、改革开放史、社会主义发展史学习教育及新冠肺炎疫情防控知识竞答讲述活动的通知》,2020年9月15日教育部办公厅印发了《关于开展"网上重走长征路"暨推动"四史"学习教育的工作方案》,等等。

根据教育部的工作部署,全国高校积极行动,推进师生"四史"学习教育。如西安交通大学地学学院党委开展了以"青春的我,信仰的光"为主题的学习教育活动,强调开展党史学习突出"英雄"的主题,开展新中国史学习突出"复兴"的主题,开展改革开放史学习突出"创新"的主题,开展社会主义发展史学习突出"信念"的主题。此外,还开展了"云"观展、主题讲座、知识竞赛等活动。

中国石油大学(华东)从四个方面开展学习教育活动:第一,加强"四史"知识学习,即创新和丰富学习载体与形式,围绕"英雄""复兴""创新""信念"四个主题,以每日自学为主,结合专家报告、辅导员理论宣讲、党支部"三会一课"和党日团日、主题班会等各类教育形式,帮助大学生了解历史事实、理清历史脉络。学校将在"石大易班"开设"学'四史'·守初心"专题快搭,提供"四史"学习资料和精品微课,并开通"四史"学习每日打卡功能。第二,开展"四史"研学实践,即将"四史"学习教育融入各类社会实践活动中,通过"原型探访"等形式,寻访亲身经历重大历史事件的英雄楷模及其战友或亲

---

① 习近平:《在学思践悟中坚定理想信念 在奋发有为中践行初心使命》,《光明日报》,2020年7月1日。

属;通过"经典打卡""今昔对照""内外比较"等方式,感受从站起来、富起来到强起来的历史性飞跃;通过"历史回放"、实地体验等方式,深入了解具有历史转折意义的重大事件、重要成就的发生发展;通过"红色走读"等方式,深入革命遗址、革命纪念馆等进行学习考察,深入考察马克思主义的传播及革命先辈追求真理、坚守信仰的生动事迹。让青年学生成为"四史"故事的撰稿人、"四史"影像的摄影师、"四史"传播的"UP 主"。第三,组织"四史"知识竞赛,即在做好"四史"基础知识学习的同时,积极鼓励学生通过中国大学生在线网站参与"四史"学习教育竞答,组织学生参加学校组织的"四史"知识竞赛。同时,在学院层面广泛开展宿舍打擂、班级竞赛、年级 PK 等不同层面的"四史"知识竞赛,以赛促学,以赛促用,营造奋勇争先、比学赶超的良好氛围,扩大"四史"学习教育活动的覆盖面和影响力。第四,讲好"四史"故事,即选拔推荐学生参加学校组织的"'四史'故事讲述活动",引导学生结合校史校情和学科专业特色,通过演讲、朗诵、动漫、说唱、讲解等多种形式,讲述"四史"故事,增强青年学生的政治认同、思想认同和情感认同。同时,积极动员学生参加学校易班组织的"四史"主题优秀网络文化作品创作征集活动,引导学生以视频、图文或绘画等方式讲述"四史"故事,展现青春力量。

天津师范大学党委教师工作部联合马克思主义学院纲要概论教研室党支部在学校开展了"书记领读学'四史'"活动,全体校领导、基层学院党委书记、部分基层党支部书记及教师代表走进录播间,诵读诗词并深入解读诗词背后的历史史实,通过微信和校园广播播放,在师生中引起了强烈反响。

(二)大学生文化自信教育中存在的问题

新时代大学生文化自信教育取得了一定的进展和成效,但也存在一些需要进一步解决的问题。

1. 对文化自信教育重要性的认识还不足

一是对文化自信教育是立德树人重要途径的认识不足。立德树人是高校的立身之本、立业之基,文化自信教育则是实现立德树人根本任务的重要途径之一。由于受多种因素的影响,目前高校对大学生文化自信教育的重要性认识还不够。其表现有:第一,对文化传承与立德树人之间的必然联系认识不足,没有认识到传承发展中华优秀传统文化、革命文化与实现立德树人根本任务之间存在内在联系,从而影响了大学生文化自信教育的主动性。第二,对文化自信教育在提高人才培养质量中的重要作用认识不足,没有充分认识文化自信教育对于提升大学生思想道德品质、人文素质具有重要作用,从而影响了对文化自信教育的重视程度。第三,对文化自信教育在提高思想政治教育效果中的重要作用认识不足,没有认识到优秀传统文化、革命文化教育是大学生思想政治教育的重要内容,从而将文化自信教育与思想政治教育相分离。

二是对文化自信教育的统筹规划不够。部分学校领导对文化自信教育缺少统筹规划。其表现有:第一,顶层设计不足,整体规划不够。有些高校领导对于文化自信教育的理解还仅停留在搞些活动即可的层面,缺乏整体思路和设计,缺少必要指导和策划,多以落实上级文件、完成规定动作为主,缺少与学校实际相符的顶层谋划。第二,责任分解不清,推动落实缺乏依据和动力。文化自信教育取得切实成效需要校内各部门的协同施教,但目前高校在具体责任分解和落实上还不够明确,或是没有专门制定细化的责任分工体系,或是在责任的设定上过于模糊概括,没有区分各部门的职责内容,导致各部门在教育工作中出现交叉重复,未形成有效的教育合力。第三,督促检查不够,教育活动缺乏全面性、深入性。虽然全国高校普遍开展了文化自信教育,但大多存在"做过就行"的过关心态,缺少"做好才行"的勇气劲头,缺乏对文化自信教育的督促检查,不能及时发现问题,对教育实效缺少必要的分析研判和评价反馈。

三是文化自信教育中存在重活动数量轻活动质量的倾向。主要表现有:第一,教育活动的针对性不强,教育对象的能动性未能充分发挥。一些高校在开展文化自信教育前或是没有进行充分的调查研究,或是没有采纳学生的意见建议,导致了教育活动的内容形式与学生的意愿不相符合,结果是活动开展了不少,但效果不甚理想。第二,教育活动的覆盖面不够,教育对象的积极性未能广泛调动。目前高校的文化自信教育主要是面向本科生,鲜有针对研究生的教育,即使针对本科生的教育,也不能做到全覆盖,而只是部分学生参与。第三,教育活动的衔接性不强,教育对象的认知能力未能有效挖掘。不少高校尚未做到针对学生各学段特点开展由浅入深、循序渐进的文化自信教育,相关专业课程、文化活动主要覆盖大一、大二学生,大三、大四年级的文化自信教育存在断层。

2. 对教育内容的深入挖掘还不够

大学生文化自信教育的首要任务是帮助学生了解、理解中华优秀传统文化、革命文化、社会主义先进文化的内容,掌握其中蕴涵的思想精华、人文哲理和精神实质。然而当前大学生文化自信教育内容的系统性和科学性均不够。其主要体现在:

一是对文化自信教育内容本来含义的全面解读不够。其主要体现在对大学生中华优秀传统文化教育内容挖掘不够深入。大学生只有真正了解中华优秀传统文化的概况和发展史,才能以高度的文化自信和文化自觉投身中国特色社会主义建设事业。近年来,虽然高校普遍开展了大学生中华优秀传统文化教育,但教育内容除少数专门的课程外,多数仅涉及某些知识点,而对中华优秀传统文化概况和发展历程的关照不够,导致大学生对中华优秀传统文化缺乏整体认知和历史了解。

二是对文化自信教育内容的现代转换不够。其主要体现在对大学生中华优秀传统文化教育内容实现现代性转化不够。第一，大学生中华优秀传统文化教育与我国社会主义现代化发展实际联系不紧密。党的十八大以来，中国特色社会主义进入了新时代，新时代对社会经济、政治、文化、社会、生态文明的建设提出了新要求、新任务，中华优秀传统文化是中华民族的根和魂，新时代、新任务离不开根和魂，中华优秀传统文化只有与新时代、新任务紧密联系，才能体现出其现代价值。但一些高校在中华优秀传统文化教育中，没有将传统文化内容与新时代相结合，实现中华优秀传统文化的现代转换。第二，大学生中华优秀传统文化教育与世界文明发展联系不紧密。中华优秀传统文化的传承和发展离不开世界各国各民族智慧的滋养，只有不断汲取世界各国的思想文化精华，才能不断丰富和发展中华文化。但是目前一些高校在除《中西文化比较》之类的课程外，在中华优秀传统文化教育中缺少对国外文化及其发展的介绍和比较分析，对于中华传统文化在世界文明发展中的影响和地位也缺少应有的说明。第三，大学生中华优秀传统文化教育与学生生活实际联系不紧密。中华优秀传统文化教育的最终目的是提高学生的文化认同和文化自觉，引导他们在生活中感悟践行传统文化的核心精神。而目前大学生中华优秀传统文化教育的内容与学生生活实际贴得不紧，导致教育缺乏针对性和感染力。

三是对文化自信教育内容蕴含精神的探究不够。其主要体现在对大学生中华优秀传统文化教育内容的深入理解不够。一些高校在中华优秀传统文化教育中，往往停留在知识性层面，而缺少对内容蕴含的精神实质的揭示。比如，中国传统文化主要包括儒家、道家、法家、墨家等，在教育中，有的教师仅是简要介绍每一学派的主要思想是什么，未进一步说明其精神的实质和学生应汲取的精华，从而影响了学生对教育内容的深入理解。第二课堂的校园文化活动虽然数量众多、形式多样，但传统文化内涵大多只体现在活动的主题、宣传口号上，在活动过程中缺少引导学生深入理解、体会，教育活动难以体现蕴含的民族精神、人生哲学、道德智慧等。

3.教育方法载体创新性还不强

一是大学生文化自信教育实践活动形式创新不够。从目前看,大学生文化自信教育实践活动的形式较少是一个普遍问题。以大学生中华优秀传统文化教育实践活动为例,首先,实践活动场所不够多样。一些高校虽然建立了中华优秀传统文化传承基地,但大部分局限于博物馆、纪念馆等场所;弘扬传统美德的志愿服务活动基本上是以养老院、边远学校、福利院等为主,对于社会资源开发利用得不够充分,大到公共文化机构、传统民俗村,小到身边的街道、设施等,都还没有被有效地纳入传统文化教育实践活动中。其次,实践活动形式过于简单。有些高校的教育实践活动基本是实地参观、志愿帮扶、成人礼和汉服表演等形式。再次,实践活动视野比较狭隘。高校中华优秀传统文化教育活动基本聚焦国内,很少有与国际文化的交流活动。

二是课程发挥文化自信教育的作用还不够。课堂教学是大学生学习的主渠道,也应是文化自信教育的主渠道。但是目前在大学生文化自信教育中,课堂教学这一主渠道作用发挥得还远远不够。其主要体现在:首先,在思想政治理论课中融入不够。高校思想政治理论课不仅肩负着马克思主义基本理论教育的任务,同时也担负着传承中华文化的使命。但是目前将中华文化纳入思想政治理论课所有课程的自觉性和规范性还有较大差距。其次,在其他各类课程中的融入不够。目前在高校中还没有做到在所有课程中融入中华优秀传统文化、革命文化和社会主义先进文化元素。再次,已开设课程的质量有待提高。目前,高校普遍开设了专门的中华优秀传统文化教育课程,但是有的课程的课堂教学方式过于单一、呆板,不能激发学生学习的主动性和积极性,教学效果不甚理想。

4.教育机制保证还不够有力

一是大学生文化自信教育领导保障机制还不够完善。大学生文化自信教育涉及高校的各部门、各学科,需要全体师生共同努力才能取得实效,而完善的领导保障机制是保证文化自信教育稳步持续、卓有成效开展的基础。但是当前高校文化自信教育领导机制的建设还比较薄弱,其体现在:首先,缺少必要的组织领导机制。高校中很少将文化自信教育作为一项重要的工作内容,很少有明确主管的学校领导和相关部门,也少有专门的工作方案,在指导思想、基本原则、主要内容、方法途径等方面缺少具体的指导性意见。其次,缺少必要的支持保障机制。高校中缺少文化自信教育师资培训的常规计划,在工作经费保障方面鲜有制度性规定,在文化宣传方面也未建立起完备的制度体系。再次,缺少必要的协调机制。文化自信教育工作需要高校各部门、各学院、各专业、各课程的共同参与,而目前尚未形成共同参与的协调机制,在组织实施、责任落实、协同配合等方面缺少必要的保障。

二是大学生文化自信教育融入课程机制还不够完善。课程是高校育人的主要载体。完善的课程建设机制是搞好大学生文化自信教育的主要保证。从目前看,将中华优秀传统文化、革命文化和社会主义先进文化融入高校课程机制还不够完善,其体现为:首先,课程设置和管理机制不够完善。在课程设置上,虽然不少高校开设了中华优秀传统文化方面的通识课程,有的高校还设置了公共必修课程模块和公共选修课程模块,但是总体看,诸如《中国传统文化概论》《中西文化概论》《中国民俗文化》等"概论"性课程较多,层次较深的课程少;关于"四史"方面的课程设置才刚刚起步。在课程管理上,虽然课程开设了,但在教学大纲和教案的编写上缺少必要的规范,随意性较大。其次,教材编写和使用机制不完善。教材是教学的基本依据,但目前高校在中华优秀传统文化教育课程的教材如何编写,思想政治理论课、专业课和公共课的教材中如何合理地融入中华优秀传统文化、革命文化和社会主义先进文化的内容等方面,尚无明确的标准和要求。在教材使用上,很多学校没有统一的安排规划,多以任课教师的喜好为准,对于教材内容的合理性、适用性等方面的考量也不够充分。再次,其他课程融入中华优秀传统文化和"四史"教育内容的机制不完善。目前高校中基本没有关于在学校开设的课程中融入中华优秀传统文化和"四史"教育内容的具体要求。

三是评价考核机制不够完善。考核评价机制是高校育人工作的指挥棒,完善的考核评价机制是搞好大学生文化自信教育的必要保证。但是目前我国高校文化自信教育的考核评价机制很不健全,其体现在:首先,对教育教学的状况缺少规范的评价。当下高校对中华优秀传统文化、革命文化和社会主义先进文化教育缺少根据辅导员、思政课教师、专业课教师等不同岗位职责和工作特点确立的专门的评价标准和评价方式,更没有明确的考核内容和考核目标。其次,对学生学习状况缺少合理的评价。目前多数高校对中华优秀传统文化教育课程的考核,或是侧重对知识点的考查,或是采取写论文、体会等方式进行考核,其结果或是学生死记硬背多,或是网上摘抄,无法客观考察学习的真实情况,更难考核知行合一的情况。

(三)大学生文化自信教育中存在问题的原因分析

找出问题不是目的,解决问题才是目的。为了有效解决问题,必须厘清问题的原因。

1.高校主体责任未能有效担当

目前大学生文化自信教育中存在的诸多问题,大都与高校领导未能有效担起教育的主体责任直接有关。

一是有些高校领导还不适应大学生文化自信教育发展的要求。习近平总书记强调:"办好我国高等教育,必须坚持党的领导,牢牢掌握党对高校工作的领导权,使高校成为坚持党的领导的坚强阵地。"①高校党委是学校发展的领头人,担当着引领学校事业发展的重任,在高校发展中起着决定性的作用。高校党委成员的政治站位和综合素质直接决定着学校的办学方向、各方面工作的开展和人才培养质量的高低。作为中国特色社会主义新时代高校教育重要内容的大学生文化自信教育的发展态势,直接取决于高校领导的重视程度。如前所述,目前大学生文化自信教育中存在的若干问题大都与高校领导的重视状况直接相关。重视的不够造成了缺少对文化自信教育的顶层设计和统筹协调、机制保证与队伍培养等问题。

认识决定态度。高校领导对文化自信教育重视不够,原因在于对加强大学生文化自信教育在落实新时代党的教育方针、完成高校传承发展文化职能、培养担当中华民族伟大复兴重任时代新人中的重要作用认识不够。站位决定认识。高校领导对大学生文化自信教育认识不够,原因在于没有将该项工作与党在新时代的历史使命、历史任务、奋斗目标相联系,没有站在夯实党的执政基础、提高党的执政能力的高度认识此问题。

二是一些高校教育者的素养难以适应大学生文化自信教育的要求。中国古代哲学家和思想家韩愈在《师说》中曾指出:"古之学者必有师,师者,所以传道授业解惑也。"教师是向学生传授知识技能、讲解人生道理、解答疑难困惑的引路人,对学生的成长成才和价值观养成起着至关重要的作用。大学生文化自信教育的关键也在教师,教师对中华优秀传统文化、革命文化和社会主义先进文化教育的认识,本身所具有的传统文化素养和育人能力,对教育活动的开展与效果有着直接的影响。前面所述在大学生文化自信教育内容和方法载体方面存在的问题就与教师认识水平、文化素养和育人能力状况的制约有关。目前从整体上看,一些高校教育者还不能适应新时代加

---

① 习近平:《在全国高校思想政治工作会议上的讲话》,《人民日报》,2016 年 12 月 9 日。

强大学生文化自信教育的要求。首先,教育者对文化自信教育地位和功能的认识不到位是制约的一个因素。在高校,辅导员、思政课教师、专业课教师是大学生文化自信教育的主要力量。但是目前这支主要力量对文化自信教育在立德树人中的重要作用的认识还有不足,部分教师存在文化自信教育可有可无的思想认识,因而不能自觉地将优秀传统文化、革命文化、社会主义先进文化贯穿到教育教学中,更不可能做到设法提高文化自信教育的质量效果。其次,教育者自身的中华文化底蕴不足是制约的又一因素。大学生文化自信教育要求教育者要有一定的传统文化、革命文化和社会主义先进文化素养,但是大多数高校教师队伍由于受到历史等方面因素的影响,文化知识底蕴较弱,因而在教育过程中难以做到对中华文化融会贯通、深入引导。

三是高校环境较难为大学生文化自信教育提供有力保证。环境是教育的前提和保障,是影响教育质量和实际效果的间接因素。习近平总书记在2018年全国教育大会上强调,要深化教育领域体制改革,为学校潜心治校办学创造良好环境。大学生文化自信教育存在问题的另一制约因素是环境保障不够。首先,教育的物质保障不够。教育涉及的课堂、科研、社会实践、校园活动等诸多方面,都需要一定经费和设施的保障,但目前高校文化自信教育方面的经费和设施的划拨与使用均缺少明确的规范保证。其次,人文环境建设还不适应文化自信教育的需要。大学生文化自信教育既需要直接教育,也需要间接教育,环境的熏陶感染非常重要。但目前一些高校对文化自信教育的重视还不够,自觉性还不高,在宣传橱窗、校园广播、校刊、校报、媒体公众号中涉及文化自信教育的内容不多,在校史馆、图书馆、教学楼等公共楼宇中很少注意融合中华文化元素等。

2.社会、家庭未能有效同向同行

一是西方文化的传播影响了中华文化对学生的吸引力。在世界经济全球化和信息化发展的进程中,中国与世界各国的交往越来越密切,文化的交融碰撞也越来越频繁,国家之间已经不仅是经济、军事、科技等硬实力的较量,以文化为代表的软实力逐渐成为衡量一个国家综合竞争力的重要因素。在这种背景下,西方各种文化思潮、价值观念和生活方式等不断涌入中国,极力将青年学生引向"西化",冲击着大学生文化自信教育。因此,大学生文化自信教育存在的教育效果不甚理想的原因,与西方文化的影响具有一定关系。大学生是生活在开放多元社会环境中的新生力量,他们思维超前、思想活跃、反应敏捷、接受能力强,但受年龄和阅历的限制,辨别是非的能力还有待提高。西方文化有其合理、积极的方面,也有其错误、消极的方面,而消极的方面往往披着具有迷惑性的华丽外衣向大学生宣扬错误的价值理念,在一定程度上影响了中华文化的吸引力,造成大学生在认知和情感上出现偏差。比如,西方新自由主义思潮的传播影响了中华文化家国情怀思想的吸引力。新自由主义思潮是西方发达资本主义国家宣传的一种思潮,该思潮宣扬彻底私有化、全球自由化、价值普世化等观点。这种观点的传播严重影响了中华文化关于家国情怀、爱国情感、民族精神等思想精华对大学生的吸引力,容易导致大学生对民族文化和中国特色社会主义道路产生怀疑甚至抵触。又如,西方个人主义、实用主义价值观的传播影响了中华优秀传统文化中仁爱宽厚、立己达人思想对大学生的吸引力,容易导致大学生过于自我、过于注重个人功利。再如,西方宗教生活方式的传播影响了中华文化中无神论思想对大学生的吸引力,容易导致一些大学生信奉神灵,动摇社会主义和共产主义的理想信念。

二是社会传承中华优秀传统文化、革命文化的氛围还不够浓厚。中华优秀传统文化和革命文化的传承、弘扬不只是各级各类学校的责任和义务,而是全社会的共同使命。因此,大学生文化自信教育效果不甚理想与社会氛围的影响也有一定的关系。首先,社会中对中华优秀传统文化的宣传弘扬践行不够。比如,传统节日、民间风俗、社会礼仪、传统技艺等,都是传统文化思想精髓的表现形式,充分利用发掘其内涵,可以起到宣传弘扬传统文化的作用。为此,在《全国年节及纪念日放假办法》中,把传统文化节日均列为了国家法定节假日。但人们在放假时较少了解传统节日蕴含的文化精神。又如,尊老爱幼、谦谨恭俭、乐善好施等传统美德在社会上的践行力度远远不够,虐待老人、老人摔倒不扶、造假欺骗等不良行为时有发生。其次,对中华优秀传统文化资源的挖掘利用不够。中华优秀传统文化的深刻哲理不仅体现在抽象的文化传统中,也体现在具象的文化载体上,比如中国古代建筑、文物古迹、历史名胜等都从一定的角度展现了传统文化的形态,是中国悠久历史和民族特色的直观表达。中国土地辽阔,蕴藏着丰富的历史文化资源,党和国家及各地方政府对文化资源开发的重视程度逐步提高,但社会上对于历史文物的保护意识还比较薄弱,传统文化资源没能得到有效的开发和利用。再次,文化产业的发展和创新还不能适应发展的要求。文化产业是中华优秀传统文化传播和弘扬的重要途径,我国在"十三五"规划中明确提出,要推动文化产业跨越发展、再上台阶。然而当前我国文化产业的发展步伐还比较缓慢,影视、纸媒、网络等媒介对于传统文化宣传的比重较小,与大众接收方式还不能很好地契合。同时,各地区在文化创业产业园、文化旅游风景区等项目的开发上还没有普遍形成具有深厚历史底蕴和文化内涵的强势品牌。社会氛围既是中华优秀传统文化传承发展成果的有力体现,又是大学生文化自信教育的重要途径,不容忽视。

三是家庭对中华优秀传统文化、革命文化传承的重视和践行不够。美国著名教育家泰曼·约翰逊曾说:"成功的家教造就成功的孩子,失败的家教造就失败的孩子。"①中国俗话也说,父母是孩子的第一任老师。家庭教育

---

① 李哲贤:《父母亲圣经》,中国国际文艺出版社,2013年,第1页。

是其他一切教育的基础和前提,对孩子的成长发展起着至关重要的作用,是任何教育形式都不能代替的。大学生文化自信教育效果不甚理想与家庭对中华文化传承的重视与践行状况有关。首先,家庭过于关注学业而忽视了伦理道德教育。伦理道德教育是培养学生正确的道德认知和道德情感、塑造良好的道德品行的重要途径。然而当前大部分家长关注的只是孩子的学业成绩和身体健康,对孩子的思想品格、道德修养、理想信念的关注不足。其次,过于宠爱忽视了责任义务教育。中华优秀传统文化历来注重发扬修身、齐家、治国、平天下的责任意识和担当精神,这也是当代大学生肩负起祖国和民族重托应具备的基本素质。然而大部分父母对孩子存在过于溺爱、盲目满足、过度保护的现象,在这种教育模式下成长起来的孩子往往会以自我为中心,凡事依赖别人,缺乏责任感,缺少责任担当。再次,有些家长传统文化素养不高,对中华优秀传统文化的精髓知之甚少、践行不够,难以对大学生进行中华优秀传统文化教育。

3. 大学生缺乏内在传承动力

大学生是中华优秀传统文化传承和践行的主体,他们中普遍存在的对中华文化价值认知不足、传承责任感不强、践行自觉性不高等问题,也是影响文化自信教育效果的因素。

一是对中华优秀传统文化、革命文化和社会主义先进文化在自身发展中的重要作用认识不足。中华文化作为宝贵的精神基因和文化智库,蕴藏着丰富的思想资源和价值理念,不仅深刻影响着中国人民的思维方式和行为方式,也对当代大学生的精神境界、人格修养、价值观念有着潜移默化和不可替代的作用。文化自信教育是实现民族复兴和民族团结的重要途径,也是提升大学生道德情操和人文素养,实现其全面发展的重要途径,对促进大学生健康成长成才具有重要的现实意义。大学生文化自信教育效果不尽理想,从教育对象大学生方面的原因之一,是学生对学习中华文化对自己成长发展的作用认识不清。如在接受传统文化教育时,往往割裂中华优秀传统文化与个人发展的关系,把传统文化看作脱离现实生活的历史文化遗产,与当代社会生活距离很远,没有认识到传统文化的时代精神和现代价值,没有认识到传统文化是个人成长发展的"根",根不深叶就不会茂盛,没有认识到无深厚的中华优秀传统文化底蕴,难以成为勇担中华民族复兴重任的时代新人。认识决定行为,大学生对中华优秀传统文化在个人成长发展中的作用认识不足,必然会影响大学生学习传承中华优秀传统文化的积极性和主动性,从而影响文化自信教育的效果。

二是做中华文化传承人的使命感不强。中华文化之所以历经数千年的历史更迭和民族融合,仍能传承至今并具有强大生命力,不仅是因为其中蕴含的科学合理的人文精神和人生哲理,也与一代又一代华夏儿女的守望相传和恪守弘扬不可分离。正是中华民族对自身文化的坚信与坚持,才铸就了如今深厚强大的中华文化,才能有在不断发展创新中呈现的社会主义先进文化。大学生文化自信教育效果不尽理想,从教育对象大学生方面的原因之二,是学生对传承中华文化的使命感不强。在大学生中,有的学生认为学习的主要任务是掌握专业知识和职业技能,传统文化方面的学习考试合格、获得学分即可;有的学生认为弘扬和发展中华优秀传统文化是专业教师和专家学者的责任,对个人将来的事业发展和职业生涯没有什么帮助,因而不愿主动学习中国传统文化;有的学生认为当今的西方文化更具有吸引力和竞争力,对信息化、智能化、网络化事物的兴趣远远大于对传统典籍、传统技艺和中国历史的兴趣。楼宇烈先生在"国学百年争论的实质"讲座中曾对文化主体意识进行了详细的阐述。他认为,所谓文化的主体意识就是对本国文化的尊重、保护、继承、鉴别和发展等,文化主体意识能够引导人们客观评价和继承本民族文化,保持民族文化在世界文化中的独立性。大学生是中华民族优秀文化的继承者、弘扬者,他们的使命感、责任感不强,文化主体意识欠缺,就会影响大学生文化自信教育的效果。

三、破解大学生文化自信教育中
存在问题的理论依据

为了解决大学生文化自信教育中存在的问题,保证教育沿着正确方向开展,必须以马克思主义基本原理为指导思想,其主要包括马克思和恩格斯关于文化在社会和个人发展中具有重要作用的思想,列宁关于文化在社会主义革命、建设和个人素养提升中具有重要作用的思想,中国化马克思主义关于开展中华文化教育的思想为依据。

(一)马克思和恩格斯关于文化在社会和人的发展中具有重要作用的思想

唯物史观和剩余价值学说是马克思和恩格斯为人类所做的两大理论贡献。文化观是唯物史观的重要内容,马克思和恩格斯的文化观深刻揭示了文化在社会以及个人存在和发展中的地位、作用及其发展规律,是我们解决大学生文化自信教育中存在的问题的理论基础。

1.马克思和恩格斯关于文化在社会发展中具有重要作用的思想

马克思和恩格斯关于文化在社会发展中具有重要作用的思想,主要体现在他们所创立的社会结构理论中。社会结构理论是唯物史观的重要内容之一,是马克思和恩格斯在运用唯物辩证法分析社会现象、探索人类社会历史发展规律基础上得出的科学结论。社会结构理论在标志着唯物史观形成的著作——《德意志意识形态》中已经形成。在该书中他们指出:“人们所达到的生产力的总和决定着社会状况"①,"受到迄今为止一切历史阶段的生产力制约同时又反过来制约生产力的交往形式"②,"从生产和交往中发展起来的社会组织,这种社会组织在一切时代都构成国家的基础以及任何其他的观念的上层建筑的基础"③。在这里,社会是由生产力、生产关系、经济基础、上层建筑(其中包括政治上层建筑和思想上层建筑)构成的思想已经非常完整、明确。对这一思想,马克思在《〈政治经济学批判〉序言》中也作了经典性的表述:"人们在自己生活的社会生产中发生一定的、必然的、不以他们的意志为转移的关系,即同他们的物质生产力的一定发展阶段相适合的生产关系。这些生产关系的总和构成社会的经济结构,即有法律的和政治的上层建筑竖立其上并有一定的社会意识形式与之相适应的现实基础。"④概言之,马克思和恩格斯认为,社会是由生产力、生产关系、经济基础、上层建筑所构成,其中生产关系的总和构成社会的经济基础,上层建筑包括政治上层建筑和思想上层建筑。思想上层建筑就是社会文化,就是社会意识形态。简而言之,社会是由经济、政治、文化三方面构成,三个方面之间密切联系、相互影响、相互制约,共同决定着整个社会的面貌及发展变化。

马克思和恩格斯运用唯物辩证法分析三者的关系,认为在社会经济、政治、文化三个方面中,经济是基础,决定着政治和文化的存在和发展;政治是经济的集中表现,又反作用于经济并影响着文化;文化是经济和政治的反映,并对其产生反作用。其中,生产力起着最终的决定作用。

马克思和恩格斯高度重视文化在社会发展中的作用,认为社会文化虽是社会经济和政治的反映,但它一经形成,便对社会经济和政治乃至整个社

---

① 《马克思恩格斯文集》(第一卷),人民出版社,2009 年,第 533 页。
② 同上,第 540 页。
③ 同上,第 583 页。
④ 《马克思恩格斯文集》(第二卷),人民出版社,2009 年,第 591 页。

会发展产生重大影响。正如恩格斯指出的:"政治、法、哲学、宗教、文学、艺术等等的发展是以经济发展为基础的。但是,它们又都互相作用并对经济基础发生作用。"①文化对社会发展具有促进或阻碍、加速或延缓的作用。先进的思想文化一旦被群众掌握,就会转化为强大的物质力量,促进社会的发展;反之,落后的、错误的思想观念则会阻碍或延缓社会的发展。

马克思和恩格斯的社会结构理论揭示了文化是一个社会不可或缺的组成部分,对社会存在与发展具有重要作用的思想,一个社会要想强大与发展,必须高度重视思想文化的建设,使思想文化成为社会强大与发展的推动力量。在中国特色社会主义新时代,要建设现代化强国,也必须高度重视文化建设,使其发挥思想保证、精神动力、智力支持和凝聚力量的作用。要解决大学生文化自信教育中存在的问题,必须有为党育人、为国育才,促进社会主义现代化强国建设的站位。

2.马克思和恩格斯关于文化在人的自由全面发展中具有重要作用的思想

马克思和恩格斯不仅重视文化在社会发展中的作用,而且重视文化在人的发展中的作用。马克思和恩格斯关于人的发展的思想,集中体现为人的自由全面发展的思想。人的自由全面发展思想也是唯物史观的重要内容。马克思和恩格斯人的全面发展思想的主要内容有:

第一,人的活动的全面发展。随着社会和人的能力的发展,人的实践活动的内容和形式越来越丰富多样,作为实践活动的主体,人的需要和能力也愈益全面。如马克思和恩格斯指出:"在共产主义社会里,任何人都没有特殊的活动范围,而是都可以在任何部门内发展,社会调节着整个生产,因而使我有可能随自己的兴趣今天干这事,明天干那事,上午打猎,下午捕鱼,傍

---

① 《马克思恩格斯文集》(第十卷),人民出版社,2009 年,第 668 页。

晚从事畜牧,晚饭后从事批判,这样就不会使我老是一个猎人、渔夫、牧人或批判者。"①即是说,在人类社会发展的高级阶段,人的实践活动是全面的,人的需求是"多方面的",人的"生产(人们的创造)的能力"是全面的。②

第二,人的社会关系的全面发展。"社会关系实际上决定着一个人能够发展到什么程度。"③随着社会和人的实践活动能力的发展,人的社会关系也越来越全面,不仅关系丰富:有经济、政治、法律、文化等各方面的交往,而且交往范围也很广泛:有地域性、群体性、国家性、世界性的交往,体现了"各个人的全面的依存关系",个人"同整个世界的生产(也同精神的生产)发生实际联系"。④

第三,人的自由是人的全面发展之必然。马克思和恩格斯认为,共产主义社会的生产力和生产关系是全面的,只有全面发展的个人才可控制、驾驭它们,"即把它们变成这些个人生活的自由活动"⑤。马克思和恩格斯指出:"自由就在于根据对自然界的必然性的认识来支配我们自己和外部自然。"⑥自由是对必然的认识,只有人的素质得到全面的发展,才能达到对自然与社会发展规律的正确认识,才能成为自然、社会与自己的主人,也就是获得真正的自由。

第四,实现人的自由全面发展需要具备必要的条件。马克思和恩格斯认为,只有到了人类社会发展的高级阶段,即共产主义社会,人的自由全面发展才能真正全部实现。因为在共产主义社会,生产力高度发展,以公有制为基础的生产关系取代了以私有制为基础的生产关系,每个人生活在能够

① 《马克思恩格斯文集》(第一卷),人民出版社,2009年,第537页。
② 参见《马克思恩格斯文集》(第一卷),人民出版社,2009年,第542页。
③ 《马克思恩格斯全集》(第3卷),人民出版社,1960年,第295页。
④ 《马克思恩格斯文集》(第一卷),人民出版社,2009年,第541~542页。
⑤ 马克思、恩格斯:《德意志意识形态》(节选本),人民出版社,2003年,第100页。
⑥ 《马克思恩格斯文集》(第九卷),人民出版社,2009年,第120页。

使个人获得自由发展的真正的共同体之中,共产主义意识普遍形成,教育普遍、充分地发展等。总之,到了社会高度发展、社会的物质和精神条件都具备的时候,人的自由全面发展就会实现。

马克思和恩格斯关于人的自由全面发展的理论揭示了意识、精神是人的自由全面发展的必要内容,在人的实践活动、交往活动、素质能力的发展中具有重要作用。要使人成为自然的主人、社会的主人和自己的主人,实现自由全面的发展,必须高度重视人的思想意识、文化底蕴的提高,增强人们发展的精神动力。在中国特色社会主义新时代,大学生文化自信教育就是要培养勇担民族复兴大任的时代新人,就是要促进人的素质的提高,促进人的全面自由的发展。因此,解决大学生文化自信教育中存在的问题,必须以马克思和恩格斯人的全面发展理论为指导。

(二)列宁关于文化在社会主义革命建设和个人素养中具有重要作用的思想

无产阶级文化理论是列宁主义的重要内容,它是列宁在继承马克思和恩格斯无产阶级文化观的基础上,结合俄国革命和苏维埃共和国建设的具体实际发展起来的。列宁关于文化在社会主义建设和个人素养提升中重要作用的思想,也是解决大学生文化自信教育中存在问题的理论基础。

1.列宁关于文化在社会主义革命建设中具有重要作用的思想

列宁在揭示社会政治、经济、文化辩证关系的基础上,高度重视文化在社会发展中的作用,提出了进行文化革命的艰巨任务,强调文化革命和文化建设对政治和经济变革发展的推动作用。

列宁在领导苏联人民进行社会主义革命和建设中,深刻认识到文化的缺失和落后是阻碍社会主义革命和建设取得胜利的主要因素,提出建设社会主义国家,不能像过去一样仅把重心放在摧毁资本主义制度、夺取政权上,而应该将重心转移到"和平的'文化'组织工作上去了"①,首先在文化方面进行"补课"。他指出,取得文化革命的胜利,是夺取社会主义革命和建设彻底胜利的根本前提。

列宁强调,创造性地继承人类文化对社会主义文化建设具有重要作用。他认为,民族文化传统对任何国家和民族都具有潜移默化和根深蒂固的影响,"只有确切地了解人类全部发展过程所创造的文化,只有对这种文化加以改造,才能建设无产阶级的文化"②。无产阶级文化具有历史继承性,只有坚决摒弃历史虚无主义,科学合理地对待人类一切历史文化遗产,吸收借鉴历史文化和文明中的有益成分,把包括科学、技术、知识和艺术在内的全部历史经验进行创造创新,才能真正建成社会主义文化和社会主义社会。

列宁关于文化是夺取社会主义革命建设彻底胜利之基础的思想,关于对人类历史文化的创造性继承是社会主义文化建设之必要条件的思想,为解决大学生文化自信教育中存在的重视程度不够等问题提供了理论指导。

2.列宁关于文化在个人素养提升中具有重要作用的思想

列宁继承和发展了马克思和恩格斯的群众史观思想,高度重视人民群众在社会主义革命和建设中的重要作用。为此,他特别重视提高人民群众的文化素养。

列宁认为,提高人民群众的文化素养是建成社会主义和共产主义的必要条件。他指出:"在一个文盲的国家里是不能建成共产主义社会的。"③他强调,人民群众思想文化水平的落后是导致人们无法正常行使政治权利和社会主义建设进程缓慢的重要原因之一,发展国民教育事业是社会主义建

---

① 《列宁选集》(第四卷),人民出版社,2012年,第773页。
② 同上,第285页。
③ 同上,第294页。

设面临的重大任务,只有"使文化和技术教育进一步上升到更高的阶段",才能为社会主义建设提供根本保障。为此,他强调要大力开展文化教育,"培养和教育劳动群众,使他们克服旧制度遗留下来的旧习惯、旧风气,那些在群众中根深蒂固的私有者的习惯和风气"①,不断提高人们的认知水平和文化素养。

列宁高度重视对青年进行传统文化的教育。他在《青年团的任务》中指出:"青年的学习、训练和教育应当以旧社会遗留给我们的材料为出发点",只有用传统文化教育、引导广大青年,才能提高他们的文化素养和思想觉悟,巩固和发展社会主义理想和共产主义信仰。他呼吁广大青年必须自觉学习、践行马克思主义,懂得"不利用资本主义所达到的技术和文化成就便不可能实现社会主义"②这一真理,坚持以实现共产主义的实际需求为原则,批判地继承人类发展进程中的一切文化成果,用"人类创造的一切财富以丰富自己的头脑"③,为建立无产阶级文化、建设共产主义社会积累知识经验。

列宁高度重视人民群众文化素养的提高,特别是高度重视对青年进行传统文化教育的思想,为解决大学生文化自信教育中存在的认识问题提供了思想指导。

(三)中国化马克思主义关于开展中华优秀文化教育的思想

自中国共产党成立,特别是新中国成立以来,党和国家高度重视中华优秀文化的传承问题,党的历届主要领导人都对开展中华优秀文化教育作出了重要指示,提出了丰富的思想,这也是解决大学生文化自信教育中存在问

---

① 《列宁专题文集——论社会主义》,人民出版社,2009 年,第 171 页。

② 同上,第 134 页。

③ 《列宁选集》(第四卷),人民出版社,2012 年,第 285 页。

题的指导思想。

1. 关于开展中华优秀文化教育必要性的思想

中国共产党是中华优秀文化的继承者、引领者和践行者,在带领中国人民进行革命、改革、建设的伟大实践中,始终把传承和发展中华优秀文化作为历史使命和光荣传统,将中华优秀文化教育作为建设发展社会主义事业的重要内容,党的历届主要领导人都有关于开展中华优秀文化教育必要性的重要论述。

中国共产党的历届主要领导人都高度重视中华优秀文化的传承,不仅自身拥有深厚的文化底蕴,更将中华优秀文化教育看作培养优秀青年的必要条件。1949 年毛泽东在《中共中央给中华全国文学艺术工作者代表大会的贺电》中提出,革命胜利以后要大力"发展生产和发展文化教育"①的任务,把传统文化教育作为社会主义建设的重要内容。邓小平在论及教育问题时多次强调"老祖宗不能丢"。江泽民在 1994 年全国教育工作会议上对各级各类学校提出了要对学生"加强我国优秀文化传统和革命传统的教育"的要求。胡锦涛在两岸万名青年大型交流活动中与青年学子共同分享、体验中华优秀传统文化的魅力,促进、引导两岸青年了解中华优秀传统文化。

党的十八大以来,以习近平同志为核心的党中央站在新的历史方位,多次强调并阐明了加强中华优秀传统文化教育的重大现实意义和长远战略意义。习近平总书记指出:"学史可以看成败、鉴得失、知兴替"②,"要通过传承优秀传统文化增强民族文化自信",并用"系扣子"来比喻中华优秀传统文化教育的重要性。他在参观澳门大学横琴校区郑裕彤住宿式书院时谆谆教导青年学生,你们一定要注意系好人生的第一个扣子,第一个扣子系好了,衣

---

① 《毛泽东文艺论集》,中央文献出版社,2002 年,第 129～130 页。
② 习近平:《在中央党校建校 80 周年庆祝大会暨 2013 年春季学期开学典礼上的讲话》,《人民日报》,2013 年 3 月 1 日。

服就顺了,第一个扣子系不好,衣服是歪斜的。对中华优秀传统文化的学习,可以起到这样的引导作用。在 2016 年全国高校思想政治工作会议上他强调,高校思想政治工作要加强中华优秀传统文化和革命文化、社会主义先进文化教育,加强党史、国史、改革开放史、社会主义发展史教育,引导大学生做社会主义核心价值观的坚定信仰者、积极传播者、模范践行者。

2. 关于开展中华优秀文化教育目标的思想

正确的教育目标是开展中华优秀文化教育的方向。党的历届领导人都对中华优秀文化教育目标有过论述。毛泽东强调,青年教育包括中华优秀文化教育,要以促进青年"生动活泼地主动地得到发展"为根本目标。在党的六届六中全会上,毛泽东指出:"学习我们的历史遗产,用马克思主义的方法给以批判的总结,是我们学习的另一任务。"[1]以邓小平同志为主要代表的中国共产党人把教育摆在了优先发展的战略地位,明确了包括中华优秀文化教育在内的一切教育的目标,提出了"教育要面向现代化、面向世界、面向未来"和培养"四有"新人的著名论断。[2] 江泽民提出教育要正确引导和帮助青少年学生健康成长,使他们能够德智体美全面发展。胡锦涛在 2007 年全国优秀教师代表座谈会上强调,教育要引导学生树立正确的世界观、人生观、价值观、荣辱观,努力培养德智体美全面发展的社会主义建设者和接班人。[3]

党的十八大以来,以习近平同志为核心的党中央更加重视中华优秀文化教育,对中华优秀文化教育目标的认识也更加明确。他在中共中央政治局第十二次集体学习时指出,中华优秀文化教育要致力于"引导我国人民树

---

① 《毛泽东选集》(第二卷),人民出版社,1991 年,第 533 页。
② 参见《邓小平文选》(第三卷),人民出版社,1993 年,第 209 页。
③ 参见胡锦涛:《在全国优秀教师代表座谈会上的讲话》,人民出版社,2007 年,第 1 页。

立和坚持正确的历史观、民族观、国家观、文化观,增强做中国人的骨气和底气"①。在省部级主要领导干部专题研讨班上他提出,要"用中华优秀传统文化为人民提供丰润的道德滋养,提高精神文明建设水平"②。

3. 关于开展中华优秀文化教育内容和方法的思想

教育内容和教育方法是中华优秀文化教育的两个关键要素,对教育目标的实现具有保证作用。

中华优秀文化教育的内容和方法是党的历届领导人都十分关注的问题。毛泽东在《论十大关系》中强调,民众教育要"以提高民族自尊心为中心","要把民族自信心提高起来"。③ 在《关于陕甘宁边区的文化教育问题》中他提出了"教员要根据学生的情况来讲课"④的因材施教的教育方法。邓小平提倡"用历史教育青年"⑤,培养他们"有爱国主义精神,有民族自尊心"⑥;提出教育要"与生产劳动相结合","同国民经济发展相适应"。⑦ 江泽民在纪念五四运动七十一周年的讲话中指出,"必须广泛深入地进行爱国主义教育,这种教育要从少年儿童抓起",把"继承和发扬中华民族优秀文化传统"⑧看作中华优秀传统文化教育的重中之重,还提出教育要"如同春风化雨、细雨润物一样"⑨。胡锦涛提出,加强中华优秀文化传统教育,要运用现代科技手段。

① 《习近平谈治国理政》(第一卷),外文出版社,2018 年,第 162 页。
② 习近平:《在省部级主要领导干部学习贯彻党的十八届五中全会精神专题研讨班上的讲话》,人民出版社,2016 年,第 16 页。
③ 毛泽东:《论十大关系》,人民出版社,1976 年,第 27 页。
④ 毛泽东:《关于陕甘宁边区的文化教育问题》,《党的文献》,1994 年第 5 期。
⑤ 《邓小平文选》(第三卷),人民出版社,1993 年,第 206 页。
⑥ 《邓小平年谱(一九七五——一九九七)(下),中央文献出版社,2004 年,第 801 页。
⑦ 《邓小平同志论教育》,北京人民教育出版社,1990 年,第 63 页。
⑧ 江泽民:《爱国主义和我国知识分子的使命——在首都青年纪念五四报告会上的讲话》,《人民日报》,1990 年 5 月 4 日。
⑨ 《江泽民文选》(第三卷),人民出版社,2006 年,第 201 页。

党的十八大以来,以习近平同志为核心的党中央从国家战略发展、中华民族复兴的高度推进中华优秀文化教育,对教育内容和教育方法提出了更明确、更高的要求。习近平总书记指出,中华优秀传统文化博大精深,包括了政治抱负、报国情怀、浩然正气、献身精神等思想精华,[1]其核心内容是"讲仁爱、重民本、守诚信、崇正义、尚和合、求大同"。他还提出了中华优秀传统文化教育必须在"创造性转化和创新性发展"[2]上下功夫。"创造性转化,就是要按照时代特点和要求,对那些至今仍有借鉴价值的内涵和陈旧的表现形式加以改造,赋予其新的时代内涵和现代表达形式,激活其生命力。创新性发展,就是要按照时代的新进步新进展,对中华优秀传统文化的内涵加以补充、扩展、完善,加强其影响力和感召力。"[3]

党的历届领导人关于中华优秀文化教育的必要性、目标、内容和方法等思想,为解决大学生文化自信教育中存在的问题提供了思想指导。

四、新时代加强大学生文化自信教育的策略

关于新时代大学生文化自信教育,应该针对存在的问题及原因,结合新时代发展的需要和大学生的心理特点,提出加强的策略。

---

[1]　参见《习近平在中央党校建校 80 周年庆祝大会暨 2013 年春季学期开学典礼上的讲话》,《人民日报》,2013 年 3 月 1 日。

[2]　《习近平谈治国理政》(第一卷),外文出版社,2018 年,第 164 页。

[3]　《习近平新时代中国特色社会主义思想学习纲要》,学习出版社、人民出版社,2019 年,第147 页。

（一）提高对大学生文化自信教育重要性的认识

思想是行动的先导。针对目前高校对大学生文化自信教育重要性认识不足的问题，必须首先提高政治站位，提高思想认识，这是加强大学生文化自信教育的前提。其中包括提高高校领导、教育工作者和大学生的政治站位和思想认识。

1.高校领导应提高对大学生文化自信教育重要性的认识

坚持和加强党的领导是社会主义大学的政治本色和内在优势，也是提高中国高校办学质量的根本保证。党委是高校的领导核心，承载着推进学校发展的重任。高校各项工作的开展状况与党委的重视程度息息相关。因此，加强大学生文化自信教育，高校领导班子提高认识是前提。

高校领导应该站在新时代建设社会主义文化强国，培养中华优秀文化传承者和弘扬者，实现中华民族伟大复兴中国梦，建设社会主义现代化强国的高度，认识大学生文化自信教育的重要性。习近平总书记 2018 年 5 月在北京大学师生座谈会上强调，"我国社会主义教育就是要培养社会主义建设者和接班人"①，因为中国特色社会主义事业的发展，是一项长期且艰巨的任务，需要一代又一代中华儿女的共同努力、接续奋斗。大学生作为青年的重要组成部分和新时代的弄潮儿，承载着党、国家和人民的厚望与重托，承担着继往开来、应对挑战、砥砺前行的历史使命，他们是否具有坚定的文化自信和深厚的文化底蕴，关系中国特色社会主义事业的成败。高校领导应认识到加强大学生文化自信教育是坚持用习近平新时代中国特色社会主义思想铸魂育人的题中应有之义，是培养德智体美劳全面发展的社会主义建设

---

① 习近平：《在北京大学师生座谈会上的讲话》，《人民日报》，2018 年 5 月 3 日。

者和接班人不可或缺的要求,是落实立德树人根本任务的重要途径来认识文化自信教育的必要性和重要性。

2. 高校教育者应提高对大学生文化自信教育重要性的认识

高校教育者是指除学校领导以外在高校工作的所有人员,包括专任教师、专职思政工作者、党政管理工作者、服务工作者等。高校教育者都承担着"育人"的任务,肩负着教书育人、管理育人、服务育人的重要职责。加强大学生文化自信教育,需要全体教育工作者的共同参与和齐心协力。习近平总书记在2018年全国教育大会上强调,我国是中国共产党领导的社会主义国家,这就决定了我们的教育必须把培养社会主义建设者和接班人作为根本任务,培养一代又一代拥护中国共产党领导和我国社会主义制度、立志为中国特色社会主义奋斗终生的有用人才。[①] 培养社会主义建设者和接班人,首先是育德,高校教育者必须充分认识做好育人工作,首先要育德,而加强文化自信教育是育德的必要途径。高校教育者必须充分认识到加强文化自信教育,实现以文化人、以文育人是实现教书育人、管理育人、服务育人的重要内容与保证。

3. 大学生应提高对文化自信教育重要性的认识

中华优秀文化的传承需要一代代中华儿女不懈的努力和坚持,当代大学生既是中华优秀文化教育的对象,又是继承、延续中华优秀文化的主体。因此,要加强大学生文化自信教育,必须提高大学生对教育重要性的认识,认识到文化自信在"四个自信"中具有基础、持久的作用,对个人与社会发展都起着至关重要的作用。中华优秀文化中蕴含着丰富的哲理、人文精神、生活智慧等精粹,在塑造人格、涵养情怀、提升道德等方面具有积极的作用,大

[①] 参见习近平:《坚持中国特色社会主义教育发展道路 培养德智体美劳全面发展的社会主义建设者和接班人》,《人民日报》,2018年9月11日。

学生只有积极学习、充分汲取中华优秀文化精华,才能更好地提升自我,发展自我,实现自身价值。

(二)明确大学生文化自信教育的目标

《礼记·中庸》曾说:"凡事豫则立,不豫则废。"目标是人们进行实践活动的方向,是制定并实施对策的重要依据。加强大学生文化自信教育,必须有明确的教育目标作为基本依据。大学生文化自信教育的目标,是开展大学生文化自信教育所要达到的目的。目标是整个教育过程的起点和归宿,体现了国家、社会和教育者的要求和期望,规定了大学生学习中华优秀传统文化的方向,在教育中起着导向、激励和调控的作用。大学生文化自信教育的目标是:培养富有民族自信心和爱国主义精神的社会主义合格人才、将中华优秀文化全方位融入高校教育之中、形成大学生中华优秀文化传承发展的体系。

1.培养富有民族自信心和爱国主义精神的社会主义建设者和接班人

中国特色社会主义事业发展是全国各族人民的共同理想和责任担当,需要以敢于担当、勇于奉献的中国人民为支柱和主体。大学生是朝气蓬勃、不畏挑战、敢于创新的高知群体,具有较强的创新精神和实践能力,承担着国家建设、民族复兴的重大责任使命,是新时代我国社会主义事业的强大后备力量。

中国特色社会主义事业发展需要一代代中国人的接续努力奋斗,更需要以强大的思想共识和凝聚力量为基础保障,其参与者只有具备深厚的民族精神和"以天下为己任"的家国情怀,才能形成强大的凝聚力和创造力,为推进中国特色社会主义事业提供坚实的精神保障。具有民族自信心和爱国主义精神是社会主义事业建设者和接班人的必备品质。中华优秀文化在长期的积淀和转化中凝结了以爱国主义和民族精神为内核的深厚情怀,是培养中华儿女爱国精神和民族自信的沃土。

因此,大学生文化自信教育的目标,首先是致力于培养富有民族自信心和爱国情怀的社会主义建设者和接班人。加强大学生文化自信教育,必须以培育民族自信心和爱国主义精神为首要任务,充分挖掘我国传统文化中以"天下兴亡,匹夫有责"为重点的家国情怀的丰富内涵,弘扬革命文化中革命理想高于天、不怕牺牲浴血奋战的精神,通过教育引导学生领悟中华优秀文化的真谛、感受文化的魅力、认同文化的价值,培养学生热爱党、热爱祖国、热爱人民的深厚感情,不断增强国家认同、树立民族自信,做中国特色社会主义的建设者和接班人。

2. 将中华优秀文化全方位融入高校教育之中

高校是培育人才的重地,肩负着为国家社会发展培养高层次综合型人才的重任。高等教育的培养质量决定着国家和民族的未来,关系中华民族伟大复兴的中国梦能否实现。高校的根本任务是立德树人,要实现这一任务必须将人才培养贯穿于高等教育的各领域、各环节,实现高校所有部门、人员的协同合作。大学生文化自信教育培养富有民族自信心和爱国主义精神的社会主义建设者和接班人的目标,仅靠高校的某一部门、某一方面难以实现,必须是各部门、多方面共同努力形成合力。因此,大学生文化自信教育的又一目标,是将中华优秀文化全方位融入高校教育之中。为此,大学生文化自信教育必须贯穿于高校人才培养的全过程,融入学校思想政治工作、党建工作、宣传思想工作、教学科研工作、管理服务工作等各方面,形成全过程、全方位的教育格局。

3. 形成大学生文化自信教育体系

文化自信教育是个系统工程,需要建构相互联系、同进互补的机制体系。因此,大学生文化自信教育的再一目标,是形成大学生文化自信教育的体系。如前所述,大学生文化自信教育是培养富有民族自信心和爱国主义精神的社会主义事业建设者和接班人,要实现这一目标必须将文化自信教育全方位融入高校教育之中,而要做到全方位融入并形成合力,又必须建构教育体系,用完善的体制机制予以保证。为此,必须构建各方面同促共进的教育体制机制,形成具有中国特色的大学生文化自信教育体系。

(三)确立大学生文化自信教育原则

教育原则是根据教育目标而制定的,是指导教育实践活动开展的基本要求,贯穿于教育的整个过程和各个环节,反映了人们对于教育本质特点和内在规律的认识,对提高教育效能和质量具有重要的作用。加强大学生文化自信教育,必须遵循正确的教育原则,其包括坚持社会主义先进文化引领原则、坚持以促进学生健康成长为本原则、坚持统筹协调形成合力原则。

1. 坚持社会主义先进文化引领原则

"坚持社会主义先进文化引领",是指以马克思主义为指导,坚持以面向现代化、面向世界、面向未来的,民族的科学的大众的社会主义文化为引领。社会主义先进文化是马克思主义基本原理与中国文化相结合的产物,是以社会主义核心价值观为核心内容的崭新的文化形态,是当代文化发展的方向。

坚持社会主义先进文化引领原则,首先要坚持以马克思主义为指导。只有坚持以马克思主义为指导,大学生文化自信教育才有科学的立场、观点和方法,才能保证正确的方向,才能做到全面地、历史地、发展地认识、鉴别、研究、发展中华优秀传统文化和革命文化。其次,要坚持以社会主义核心价值观为导向。大学生文化自信教育只有坚持以社会主义核心价值观为导向,才能深入挖掘中华优秀传统文化和革命文化的时代价值,实现其创造性转化和创新性发展,提高文化自信教育的吸引力和亲和力。

2. 坚持以促进学生健康成长为本原则

"以促进学生健康成长为本",是指将促进学生身心的健康成长发展作为教育的中心任务和出发点、落脚点。高等教育的主要职责是培养人才,培养人的工作必须坚持以人为本,即以学生的成长发展为本。开展大学生文化自信教育就是为了培养高质量的人才,因而必须坚持"以促进学生健康成长为本"的原则。

坚持以促进学生健康成长为本原则,首先要强化教育者的育人意识。在高等教育改革和内涵式发展的时代背景下,教育工作者承担着"育人、育德、育心"的重要任务,要完成这一任务必须有强烈的育人意识。大学生文化自信教育是一项重要的育人工作,因此需要具备强烈的育人意识。其次,要充分发挥学生的主体性作用。大学生文化自信教育的实质是文化认同教育,是培养学生的文化主体意识、树牢中华民族文化自信心。因此,在教育中必须增强问题导向,贴近学生生活,充分发挥学生的主体性作用,注意调动学生学习和践行的积极性、主动性,增强教育的亲和力和吸引力,让学生在教育中实现知识增强、修养提高、能力提升,有高获得感。

3. 坚持统筹协调形成合力原则

"统筹协调形成合力",是指协调多方力量,整合多种资源,挖掘多样优势,提高工作的系统化、全面化水平。作为高校根本任务的立德树人工作是一项系统工程,需要学校党政工团群等各职能部门、院系各单位,校内管理、教学、后勤各岗位的协同努力,以及学校、社会、家庭的协同配合才能完成。大学生文化自信教育是立德树人的一部分,是高等教育中的一个子系统,要做好这项系统工作也必须坚持"统筹协调形成合力"的原则。

坚持统筹协调形成合力原则,首先要整合校内资源。大学生文化自信教育要取得实效,必须实现"三全"育人,进行资源整合。一方面,要进行人力资源整合,让高校中的领导干部、公共课和专业课教师、辅导员、教辅人员、一般管理干部和服务工作人员,都明确自身所承担的文化自信教育责任,以及各自岗位进行文化自信教育的特点,形成党委统一领导下齐抓共管的合力。另一方面,要进行载体资源整合,统筹校内环境、图书馆、档案馆、宿舍楼、教学楼、宣传栏等载体,发挥各自在文化自信教育中的作用,形成环境育人合力,让学生在校园中时时处处都能感受到中华优秀文化的熏陶。其次,要整合校外资源。一方面,要整合社会资源。充分发挥社会文化机构、公益组织、社区街道、城市公共区域等场所的作用,主动与宣传、文化、新闻、出版等行业机构以及工会、共青团、妇联等群团组织联合,构建共建共赢的教育模式,形成有利于传承发展中华优秀文化的社会环境。另一方面,要整合家庭资源。大学生文化自信教育要重视与家庭的紧密沟通配合,建立家校沟通机制,将学校的教育思路、理念、要求有效传递到学生家庭中达成教育共识,提高家庭成员参与文化自信教育的积极性和主动性,引导学生家庭担负起相应的教育责任。

(四)丰富大学生文化自信教育的内容

新时代开展大学生文化自信教育,应在明确、丰富大学生文化自信教育内容上着力。

1.大学生文化自信教育的核心:社会主义核心价值观教育

习近平总书记指出:"提高国家文化软实力,要努力传播当代中国价值观念。当代中国价值观念,就是中国特色社会主义价值观念,代表了中国先进文化前进方向。"[①]"核心价值观是文化软实力的灵魂、文化软实力建设的

---

① 《习近平谈治国理政》,外文出版社,2014年,第161页。

重点。"①思想文化是价值观的表达,文化自信是文化主体对社会核心价值观的认同与肯定。只有高度认同与肯定社会主义核心价值观,才能形成对中华文化的认同感和自豪感。

2.大学生文化自信教育的源泉和根基:中华优秀传统文化、革命文化和社会主义先进文化教育

习近平总书记指出:"不忘历史才能开辟未来,善于继承才能善于创新。优秀传统文化是一个国家、一个民族传承和发展的根本,如果丢掉了,就割断了精神命脉。"②中华优秀传统文化,是大学生文化自信的源泉。因此,传统文化教育是文化自信教育的基础。新时代要高度重视大学生中华优秀传统文化教育,增强大学生的"文化骨气和底气",让中国优秀传统文化在新时代不断传承弘扬。

革命文化是大学生文化自信的支点。中国共产党近百年奋斗史就是一部革命文化的发展史。中国共产党在团结带领中国人民进行新民主主义革命和社会主义革命的历史进程中,创造了特色鲜明、奋发向上的革命文化。革命文化是文化自信不可或缺的精神支撑,激励着人民群众对理想信念的执着追求。对大学生加强革命文化教育,有助于其更好地了解和研究中国共产党的奋斗史,继续发扬党的优良传统,传承好红色革命精神,继续不忘初心、牢记使命,始终坚定党的伟大理想与信念,永远跟党走。

社会主义先进文化,是大学生文化自信的方向。以马克思主义为指导的社会主义先进文化,是面向现代化、面向世界、面向未来的民族的、科学的、大众的文化,为社会主义现代化建设提供精神动力和智力支持。只有大力发展社会主义先进文化,才能增强我国文化的国际影响力和竞争力,才能

---

① 《习近平谈治国理政》,外文出版社,2014年,第163页。
② 《习近平谈治国理政》(第二卷),外文出版社,2017年,第313页。

更有效地维护国家意识形态安全和文化安全。在大学生文化自信教育中，应牢牢把握中国特色社会主义先进文化的精神实质，不断创新和拓展先进文化的传播平台，提升大学生对社会主义先进文化的价值认同，自觉地将个人的发展与国家、民族的发展紧密联系起来。

3. 大学生文化自信教育的拓展内容：文化消费观和网络政治价值观教育

教育的拓展性内容是指随着时代与社会发展生发出来的与文化自信教育直接相关的内容。在多元文化交融并存的新时代，要注重大学生的文化消费观教育和网络政治价值观教育。文化消费观教育旨在帮助大学生养成正确合理的消费观念和消费习惯，网络政治价值观教育旨在引导大学生正确、科学地对待网络，提高网络是非辨别能力和网络信息安全保障能力。

（五）拓宽大学生文化自信教育的途径

立足当前的社会发展现状，结合大学生的思想发展状况，拓宽教育途径、创新教育方式，是提高大学生文化自信教育质量的重要手段。

1. 用文化成果涵养，增强大学生对中华优秀文化的情感认同

文化成果是涵养文化自信的重要资源。古今中外文学、艺术、音乐、诗歌、历史、绘画中的优秀作品承载着每一代人的情感表达，具有强大的文化感染力，为青年人的文化情感体验提供丰富的文化滋养。在大学生文化自信教育中，用文化成果涵养主要是指用中华文化经典"涵养"大学生，使他们充分领略中华优秀传统文化的博大精深、中国共产党革命文化的雄阔壮美和社会主义先进文化的积极向上，以此形成深刻的、浓烈的文化情感。由文化情感升华而成的情感认同能使大学生顺利地走出文化困惑和文化焦虑，自觉成为中国特色社会主义文化传承和创造的主体，在积极的文化实践中

坚定文化自信。

文化通识课教育是高校用文化成果涵养学生的主要方式,有利于大学生提高文化修养、培养文化情感。当前我国高校文化通识课教育普遍施行,但教学目标还不够明确,课程设置还不够完善,教学内容还不够规范,教学方法还较单一。为了提高文化通识课的教学质量,在课程目标上,应进一步明确培育大学生文化自信的目标;在课程内容上,应以中华优秀传统文化经典教育为重点,保证"宽"与"精"合理适度;在教学方式上,可以采用专题式教学、研究式教学、文化名家座谈、经典阅读、文化考察、文化创作等多种方式。

在教学过程中,教师要引导学生由"情"入"道",让大学生潜移默化地感受中华优秀传统文化,特别是经典文学艺术作品背后丰富的情感意蕴、优美的情感意境和独特的情感表达,使他们在与传统文化经典之间的情感交流中产生情感共鸣,真正地在情感上接纳和认同中华文化的"根"和"魂",从而塑造情感深处的文化自信。

2. 以文化方式教化人,促进学生价值自觉

习近平总书记指出:"核心价值观在一定社会的文化中是起中轴作用的,是决定文化性质和方向的最深层次要素,是一个国家重要的稳定器。"[①]价值观是文化的核心,价值观自信是文化自信的集中体现。用文化的方式教化实质上就是价值观自信的培育。用文化的方式教化学生,实际上就是以多种文化形式促进大学生的价值自觉和价值认同,就是使大学生树立社会主义核心价值观自信。

思想政治理论课是大学生思想政治教育的主渠道和关键课程,也是以

---

① 中共中央宣传部:《习近平总书记系列重要讲话读本》,学习出版社、人民出版社,2016 年,第 189 页。

文化方式教化学生的主阵地。思政课以塑造大学生的正确价值观为目的，在传统的思政课中，价值观教育偏重于对抽象的概念、理论、思想的剖析，教师往往把理论知识满堂灌给学生，教学过程单调、生硬、乏味，这样非但不能激发学生的学习兴趣，反而容易让学生产生排斥的心理。究其原因，主要是缺少文化的润滑。如果在思政课教学中适度运用文化形式，譬如诗歌、微电影、动漫、网络剧等，既可以增强课程的吸引力和学生的接受度，也会提升思政课的文化品位。

要做到用文化方式教化学生，需要教师进行教学方式的改革。一是教师要在传授理论知识时充分考虑融入文化元素，以大学生喜爱和易于接受的文化形式展现，充分展示社会主义核心价值观的文化内涵，让学生易于学习、乐于接受。二是教师要充分发挥学生的主体性作用，鼓励他们以文化创作的形式内化涵养社会主义核心价值观。以这种"教与学"双向互动的教学方式培养大学生的价值理性，使社会主义核心价值观培育更有实效性，更具文化底蕴。

3. 用文化的境界引领，提升学生的生活品质

美国文化人类学家格尔茨曾这样界定文化："文化是由人自己编织的意义之网。"①文化是由人赋予的意义符号构成，文化的意义不同决定了文化境界的差异。中国特色社会主义文化境界是在吸收人类优秀文明成果、博采众文化之菁华而呈现的至真、至善、至美的文化发展状态。这种境界超越了人类以往文化发展层次，为人类社会进步贡献了中国智慧，体现了马克思主义的文化理想，彰显了独特的优势和魅力。对中国特色社会主义文化境界的追求就是文化自信的表现，而文化自信又深化了对这一境界的认同。

以文化的境界引领就是将文化自信教育落实到学生的日常生活之中，

---

① ［美］克利福德·格尔茨：《文化的解释》，韩莉译，译林出版社，2014 年，第 5 页。

使大学生追求崇高、优雅、臻美的生活方式,让高尚的文化元素充分体现在日常生活之中,在有品质的文化生活中提升对人生和社会发展的觉悟,坚定中国特色社会主义和共产主义理想信念。为此,思想政治教育者要努力提升文化境界引领者的素质,做到知文化礼仪、晓文化大义、有文化理想,在生活中以文化立身、身体力行,抵制错误思潮,以自身的高度文化自信影响学生,使大学生认识到文化具有深厚的历史底蕴和独特价值,饱含着巨大的内在生命力,有着光明的发展前景,代表着人类社会发展的前进方向。特别是要引导大学生在日常生活中自觉地从中国特色社会主义文化境界中汲取精神力量,脱离低级趣味,追求良善生活,提升生活品质,走向美好生活。

(六)优化大学生文化自信教育的载体

教育载体是连接教育主客体、能够有效传递教育内容或信息的平台、形式。运用正确的教育载体,有利于教育质量的提高。加强大学生文化自信教育,必须不断优化教育载体。

1.优化校园精神文化

校园精神文化是以学生为作用主体,以具象形态为主要表现的一种群体文化,代表着学校独特的精神风貌和整体风格,是推进学校内涵建设、达成育人目标的重要载体。校园精神文化主要包括大学精神、办学思想、校训、校歌、校风等。

优化大学生文化自信教育载体,首先要优化校园精神文化载体,使之成为文化自信教育的有力支撑。为此,在大学生文化自信教育中要注意体现文化底蕴,在校徽、校训、校歌等设计中注意融入中华优秀文化的元素,构建富有文化气息和历史底蕴的大学精神,培育传承中华优秀文化精髓的教风和学风,营造弘扬优秀传统文化的氛围。

2. 优化校园环境

校园环境这里主要指校园的物质设施和物质环境。加强大学生文化自信教育，必须优化校园环境。为此，要优化校园硬件基础设施建设，即注重让校园硬件基础设施显现出中华优秀文化的精髓，如在教学楼、宿舍楼、图书馆、食堂等建筑的设计上，凸显传统文化特色，使学生身处其中就能领略到中华优秀传统文化的神韵；利用校园雕塑宣传名人志士，用以激励学生传递文化、弘扬传统；在校园植被、道路、水榭、长廊、花苑等景观设计中显现传统文化、革命文化和社会主义先进文化的意蕴；在建筑、道路名称中借鉴传统诗词典句，让学生时刻置身于饱含传统文化韵味的校园环境之中。

3. 优化校园活动

校园活动是高校教育的重要载体，大学生文化自信教育必须重视校园活动载体。为此，一是要优化学生社团活动。在大学生文化自信教育中，要大力支持成立文化类社团，帮助社团开展有实效的活动；要促进文化进社团，使传承中华优秀文化成为各类社团活动的内容之一，让学生在参加每一社团的活动中都能受到中华优秀文化的教育；要注意提高中华优秀文化融入社团活动的质量，切忌形式主义。二是要开展丰富多彩的校园文化自信教育活动。在大学生文化自信教育中，要抓住传统节日、纪念日等重要时间节点，深入挖掘其中蕴含的文化自信教育资源，精心设计活动内容和形式，增强活动的吸引力。同时，还可以利用主题班会、团日活动、党日活动、体验活动、演讲比赛等开展以弘扬中华优秀文化为主题的活动，引导学生发扬爱国主义等传统美德。

4. 优化网络载体

在社会进入"大数据"时代的今天，加强大学生文化自信教育，必须充分用好网络载体。为此，一是加强"两微一端"平台建设。大学生文化自信教育要主动占领新媒体舆论阵地，开发与学生联系密切的微信公众号、微博公众号、校园客户端、小程序等新媒体平台,指定专人负责网络媒体的运营、维护和管控,利用平台定期向学生推送经典书籍、传统典故、文化时评等栏目专题,让学生能够准确及时了解中华优秀文化的主要内容和精华要素,通过日积月累地阅读提高认知水平和认同程度。二是加强社会文化娱乐平台的建设。大学生文化自信教育要充分利用文化娱乐网络平台的优势,在网络游戏、网络音乐、网络电影剧集等网络文化产品中融入中华优秀文化元素,通过现代化的表达方式,让学生在文化娱乐生活中感受到中华优秀文化的熏陶和感染,提升文化自豪感和自信心。

(七)构建大学生文化自信教育机制

机制是保证工作平稳、持续运行的必要条件。加强大学生文化自信教育,必须着力构建教育机制。

1. 建立健全大学生文化自信教育的领导机制

领导机制是对整体工作进行决策、部署、监督等一系列领导活动的工作机制,是推进各项工作任务扎实有序开展的必要前提。为此,加强大学生文化自信教育需要做到:

首先,明确学校领导在大学生文化自信教育中的职责。一是要做好统筹规划工作,在深入分析研究党中央对大学生文化自信教育的指示和要求,以及学校工作实际的基础上,提出教育的整体思路,明确开展教育的指导思想、基本原则、主要任务、实施路径、工作保障与要求。二是要做好协调推动工作,制定文化自信教育的责任清单、任务清单,推动工作逐项落实落细,确保所有任务不漏项、不弱项;在增强各部门、各单位的大局意识、协同意识的基础上,建立协同配合机制,形成全校开展文化自信教育的合力。三是要做好检查督导工作,要对照责任、任务清单,对各部门、各单位落实文化自信教育任务情况开展专项检查,及时发现优秀的典型和存在的问题,给予恰当的、有针对性的指导,确保教育工作落地见效。

其次,明确院(系)领导在大学生文化自信教育中的职责。院(系)作为学生教育管理的一线部门,是大学生文化自信教育的直接实施和任务执行单位。为此,院(系)领导在实施大学生文化自信教育中应做到:一是要做好院(系)层面的规划安排与组织实施工作,承担起总体策划工作,制定院(系)落实学校部署的实施方案,明确院(系)大学生文化自信教育的总体思路、落实渠道、落实举措和落实保障。二是要做好学校与师生间的沟通工作,既正确、准确、深刻领会学校的决策部署,并将学校的精神本真地传达到师生中,保证在本单位落实不走样,又如实向学校领导和有关部门反映基层的实际和师生的诉求。三是要做好院(系)落实的督查工作,全面、客观地检查和评估师生开展文化自信教育的状况和质量,不断推进工作向深入发展。

2.建立健全大学生文化自信教育的协调机制

大学生文化自信教育是学校各方面共同参与的系统工程,使之加强必须建立健全有效的协调机制,以保证多方面同向同行,形成合力。

首先,要建立健全学校各部门间的协调机制。一方面,要细化任务分工,明确大学生文化自信教育的牵头部门和责任部门,在此基础上明确各部门的工作内容和具体职责,确保工作交叉与重叠时能够捋顺关系、有序推进。另一方面,要搭建沟通协作平台,通过召开专题工作会、建立沟通联系群、推进教育资源共享等多种渠道,促进各部门共同研究部署、沟通基本情况、协同解决难题、达成一致意见,形成中华优秀文化教育的合力。

其次,要建立健全院(系)各部门间的协调机制。一方面,健全院(系)内上下沟通机制,保证学校和院(系)大学生文化自信教育的目标任务、实施举措、工作要求及时、清晰地传达到院(系)的每个部门及全体师生中,使院(系)领导、学科带头人、专业负责人、部门负责人、教师和学生统一思想、明确思路、形成默契,切实做到心往一处想、劲往一处使。另一方面,健全院(系)内管理部门间的协调机制。大学生文化自信教育任务的落实,涉及院(系)党务、学工、教学、行政、科研、服务等各个管理部门,要加强各部门之间的协作配合,形成合理分工、职责明确、定期沟通、团结协作的工作局面。

再次,要建立健全各类课程间的协调机制。大学生文化自信教育不是某一门或几门课程的任务,而是需要所有课程的协同配合。一方面,建立中华优秀文化融入课程的机制,引导专业课教师积极、主动挖掘任教课程中所蕴含的文化教育资源,自觉在课程中融入中华优秀文化教育相关的内容,力争使每门课程都成为中华优秀文化教育的有效载体,实现各类课程的同向同行效应。另一方面,建立各类课程互补协同机制,通过互相听课、科研课题组队、专题交流讨论、共享教学资源等方式促进各门课程教师共同学习、取长补短,切实把中华民族优秀文化元素渗透到每门课程之中,实现各类课程作用发挥最大化。

3.建立健全大学生文化自信教育的评价考核机制

加强大学生文化自信教育,必须建立健全评价考核机制。首先,要建立健全对教师文化自信教育的考核评价机制。一方面,结合学校的实际情况,根据不同类型教师如专任教师、辅导员、管理干部、服务人员等的工作性质和岗位职责科学合理地设置评价考核的内容和标准,使之能够全面、客观地反映教师文化自信教育的情况。另一方面,选用有效的评价考核途径与方法。如同行教师互相听课、专家听课、学生座谈会、教育活动效果调查、学生教学评价反馈等,从学校、院(系)、学生等多个层面反映教师教育的状况,保证评价考核结果客观、公正。

其次,要建立健全学生文化素质的评价机制。一方面,建立健全学生学习传统文化课程的考核机制,注重考查学生的文化主体意识,以及对文化核心思想理解、创造性转化和创新性发展的能力,使考核能够真实、客观地反映学生的实际学习效果。同时,还要完善考核方式,让考核既能反映学生的学习情况,又能调动学生的学习积极性。另一方面,建立健全思想品德考评机制。大学生文化自信教育的目标,不仅是让学生掌握相关知识,更重要的是提升他们的思想品德。为此,就要建立具有科学性、公开性、公平性的思想品德考评机制。

(八)培养大学生文化自信教育的队伍

大学生文化自信教育的开展离不开思想政治教育队伍,这里所说的思想政治教育队伍是一个广义的概念,不仅包括思想政治理论课教师和辅导员,还包括各门课教师、管理者、后勤服务人员等,所有这些人员构成了完整的思想政治教育队伍。

"欲胜人者必先自胜,欲信人者必先自信。"教育者在大学生文化自信教育过程中发挥着重要的解释、传递文化内涵和文化价值的作用。教育者的文化自信直接关乎其对文化内涵的理解、阐释的说服力和吸引力,也直接影响到受教育者的个体文化感悟。为此,思想政治教育者应努力提升自身的文化素质,要做到:

第一,夯实文化自信教育的理论基础。马克思指出:"理论只要说服人,就能掌握群众;而理论只要彻底,就能说服人。"[①]要使文化自信教育取得成效,教育的内容必须达到"彻底",具有充分的说服力。为此,思想政治教育者必须拥有一定的马克思主义基本理论和中华优秀传统文化、革命文化、社会主义先进文化的基础,否则,不仅教师自身的文化自信难以建立,更不可能做好文化自信教育工作。

---

① 《马克思恩格斯文集》(第一卷),人民出版社,2009 年,第 11 页。

第二,提高文化的解读、宣传能力。大学生文化自信教育要通过高校教育者的解读、阐释实现。为此,思想政治教育者必须提高自身的文化理解力和文化表达能力,做到准确、生动、全面地将教育内容传递给受教育者,实现用文化感染人、说服人的效果。

第三,准确把握受教育者的精神文化需求,增强教育的针对性。大学生是文化自信教育的对象,要使教育取得成效,思想政治教育者必须了解学生的特点和需求,找准学生的文化兴趣点和文化接受靶心,使教育做到有的放矢。

第四章　新时代大学生廉洁教育研究

　　党的十九大宣告中国特色社会主义进入新时代。新时代意味着新要求、新任务,肩负着培养德智体美劳全面发展的社会主义建设者和接班人重大任务的高校,要实现立德树人的根本任务,就要把思想政治工作贯穿教育教学全过程,实现全员育人、全过程育人、全方位育人,不断提高学生的思想水平、政治觉悟、道德品质、文化素养。廉洁教育是新时代党的建设的一项重要任务,也是大学生思想政治教育的一项重要内容。随着党和国家事业发展对高素质人才的渴求日益强烈,加强大学生廉洁教育的紧迫性和重要性比以往任何时候都显得重要和突出。

一、新时代大学生廉洁教育的必要性

　　加强大学生廉洁教育,是中国特色社会主义新时代对高校思想政治教育提出的新任务和新要求。

（一）推动全面从严治党向纵深发展之需要

党的十九届五中全会提出了协调推进全面建设社会主义现代化国家、全面深化改革、全面依法治国、全面从严治党的战略布局。"四个全面"战略布局是以习近平同志为核心的党中央提出的治国理政的重要战略思想,对于夺取中国特色社会主义事业伟大胜利具有重大战略意义。其中,全面从严治党是"四个全面"战略布局的重要组成部分,是锻造中国特色社会主义事业坚强领导核心的必然要求,是全面建设社会主义现代化国家,实现中华民族伟大复兴中国梦的根本保证。办好中国的事情,关键在党。只有把党建强,党的事业才会强盛,国家才会强大。新形势下,随着世情国情党情的深刻变化,我们党所面临的"四大考验""四大危险"变得愈加尖锐复杂,推进全面从严治党向纵深发展需要持续深入。贯彻落实党的十九大提出的"深化标本兼治"的要求,就要坚持治标与治本同推进、自律与他律相统一,坚持固本培元、扶正祛邪,积极构建"不想腐"的长效机制,以坚定理想信念,不断培植自己的精神家园,切实解决好世界观、人生观、价值观问题,筑牢拒腐防变的思想防线。

大学阶段是人生发展的重要时期,是世界观、人生观、价值观形成的关键时段,在这个时期形成的思想道德观念将影响人的一生。因此,在我国高等教育进入大众化后,要做到从源头上防治腐败,就要加强大学生的廉洁教育,引导大学生用习近平新时代中国特色社会主义思想武装头脑,提前接种"反腐疫苗",培养良好的思想道德情操,使大学生在人生关键时期树立正确的理想信念,增强抵制拜金主义、享乐主义等腐朽思想侵蚀的能力,实现从源头预防腐败,保证党内清气充盈、基业长青。

（二）深化高校廉洁文化建设之需要

加强高校廉洁文化建设是不断纯正学校校风、学风和教风，推进和谐校园文化建设的现实要求。近年来，受社会不正之风的影响，一些腐败问题也逐渐渗透到了校园，拜金主义、享乐主义、极端个人主义开始在这片"净土"上滋生蔓延，职务犯罪、学术腐败、乱招生乱收费、考试作弊等不良现象在校园中时有发生。这些不正之风已严重破坏了学校的发展秩序和治学氛围，影响到了师生的价值观和道德观，生活其中的大学生对社会上的拜金主义、奢侈浪费、贪污受贿等违纪违法的腐败现象，也出现了被动适应的情况，甚至有的还进行模仿。当前，在一些大学生身上出现的论文抄袭、竞选拉票、考试作弊、借钱高消费、违反校规校纪等问题从某种程度上来说，就是"腐败"现象的缩影。为此，必须对大学生开展廉洁教育，引导大学生学习廉洁理论，培养他们树立廉洁修身的意识，养成廉洁自律观念。在大学生中开展廉洁教育，是高校廉洁文化建设的重要方面。另外，大学生接受、践行廉洁理念，将其内化于心、外化于行的过程，有助于净化校园风气，营造"崇廉尚洁、廉洁自律"的氛围，使广大师生做到廉洁从政、廉洁从教、廉洁从学，这也正是高校廉洁文化建设深入发展的要求。

（三）培养社会主义事业建设者和接班人之需要

习近平总书记在全国教育大会上指出，培养什么人，是教育的首要问题。我国是中国共产党领导的社会主义国家，这就决定了我国的高等教育必须把培养社会主义建设者和接班人作为根本任务。高校立身之本在于立德树人，实现立德树人就要在"培养德智体美劳全面发展的社会主义建设者和接班人"这个核心点上持续用心用力。一直以来,高校源源不断为国家输送高素质人才,以满足党和国家事业发展对人才的需求。在当代中国,高素质人才不仅要具备厚实的专业基础、较强的专业技能、高尚的思想道德品质,还要具备廉洁自律的意识和素养。为此,高校既要抓好马克思主义理论教育,为学生一生成长奠定科学的思想基础;加强社会主义核心价值观培育,引导广大学生做社会主义核心价值观的坚定信仰者、积极传播者、模范践行者;还要开展廉洁教育,促进大学生养成自我调节、自我约束、自警自省的良好品质,做一名爱国、勤俭、廉洁、诚信、守法的大学生,成为中国特色社会主义事业的合格建设者和可靠接班人。

二、对大学生廉洁教育现状的审视

教育部于 2007 年印发了《关于在大中小学全面开展廉洁教育的意见》,明确了大中小学廉洁教育的总体要求、方法途径、组织领导、体制机制等问题,标志着廉洁教育工作在全国大中小学中全面展开。十多年来,各高校积极响应教育部的部署要求,纷纷将廉洁教育摆上重要议事日程,采取有效措施扎实推进,并取得了一定的成效。同时,在廉洁教育中也存在着一些问题,需要加以关注并着力解决。

(一)大学生廉洁教育取得的成绩

近年来,许多高校把大学生廉洁教育列入学校建设的总体布局,作为党风廉政建设、校园文化建设的重要内容,统一规划部署,共同协调推进,呈现出了各具特色、蓬勃发展的良好态势,取得了一定成效。

1. 对大学生廉洁教育的重视程度提高

自 2005 年党中央提出"廉政文化建设进学校"以来,经过十多年的建设,各方面对大学生廉洁教育的重视程度不断提高。就国家层面而言,中央已明确意识到了加强大学生廉洁教育的重要性,颁发了一系列政策文件。作为国家教育行政部门,教育部也陆续下发了系列配套文件,在政策、方针等方面为高校加强大学生廉洁教育提供了指导和支持。就高校而言,各高校按照党中央的要求和教育部的部署,将大学生廉洁教育作为廉洁文化建设的重要内容,列入学校改革发展的总体布局,并从学校的实际出发,与学校的思想道德建设、反腐倡廉建设和校园文化建设相结合,积极探索适合高校特点的廉洁教育模式,逐步深化大学生廉洁教育,呈现出了各具特色、协调发展、蓬勃发展的良好态势。

2. 大学生廉洁教育活动初步开展

廉洁教育是指教育者用马克思主义和中国化马克思主义的廉洁思想,对受教育者进行有目的、有计划、有组织的影响,使受教育者不断提高廉洁自律意识,增强拒腐防变的良好心理品质,逐步形成爱岗敬业的职业观念的社会实践活动。廉洁教育是廉洁文化建设的重要途径,在加强高校廉洁文化建设的过程中,各高校结合自身实际,在学生中开展了一系列丰富多彩的廉洁教育活动。例如,在学生中普遍开展了诚实守信、法律法规等教育,帮助学生培养高尚的道德情操,树立正确的世界观、人生观、价值观,养成良好的行为习惯。廉洁教育活动提升了大学生的综合素养,为进一步树立良好的校风学风奠定了基础。

3. 大学生廉洁教育载体愈益丰富

大学生廉洁教育载体是指能传递廉洁精神、知识等信息的物质环境和活动形式,其主要包括高校的建筑、园林、雕塑、宣传教育与绿化卫生设施、校园文化活动等。随着社会的进步和高等教育事业的发展,各高校在不断扩大办学规模、提升教学质量的同时,也开始注重校园文化的建设,许多高校在廉洁教育载体建设方面进行了大量的创造性探索和尝试,校园廉洁环境文化的品位也随之不断提升。在物质载体方面,学校将学生活动场馆、宣传橱窗、电子屏等设施用于廉洁文化宣传;在课程载体方面,一些高校开设了廉洁教育方面的课程;在活动载体方面,不少高校开展了廉洁思想教育报告会、集中培训、征文活动、演讲比赛、文艺汇演、廉洁知识竞赛、廉洁文化作品大赛等活动;在宣传载体方面,高校运用广播、电视、网络、校报、校园网等开展廉洁文化宣传。大学生廉洁教育载体的建设为学生得到廉洁文化的教育和熏陶创造了条件。

(二)大学生廉洁教育中存在的问题

大学生廉洁教育得到了中央、国家和地方教育行政部门,以及高校的重视,在建设中取得了一定的成效。但也存在着"上热下冷"、在高校思想政治教育中的定位还不明晰、对大学生思想道德素质养成的作用还不明显、与高校立德树人的根本任务要求差距还较大等问题。

1. 对大学生廉洁教育的重视程度还不够

认识是行动的前提。对于一项工作而言,只有充分认识到其存在的意义和价值,才会自觉付诸行动,如果认识不到位,势必造成行动上的停滞或迟缓。对于加强大学生廉洁教育的重大意义,目前在高校中还不同程度地存在认识上的问题。其主要表现为有些高校的领导认识还不到位。领导干部的决策、组织管理、示范带头作用是推动大学生廉洁教育的关键,然而有的高校领导对在大学生群体中开展廉洁教育的意义还存有模糊认识。一些高校领导认为,党风廉政建设工作重在惩治腐败,发挥震慑作用,而开展具有预防和约束功能的廉洁教育是次要的;一些高校领导认为,高校开展廉洁教育是针对党政管理干部的,没有必要把学生纳入其中;还有一些高校领导对进行大学生廉洁教育,能够促进风清气正的校园氛围和崇廉尚洁的价值取向持怀疑态度,甚至个别高校领导认为高校进行廉洁教育仅仅是一种盲目跟风,是喊喊口号、摆摆样子,既耽误了时间又浪费了人力物力财力,况且收效甚微,不像抓学科、科研等工作那样立竿见影、效果显著。此外,在教师和学生中也存在对大学生廉洁教育的一些偏颇认识,如认为加强大学生廉洁教育是一种形式主义,是一阵风,学生的主业是学习,廉洁教育与学生关系不大等。

2. 大学生廉洁教育的载体还不适应需要

大学生廉洁教育作为一项实践活动,离不开一定的媒介承载。自开展廉洁文化进校园以来,高校结合自身特点,在大学生廉洁教育载体建设上进行了许多有益的探索,成效也比较明显。但从当前载体建设的总体状况来看,还难以适应需要。其体现在:一是活动载体效果还不很理想。由于部分师生对大学生廉洁教育重要性的认识程度不高,导致廉洁教育活动总是在上级的要求下被动开展,致使教育活动枯燥乏味,缺少吸引力。二是宣传载体单一。目前高校已经意识到了宣传工作在大学生廉洁教育中的作用,并且开始运用学校的广播、报纸、橱窗等舆论载体进行宣传,但是随着信息技术的快速发展,网络已成为人们依赖的交往方式,而当前高校对于网络这一载体在大学生廉洁教育中的运用还缺乏关注,专题廉洁教育网站建设还不普遍。此外,高校还尚未实现不同载体的整体联动,有效整合学校资源实施宣传、教育的手段不多,过多的标语式宣教和简单说教,使得大学生廉洁教育缺乏深层次的文化内涵建设。三是物质载体建设不到位。校园中的每栋建筑、每块石头、每尊雕塑等,都潜藏着一定的行为规范和价值观念,是开展大学生廉洁教育活动的重要依托,但目前大部分高校还尚未意识到物质载体在加强大学生廉洁教育中的作用。

3. 大学生廉洁教育活动的针对性还不强

在高校,管理干部、教师、学生三大群体分别扮演着不同的校园角色,有着不同的廉洁教育目标,因此开展廉洁教育也应根据不同群体的特征进行。而现行的廉洁教育活动过多地注重规模,忽略了教育对象的层次性,没有根据群体的特点对管理干部、教师和学生加以区分,而是将大学生的廉洁教育活动与管理干部和教师的教育活动"一锅煮",多是采取课堂上灌输、集中学习、开会听报告、学文件等形式,不能紧密联系学生的实际,导致学生很难理解,教育成效也不明显。再者,开展大学生廉洁教育活动旨在培养大学生的廉洁意识,廉洁意识的培养离不开廉洁知识的"灌输",但目前有关大学生廉洁教育的教材很少,廉洁教育的内容只是在一些思想政治理论课中有所涉及。在专业课的"课程思政"中,缺少进行廉洁教育的意识,不能结合学生的特点在课程中开展有针对性的廉洁教育。

4. 对大学生廉洁教育的评估尚未开展

评估工作是深化大学生廉洁教育的重要环节,是高校廉洁文化科学化建设的重要保证。早在 2005 年,中共中央印发的《建立健全教育、制度、监督并重的惩治和预防腐败体系实施纲要》就指出,推进反腐倡廉建设要建立测评机制,搞好科学分析,使反腐败工作更有预见性。2013 年,中共中央印发的《建立健全惩治和预防腐败体系 2013—2017 年工作规划》,又明确提出"完善督查考核机制,每年对工作进展情况进行检查,总结评估,查找不足,督促任务落实"。这些说明党中央高度重视廉洁教育的考核评估工作。但从目前来看,我国对廉洁教育的考核评估仅仅局限于对领导干部廉洁状况的考核,主要包括高校领导干部德能勤绩廉的年终考核、高校党风廉政建设责任制的考核(含二级单位),而忽略了对廉洁教育开展状况的考核,更没有对大学生廉洁教育的考核,这也就导致了缺少倒逼大学生廉洁教育开展的推动机制,不利于调动领导干部和教师对大学生进行廉洁教育的积极性。

5.大学生廉洁教育的合力尚未形成

开展大学生廉洁教育是一项长期的系统工程,需要来自社会各个方面的支持和帮助。然而目前大学生廉洁教育在很大程度上还处于单兵作战状态,主要表现在两个方面:一方面,从社会大环境来看,廉洁教育缺少合力。学校、家庭和社会是实现立德树人的三个不同的重要领域,在育人方面分别承担着不同的职责,并且学校、家庭与社会又是从属关系,是社会的有机组成部分,三者无论是在从属关系方面还是在育人职能方面都是紧密相连、密不可分、相互促进的。但是在实际工作中,学校与社区、与企业、与机关等相关部门之间在廉洁教育上缺乏必要的沟通联系,甚至有时还存在教育理念相悖的现象。如学校对学生进行的是廉洁、公平、正义、诚信等积极向上的正面价值观念教育,而家庭有时对孩子灌输的则是金钱至上、人情往来、官本位等消极悲观的负面教育。另一方面,从学校内部来看,各部门之间尚未形成合力。大学生廉洁教育是高校的一项整体性工作,参与廉洁教育活动的人员应包括高校的管理干部、学生、教师、后勤服务人员等群体,即要实现全员、全方位的教育。但是在实际工作中,有的部门认为廉洁教育主要与校党委办公室、组织部、宣传部、纪检委、学生处等有关,与其他部门关系不大;有的甚至认为廉洁教育只是校纪检委的事情,与其他部门无关;还有的认为开展大学生廉洁教育是管理干部的事情,与教师关系不大。

（三）大学生廉洁教育中存在问题的原因分析

任何问题的产生,总是存在一定的原因。有效解决大学生廉洁教育中存在的问题,需要认真分析问题产生与存在的原因,原因清楚了,解决问题的路径也就明朗了。通过分析,大学生廉洁教育中存在问题的原因,主要包括以下三个方面:

1.对大学生廉洁教育认识不到位

思想是行为的指导。大学生廉洁教育中存在所有问题的基础主要是思想认识问题,即对大学生廉洁教育的认识缺乏全面性和深刻性,从而造成了开展大学生廉洁教育的动力不足。这种认识上的不到位主要体现在两个方面:

一是教育行政部门和高校领导对大学生廉洁教育重要性的认识不够。长期以来,教育行政部门的领导,特别是高校的主要领导由于受到教育大环境的影响,即对高校的评价标准主要是学位点、重点学科的层次和数量,科研项目及科研成果的层次和数量,所设专业门类数量和规模等的影响,在工作中往往将重点放在这些关系到提升学校层次与地位的问题上,放在这些硬性指标的建设上,而对于学校师生思想教育这样的软任务,相对重视不足。在党和国家关于在大中小学全面开展廉洁教育工作的文件下发后,高校领导在思想上的重视程度虽有所提高,但对大学生廉洁教育的重要意义仍认识不够,在具体落实中依然缺乏动力。正是由于教育行政部门和高校领导对大学生廉洁教育重要性的认识不到位,所以在工作中就未能将其摆在应有的位置,也难以将党和国家的有关要求落实到位,更不会创造性地为大学生廉洁教育提供有利的条件。

二是高校管理干部、教师和学生对大学生廉洁教育的重要性认识不到位。多数管理干部认为自身的主要职责是用好岗位赋予的责任和权力,维护学校各项工作的正常运行,因而廉洁教育主要是对掌握一定权力的领导干部和一般管理干部而言,至于对大学生是否有必要进行廉洁教育认识不足,更缺乏教育的自觉性。不少教师认为自己的职责主要是教书育人,大学生的廉洁教育不包括在教学内容之中,与自己关系不大。学生更是认为自己的主要职责是完成学业,廉洁是针对领导干部而言的,与自己无关,进行廉洁教育尚无必要。作为高校存在和运行基础的管理干部、教师和学生三大群体在思想上对廉洁教育存在认识偏差,必然导致大学生廉洁教育缺乏足够的动力支持。

2. 大学生廉洁教育机制不健全

机制问题也是大学生廉洁教育中存在问题的原因之一。机制问题主要表现为,大学生廉洁教育过程中的各项机制不健全,难以保证廉洁教育的顺利开展。机制不健全主要体现在以下四个方面:

第一,领导机制不完善。大学生廉洁教育是一项系统性工程,其顺利推进需要以健全的领导机制为前提,而当前有的高校的领导机制尚不健全,还没有形成党委统一领导,党政齐抓共管,纪委组织协调,各部门各负其责,广大师生积极参与的领导机制。党委在大学生廉洁教育中的主体责任仍未夯实,大学生廉洁教育工作缺乏有力的组织保障。

第二,参与机制不完善。大学生廉洁教育作为学校的整体性工作,需要广大师生的积极参与,更需要学校各职能部门根据各自在大学生廉洁教育中的分工承担起相应的职责。而在现实中,各部门、广大师生参与的机制尚未形成,从而导致如前所述的,大学生廉洁教育往往是纪检部门唱"独角戏",其他部门为"旁观者",师生是被动参与者的状况。

第三,制度保障机制不完善。大学生廉洁教育不仅需要科学的领导机制为前提,还需要健全的管理制度体系作保障。但在实际工作中管理制度的缺失已难以满足大学生廉洁教育的需要。一方面,对已有制度的执行不到位。有的部门在落实制度时缺乏严肃性和规范性,在执行制度中不坚持原则,常常出现所谓的变通现象,致使有关大学生廉洁教育的政策文件得不到很好的贯彻落实。另一方面,在制定制度时缺乏科学性。在制度制定前对上级的政策要求研究不透彻,机械地照搬照抄上级文件或规定,从本本、概念和原则出发,没有考虑学校实际,只求形式上的跟风或表面上的执行,致使制定的有关大学生廉洁教育的制度文件没有明确的执行标准,缺乏可操作性,缺少保证落实的责任和程序规定。大学生廉洁教育制度保障机制不完善,使得大学生廉洁教育缺少落实的保证。

第四,评估机制不健全。由于大学生廉洁教育付出多、见效慢,工作成效难以用明确的硬性指标来量化等问题,造成了大学生廉洁教育缺少客观有效的考核标准和公平公正的评估方式,导致大学生廉洁教育的评估往往停留在走过场、重形式上,使大学生廉洁教育基本上处于"干与不干一个样""干好与干坏一个样"的状态。

3.缺乏良好社会环境的配合

高校是社会的重要组成部分,高校的发展离不开良好的社会环境。同样,加强大学生廉洁教育也离不开社会这一大环境和背景。党中央虽然意识到了大学生廉洁教育的重要性,并积极开展廉洁文化进社区、家庭、学校、企业和农村等活动,但就目前来看,五个领域的廉洁教育整体情况不一,整个社会尚未形成"人人参与"的良好局面。当前大学生廉洁教育之所以发展缓慢,与整个社会开展廉洁教育的整体背景有着密切关系,如果没有全社会的共同参与,特别是没有家庭对大学生廉洁教育的重视,那么高校大学生廉洁教育就缺乏坚实的社会基础,其建设效果必定受到制约。

三、破解大学生廉洁教育中存在问题的理论依据

正确、坚实的理论与实践基础是搞好研究、破解问题的前提,解决大学生廉洁教育存在的问题亦是如此。马克思主义关于无产阶级政党廉洁建设的思想、中国化马克思主义关于中国共产党廉洁建设的思想,是破解大学生廉洁教育问题的理论基础。

（一）马克思主义经典作家关于廉洁建设的思想

马克思和恩格斯是马克思主义的创始人，是无产阶级政党的创建人，他们将自己的毕生献给了无产阶级的伟大事业。在他们关于无产阶级政党和政权建设的思想中，蕴含着丰富的廉洁思想。

1. 马克思和恩格斯关于廉洁建设的思想

马克思和恩格斯在对资本主义政治经济的批判和创立科学社会主义学说中，深刻阐述了廉洁的思想。

一是廉洁根源于经济特别是所有制关系。马克思和恩格斯创立了唯物史观。唯物史观的重要原理之一是，生产力决定生产关系，经济基础决定上层建筑。廉洁与腐败问题均属于上层建筑范畴，是由经济基础决定的。马克思和恩格斯认为，腐败现象并不是自人类社会产生就有的，而是随着生产力的发展，出现了剩余产品，人类社会进入生产资料私有制和国家产生以后，才为一部分公职管理人员侵吞公共财物提供了可能，腐败现象也得以出现。资本主义社会是生产资料私有制发展的最高阶段，马克思指出："资本主义制度的内在趋势获得了充分发展的余地，于是资本主义制度的一切丑恶事物就毫无阻碍地泛滥起来。"①因而马克思和恩格斯认为，资本主义必然将被社会主义（共产主义）所代替，而社会主义（共产主义）与以往社会的根本区别之一，在于它消灭了生产资料私有制，实行生产资料公有制。正如马克思所说，"共产党人可以把自己的理论概括为一句话：消灭私有制"②。只有消灭了生产资料私有制，才能彻底铲除腐败的经济根源。生产资料公有

---

① 《马克思恩格斯文集》（第三卷），人民出版社,2009 年,第 221 页。
② 《马克思恩格斯文集》（第二卷），人民出版社,2009 年,第 45 页。

制是无产阶级政党存在和发展的经济基础,也是其能够保持廉洁的经济根源。

二是无产阶级政党的性质和纲领决定了其廉洁性。马克思和恩格斯在《共产党宣言》中关于无产阶级政党的性质是这样阐述的:"在实践方面,共产党人是各国工人政党中最坚决的、始终起推动作用的部分;在理论方面,他们胜过其余无产阶级群众的地方在于他们了解无产阶级运动的条件、进程和一般结果。"[①]无产阶级政党是无产阶级的先进组织和部队,他们思想最坚决、行动最主动,并且掌握着无产阶级运动的理论,代表了整个无产阶级的先进性,这一先进性是区别于其他政党的最显著的标志。此外,马克思和恩格斯还认为,无产阶级政党是代表无产阶级整个阶级的利益,代表最广大人民群众的利益,而非个人或少数人的私利。这就明确说明,无产阶级政党的性质决定了其应是廉洁的政党。

马克思和恩格斯认为,具有明确的纲领是衡量无产阶级政党成熟的重要标志。在《共产党宣言》中,他们对无产阶级政党的纲领进行了这样的阐述,即无产阶级政党的最终目的是消灭私有制,实现没有剥削、没有压迫的共产主义社会。为了实现党的纲领,马克思和恩格斯一方面明确了无产阶级政党的近期目的:无产阶级要作为独立的阶级,肩负起推翻资产阶级统治的历史重任,带领可以团结的一切阶级,夺取政权取得最终胜利;另一方面,制定了一系列革命策略:开展革命要实事求是,从实际出发,循序渐进。在革命胜利前,"工人革命第一步就是使无产阶级上升为统治阶级,争得民主"[②]。在革命胜利后,"无产阶级将利用自己的政治统治,一步一步地夺取资产阶级的全部资本,把一切生产工具集中在国家即组织成为统治阶级的

---

① 《马克思恩格斯文集》(第二卷),人民出版社,2009 年,第 44 页。
② 同上,第 52 页。

无产阶级手里,并且尽可能快地增加生产力的总量"①。无产阶级政党要实现自己的政治纲领,就要夺取革命的胜利,建立无产阶级专政的国家。实现这个目标,则必须将阶级、民族的利益放在第一位,这其中蕴含了无产阶级政党的廉洁性思想。

2.列宁关于廉洁建设的思想

列宁在创建俄国无产阶级政党、领导俄国革命和建设的过程中,继承和发展了马克思和恩格斯关于无产阶级政党廉洁建设的思想。其主要观点如下:

一是无产阶级政党的性质要求其必须是廉洁的政党。列宁认为无产阶级政党是一个"为了战胜资本主义"而斗争的党,科学准确地把握其性质,需要"在起领导作用的政党共产党、革命的阶级无产阶级和群众即全体被剥削劳动者之间,必须建立正确的相互关系"②。他强调,"我们始终是先进阶级的政党"③,是真正无产阶级性质的政党,"我始终坚持在谈到我们党的阶级性质的地方用'无产阶级'一词代替'被剥削的劳动群众'一词"④。列宁还指出,我们所需要的无产阶级政党是新型的党,是阶级的先进部队,是领导者和组织者,能够经常同群众保持真正的密切联系,代表了整个运动及其根本和主要目的。在列宁看来,无产阶级政党的性质决定了党的廉洁性。为了建立一个具有广泛群众性的、思想上政治上组织上完全巩固的无产阶级政党,列宁认为"宁可十个办实事的人不自称为党员(真正办实事的人是不追求头衔的!),也不让一个说空话的人有权利和机会当党员。这样一条原则在我看来是毋庸置辩的……我们的任务是要维护我们党的坚定性、彻底

① 《马克思恩格斯文集》(第二卷),人民出版社,2009 年,第52 页。
② 《列宁选集》(第四卷),人民出版社,2012 年,第237 页。
③ 《列宁全集》(第13 卷),人民出版社,2017 年,第210 页。
④ 《列宁全集》(第9 卷),人民出版社,2017 年,第338 页。

性和纯洁性。我们应当努力把党员的称号和作用提高,提高,再提高"①。阻碍无产阶级执政党长期执政的关键因素并非在于经济基础首先被撼动,而是在于党员本身在思想、组织、作风上所存在的潜在危险,思想上的败坏、组织上的涣散和作风上的不纯是最危险、最致命的,往往会导致其丧失执政地位。因此,党员的质量是至关重要的,必须把无产阶级政党建设成一个廉洁的政党。在列宁的正确领导下,为了保持政党的廉洁性,一方面,在全党范围内开展了广泛的、深入持久的党性教育运动,以强化党员的廉洁意识;另一方面,有步骤、有秩序地开展了两次大规模的"清党"运动,以确保党员队伍的纯洁性。通过有针对性地开展专题运动,有效地保持了苏共的纯洁性,为更好推进苏联建设事业的良好发展打下了坚实的政治基础。

二是保证无产阶级政党廉洁性的路径。列宁认为要保证无产阶级政党廉洁,必须在以下方面用力。

第一,加强马克思主义的学习,保证党的思想的纯洁性。为了反对党内的腐败现象,保持党的纯洁性,列宁要求党的干部要学习、坚持马克思主义。他指出,无产阶级政党在革命时期需要坚持马克思主义,革命胜利后仍然需要坚持马克思主义。因此,要将学习马克思主义基本理论作为党的各级领导干部尤其是党的高级干部的首要政治任务,从思想上彻底划清马克思主义与非马克思主义的界限。只有加强学习、善于学习,才能"充实自己的知识并改变自己的片面性"②。

第二,加强制度、法律建设,为保持党的纯洁性提供坚实保障。列宁指出,要不断建立和完善党和国家的各项制度,通过制度的制定和完善来强化政党的廉洁性。为了更好地发挥党在领导社会主义建设中的核心作用,有

---

①　《列宁全集》(第9卷),人民出版社,2013年,第272页。

②　《列宁全集》(第43卷),人民出版社,2017年,第344页。

效地反对党和国家机关内部存在的官僚主义和腐败现象,苏维埃政权 1918 年初成立了中央监察委员会,同年改组为国家监察部,后来又下设了中央控告检察局,其主要职责是专门受理群众对干部滥用职权、腐败、渎职行为的控告和检举。苏共中央委员会通过了《监察委员会条例》《关于监察委员会》《关于监察委员会的任务和目的》,以及精简机构、定期检查机关工作人员执行情况等制度。人民委员会通过了《关于惩办受贿的法令》《关于贿赂行为》和《关于消灭拖拉现象》,以及取消官员特权、废除军队中由军衔产生的特权等法令。这些制度和法令很好地保证了苏联党和政府权力的正确行使。

第三,加强人民群众的监督,促进党和国家机关作风的廉洁。列宁认为,人民群众这股力量的监督是至关重要的,其掌握对国家事务的监督,比掌握执行权更能反映人民民主的本质。"同贪污受贿这种道地的俄国现象作斗争……单靠宣传是搞不成的,只有靠人民群众的帮助才行。"①因此,消除腐败现象,必须建立完善人民群众监督机制,吸收广大群众参与监督国家机关,畅通自下而上的监督渠道,实现广大人民群众对国家管理机关的最广泛监督。只有这样,党的事业才会得到人民群众的理解、拥护和支持,党的事业才会兴旺发达。

(二)中国共产党领导人关于廉洁建设的思想

在马克思列宁主义的指导下,中国共产党领导人带领全国各族人民进行了新民主主义革命、社会主义革命和建设,以及改革开放,并且取得了辉煌的成就,成功地探索出了一条适合我国国情的中国特色社会主义道路。中国共产党在领导全国各族人民进行社会主义事业的伟大实践中,摸索积

---

① 《列宁全集》(第 42 卷),人民出版社,2017 年,第 207 页。

累了丰富的党建思想和经验,反腐倡廉建设方面尤为突出,为推进从严治党提供了坚实保障,从而成为我们党的宝贵精神财富。

1.毛泽东关于党的廉洁建设的思想

以毛泽东同志为主要代表的中国共产党人在带领中国人民进行新民主主义革命、社会主义革命和建设的过程中,继承和发展了马克思列宁主义的廉洁思想。在实践中,毛泽东不仅始终将党风廉政建设和反腐败斗争工作作为党的建设的重要内容,而且还身体力行、廉洁奉公,反对贪污腐化,为保持党的清正廉洁作出了表率。毛泽东关于党的廉洁建设的主要内容有:

一是共产党人要时刻牢记"两个务必"的思想。全国胜利在即,全党能否在胜利面前保持头脑清醒,能否在夺取政权后经受住执政的考验,是毛泽东非常关心的问题。在1949年3月召开的党的七届二中全会上,毛泽东针对中国共产党即将成为执政党的情况,提出了"防止腐蚀的方针",并警告全党,革命胜利后党内骄傲自满、劳苦功高、不思进取、贪图安逸等思想情绪可能会生长,资产阶级也会乘虚而入,瓦解征服我们党内队伍中意志薄弱的同志。思想上存在的消极现象,以及外部环境的致命诱惑,是夺取全国政权后全党可能面临的最严峻考验,全党上下一定要提前预防这种情况。鉴于此,毛泽东语重心长地告诫全党同志"务必保持谦虚、谨慎、不骄、不躁的作风;务必保持艰苦奋斗的作风"。"两个务必"思想的提出是对历史经验的总结,同时也是对未来的告诫,是毛泽东廉洁思想的重要内容。

二是开展思想政治教育,保证党的清正廉洁。毛泽东认为,要改造中国社会,必须首先改造人的思想。为了防止中国共产党及其领导下的政权发生变质,使党永葆先进性、廉洁性,必须加强思想政治教育。在民主革命时期,他指出:"掌握思想教育,是团结全党进行伟大政治斗争的中心环节,如果这个任务不解决,党的一切任务是不能完成的。"①在革命胜利后,他指出:"要加强政治工作。不论文武,不论工厂,农村,商店,学校,军队,党政机关,群众团体,各方面都要极大地加强政治工作,提高干部和群众的政治水平。"②为此,在红军时期他总结了部队从事群众工作的经验,提出了"三大纪律、六项注意",加强革命军队的纪律教育。在抗日战争时期,党在延安开展了整风运动——整顿学风以反对主观主义,整顿党风以反对宗派主义,整顿文风以反对党八股。新中国成立后,毛泽东领导全党开展了各种思想政治教育活动,提高了广大党员干部的政治觉悟。

三是加强制度建设,严惩腐败行为。通过制度约束权力的运用,用制度、法律进行廉洁教育,是毛泽东廉洁思想和实践的重要内容。土地革命战争时期,毛泽东主持制定了《井冈山反腐败训令》,抗日战争时期制定了《陕甘宁抗战政府施政纲领》,其中第八条提到"厉行廉洁政治,严惩公务人员之贪污行为,禁止任何公务人员假公济私之行为,同时俸以养廉的原则"③。新中国成立初期,党和国家又颁布了《中华人民共和国惩治贪污条例》《中央关于处理贪污浪费问题的若干决定》《中央关于处理小贪污分子的五项规定》《中央节约检查委员会关于追缴贪污分子赃款赃物的规定》等一系列关于惩治贪污腐败的法律法规,这些法律法规的实施对党内权力的运行作出了有效的约束。同时,党和国家依法对贪污腐败行为进行了严厉打击,如在"三反"运动中,处决贪污犯刘青山、张子善的案件在当时对惩治腐败起到了振聋发聩、扶正祛邪的效果,促进了党风和社会风气的全面好转,也使廉洁自律的意识在全党得到了强化。

---

① 《毛泽东选集》(第三卷),人民出版社,1991年,第1094页。
② 《毛泽东著作选读》(下册),人民出版社,1986年,第134页。
③ 《毛泽东文集》(第二卷),人民出版社,1999年,第335页。

2.邓小平关于党的廉洁建设的思想

以邓小平同志为主要代表的中国共产党人站在新的国际和国内形势下,深入思考党和国家各项事业的建设与发展,明确提出了建设中国特色社会主义的伟大思想,围绕在执政和改革开放条件下加强党风廉政建设和反腐败斗争,提出了一系列行之有效的廉洁思想。邓小平关于党的廉洁建设思想的主要内容有:

一是新时期必须高度重视党风建设问题。党的十一届三中全会后,我们党开启了前所未有的改革开放新征程。面对社会的重大转变,党的一些领导干部和部分党员难以适应,在思想、作风上出现了问题。对此,邓小平予以高度重视。1982 年 4 月 10 日在中央政治局讨论打击经济领域严重犯罪活动的会议上,邓小平发表了题为"坚决打击经济犯罪活动"的讲话,指出:"我们自从实行对外开放和对内搞活经济两个方面的政策以来,不过一两年时间,就有相当多的干部被腐蚀了。卷进经济犯罪活动的人不是小量的,而是大量的。犯罪的严重情况,不是过去'三反'、'五反'那个时候能比的。"①他还指出,我们党必须高度注意,坚决刹住这股风,否则,我们的党和国家确实要发生会不会"改变面貌"的问题。随着改革开放进程的深入推进,我国的经济发展取得令人瞩目的成绩,但同时党内所滋生的不良政治风气对改革开放的推进产生了巨大的负面影响,严重制约了我国经济的健康快速发展。对此,他忧虑万分,指出经济搞好了,但是党的风气变坏了,又有什么意义呢?"会在另一方面变质,反过来影响整个经济变质,发展下去会形成贪污、盗窃、贿赂横行的世界。"②在总结 1989 年政治风波教训时,他又尖锐地指出:"这次出这样的乱子,其中一个原因,是由于腐败现象的滋生,

① 《邓小平文选》(第二卷),人民出版社,1994 年,第 402 页。
② 《邓小平文选》(第三卷),人民出版社,1993 年,第 154 页。

是一部分群众对党和政府失去了信心。"①惩治腐败成为党在改革开放深入发展时期必须高度重视的问题。

二是克服腐朽思想和腐败行为要靠法制和教育。一手抓法制,一手抓教育是邓小平廉洁思想的重要内容,也是对"两手抓"思想的进一步深化。邓小平曾指出,实行改革开放政策在不断促进经济快速发展的同时,必然会带来一些影响人民的不良东西,这是最大的风险,需要我们拿起法律和教育这两个手段,毫不放松地抓,坚持不懈地抓,总会探索出解决问题的办法。在总结1989年政治风波教训时,邓小平指出,之所以发生如此大的动乱,最大的失误是在教育方面,是政治教育工作薄弱了。他还说:"改善社会风气要从教育入手。教育一定要联系实际。对一部分干部和群众中流行的影响社会风气的重要思想问题,要经过充分调查研究,由适当的人进行周到细致、有充分说服力的教育,简单片面武断的说法是不行的。"②为此,他特别强调,深入推进改革开放,要继续制定和完善符合社会主义发展道路的法律和制度,批判和反对封建主义的残余思想,批判和反对自由主义、拜金主义、极端个人主义等资本主义腐朽思想,"必须在思想政治领域把上述的斗争进行到底,否则,我们就不可能建设社会主义,就会被资本主义势力所侵蚀腐化"③。

三是重视党风廉政制度建设。就党内反腐败而言,邓小平特别强调的是制度建设。他认为党内存在腐败现象与我们制度建设中存在的问题相关:"我们过去发生的各种错误,固然与某些领导人的思想、作风有关,但是组织制度、工作制度方面的问题更重要。这些方面的制度好可以使坏人无法任意横行,制度不好可以使好人无法充分做好事,甚至会走向反面……"④

---

① 《邓小平文选》(第三卷),人民出版社,1993年,第300页。
② 同上,第144页。
③ 《邓小平文选》(第二卷),人民出版社,1994年,第368～369页。
④ 同上,第333页。

"从党和国家的领导制度、干部制度方面来说,主要的弊端就是官僚主义现象,权力过分集中的现象,家长制现象,干部领导职务终身制现象和形形色色的特权现象。"①克服特权思想,一方面要解决思想上的问题,另一方面也要解决制度建设上的问题。制度建设是根本,具有全面性、稳定性和长期性。为此,他提出要健全干部制度,"关键是要健全干部的选举、招考、任免、弹劾、轮换制度",设置罢免制度,对于"搞特权、特殊化,经过批评教育而又不改的,人民就有权依法进行检举、控告、弹劾、撤换、罢免"。② 同时,要建立健全职工代表大会制度,"职工代表大会或职工代表会议有权对单位的重大问题进行讨论,作出决定,有权向上级建议罢免本单位的不称职的行政领导人员"③等等。

3. 江泽民关于党的廉洁建设的思想

以江泽民同志为主要代表的中国共产党人,继承和发展了马克思主义经典作家、毛泽东、邓小平党的廉洁建设思想,在 21 世纪国内外背景下,提出了适应社会主义市场经济发展要求的党的廉洁建设思想。江泽民关于党的廉洁建设思想的主要内容有:

一是"标本兼治、综合治理"。针对我国生产力发展水平还不高,法制和各方面的具体制度还不完善,而且正在经历从计划经济体制向社会主义市场经济体制转变的关键时期等原因,使得"消除腐败现象必然要经历一个很长的历史过程"④的情况,江泽民强调解决腐败问题要标本兼治、综合治理。他在党的十五大报告中指出:"坚持标本兼治,教育是基础,法制是保证,监督是关键。通过深化改革,不断消除腐败现象滋生蔓延的土壤。"⑤在 2000

---

① 《邓小平文选》(第二卷),人民出版社,1994 年,第 327 页。

② 同上,第 331～332 页。

③ 同上,第 340～341 页。

④ 《江泽民文选》(第三卷),人民出版社,2006 年,第 176 页。

⑤ 《江泽民文选》(第二卷),人民出版社,2006 年,第 46 页。

年 12 月 25 日的中央纪委第五次全会上,他又强调,只有从源头上预防和治理腐败现象,才能巩固和发展反腐败已经取得的成果,并从根本上解决腐败问题。为此,他提出,不仅要从思想上筑牢拒腐防变的堤坝,而且还要从体制机制上进行改革创新,只有如此,才能彻底铲除滋生腐败现象的土壤和条件。

二是完善反腐倡廉建设的领导体制和工作机制。江泽民认为,加强党委的领导和明确职责分工是开展好反腐倡廉建设的关键。1993 年 8 月 21 日,在中央纪委第二次全体会议上,江泽民就"各级党委要加强领导"提出了具体的要求:"(一)反腐败斗争是加强党的建设和政权建设的重要工作,必须在党委统一领导下,党政一齐抓,持续不断地抓,主要领导同志亲自负责。党政同心同德,各方面协调一致,形成整体合力。(二)建立责任制。明确分工,专人负责,一级抓一级,一级带一级。上级对下级要切实加强指导、检查和监督。对问题严重的地方和部门,上级要派人下去帮助处理。(三)党委要加强对纪检监察工作的领导,充分发挥纪检监察机关的作用,切实支持他们的工作。"①在 2000 年的中央纪委第五次全体会议上,江泽民再次强调反腐倡廉的领导体制和工作机制问题:"反腐倡廉是全党全社会的大事。要坚持党委统一领导、党政齐抓共管、纪委组织协调、部门各负其责、依靠群众支持和参与的反腐败领导体制和工作机制","战略上总体规划,战术上分阶段部署,从群众反映最强烈的问题抓起,不断取得反腐败斗争的阶段性成果"。②

4. 胡锦涛关于党的廉洁建设的思想

2002 年党的十六大确立了以胡锦涛同志为总书记的党中央领导集体,

① 《江泽民文选》(第一卷),人民出版社,2006 年,第 327 页。
② 《江泽民文选》(第三卷),人民出版社,2006 年,第 176 页。

面对复杂严峻的国内外形势,面对各方面的困难与挑战,胡锦涛在深入推进党风廉政建设和反腐败斗争的实践中深化了党的廉洁思想。胡锦涛关于党的廉洁建设思想的主要内容有:

一是要建立惩治和预防腐败体系。胡锦涛在科学总结反腐倡廉建设经验的基础上,从加强党的执政能力建设的战略高度,提出了标本兼治、综合治理、惩防并举、注重预防的方针,以及要建立与社会主义市场经济体制相适应的教育、制度、监督并重的惩治和预防腐败体系。尽管有些内容在前任党的领导的思想中已有论及,但是明确提出构建体系的是以胡锦涛同志为主要代表的中国共产党人。在党的十七大报告中,胡锦涛对此作了明确的阐述:"坚持标本兼治、综合治理、惩防并举、注重预防的方针,扎实推进惩治和预防腐败体系建设,在坚决惩治腐败的同时,更加注重治本,更加注重预防,更加注重制度建设,拓展从源头上防治腐败工作领域。严格执行党风廉政建设责任制。"①

二是学习贯彻党章,推进党风廉政建设。党章是规范和制约全党行为的总章程,是立党、治党、管党的总章程,对推进党的工作、加强党的建设具有根本性的规范和指导作用,在全党具有最高的权威性和最大的约束力。胡锦涛将学习贯彻党章作为深入推进党风廉政建设工作的首要依据和载体。2006 年 1 月 6 日,胡锦涛在中央纪委第六次全会上专门强调了学习贯彻党章的问题。他指出,始终把学习党章、遵守党章、贯彻党章、维护党章作为全党的一项重大任务抓紧抓好,是我们党在总结加强自身建设包括党风廉政建设和反腐败工作实践经验中得出的重要结论。党章是党的政治纲领,是确立党的领导核心地位的重要保证,是推进党的各项事业发展的方向指南,是实现党的理想和宏伟目标的坚实保障。因此,需要我们必须把党章

---

① 《胡锦涛文选》(第二卷),人民出版社,2016 年,第 657 页。

学习好、遵守好、贯彻好、维护好。此外,他还强调,学习贯彻党章可以使全党进一步坚定理想信念,进一步加强道德修养,进一步发展党内民主,进一步严明政治纪律,进一步制约监督,进一步加强制度建设。

5. 习近平关于党的廉洁建设的重要论述

党的十八大以来,我国面临着更加严峻复杂的国内外形势,为了更好地促进中国特色社会主义建设事业的发展,以习近平同志为核心的党中央坚持"四个全面"战略布局,高度重视党风廉政建设和反腐败斗争,在党要管党、从严治党的实践中,提出了一系列廉洁思想。习近平关于党的廉洁建设的重要论述的主要内容有:

一是必须全面从严治党、严明党的纪律。以习近平同志为核心的党中央根据党内存在的贪污腐败、脱离群众、形式主义、官僚主义等问题,根据党在新形势下面临着执政考验、改革开放考验、市场经济考验和外部环境考验,以及精神懈怠、能力不足、脱离群众、消极腐败四种危险,指出必须"坚持党要管党、从严治党,切实解决自身存在的突出问题,切实改进工作作风,密切联系群众";必须加强自身建设,"使我们的党始终成为中国特色社会主义事业的坚强领导核心"。① 坚持把全面从严治党纳入"四个全面"战略布局,同全面建成小康社会、全面深化改革、全面依法治国一体推进。为了落实从严治党,习近平总书记又指出:"党要管党、从严治党,靠什么管,凭什么治?就是要严明纪律。……干部出问题,都是因为纪律的突破。必须严明党的纪律,党的各项纪律都要严。遵守党的纪律是无条件的,要说到做到,有纪必执,有违必查,而不能合意的就执行,不合意的就不执行,不能把纪律作为一个软约束或是束之高阁的一纸空文。"②此外,他还要求:"各级党委要在思

---

① 中共中央文献研究室:《十八大以来重要文献选编》(上),中央文献出版社,2014年,第70页。
② 同上,第764页。

想认识、方法措施上跟上全面从严治党战略部署,把纪律挺在前面,发现问题就要提提领子、扯扯袖子,使红红脸、出出汗成为常态。"①要使党员干部真正懂得党的纪律是全党必须遵守的行为准则,严格遵守和坚决维护是做合格党员干部的基本条件。

二是党委负主体责任,纪委负监督责任。为了确保从严治党落到实处,习近平总书记提出了"两个责任"的重大论断。在 2013 年 1 月 22 日十八届中央纪律检查委员会第二次全体会议上,习近平总书记指出:"抓好党风廉政建设和反腐败斗争,必须全党动手。各级党委对职责范围内的党风廉政建设负有全面领导责任。要坚持和完善反腐败领导体制和工作机制,发挥好纪检、监察、司法、审计等机关和部门的职能作用,共同推进党风廉政建设和反腐败斗争。"②在党的十八届三中全会上,他又对这一思想进行了凝练,明确指出:"加强党对党风廉政建设和反腐败工作的统一领导,明确党委负主体责任,纪委负监督责任。"③随后,在十八届中央纪委第三次全会上他对"两个责任"提出的背景及其内容进行了全面详细的阐述。对于"为什么要强调党委负主体责任?"这一重大战略问题,他指出,党委能否落实好主体责任直接关系着党风廉政建设的成效。现在,有的党委对主体责任认识不清、落实不力;有的没有把党风廉政建设当作分内之事,每年开个会、讲个话,或签个责任书就万事大吉;有的对错误思想和作风放弃了批评斗争,搞无原则的一团和气,疏于教育,疏于管理和监督,放任一些党员、干部滑向腐败深渊;还有的领导干部只表态、不行动,说一套做一套,甚至带头搞腐败,带坏了队伍,带坏了风气。对于党委主体责任的内容,他指出,主要包括五个方面,即加强领导选好用好干部,坚决纠正损害群众利益的行为,强化对权力

---

① 《习近平谈治国理政》(第二卷),外文出版社,2017 年,第 163 页。
②③ 《习近平关于党风廉政建设和反腐败斗争论述摘编》,中央文献出版社、中国方正出版社,2015 年,第 57 页。

运行的制约和监督,领导和支持执纪执法机关查处违纪违法问题,党委主要负责同志要当好廉洁从政的表率。① 对于纪委的责任,他指出,各级纪委要切实履行好监督责任,既协助党委加强党风廉政建设和组织协调反腐败工作,又督促检查相关部门落实惩治和预防腐败工作任务,经常进行检查监督,严肃查处腐败问题。② "两个责任"的提出,进一步完善了反腐倡廉建设工作体制机制,丰富了中国特色反腐倡廉理论体系,为深入推进党风廉政建设和反腐败工作奠定了坚实基础。

三是"把权力关进制度笼子"。习近平总书记认为,腐败与权力紧密联系,因为权力是一把"双刃剑",既可以用来为人民谋利益,也可能被滥用来谋取私利,滋生腐败。权力一旦失去制约和监督,腐败就会随之产生,绝对的权力绝对产生腐败。要保证权力在正确的轨道上行使,必须加强对权力的制约,"没有监督的权力必然导致腐败,这是一条铁律"③。为此,2012年12月4日在首都各界纪念现行宪法公布施行三十周年大会上,习近平总书记就提出:"我们要健全权力运行制约和监督体系,有权必有责,用权受监督,失职要问责,违法要追究,保证人民赋予的权力始终用来为人民谋利益。"④同时,他还提出加强对权力的制约和监督,就是把"权力关进制度的笼子里,形成不敢腐的惩戒机制、不能腐的防范机制、不易腐的保障机制"⑤。为了保证制度对权力的制约,他认为:"制度不在多,而在于精,在于务实管

① 参见《习近平关于党风廉政建设和反腐败斗争论述摘编》,中央文献出版社、中国方正出版社,2015年,第61页。
② 同上,第61~62页。
③ 《习近平关于党风廉政建设和反腐败斗争论述摘编》,中央文献出版社、中国方正出版社,2015年,第124页。
④ 中共中央文献研究室:《十八大以来重要文献选编》(上),中央文献出版社,2014年,第92页。
⑤ 同上,第136页。

用。""要狠抓制度执行,扎牢制度篱笆,真正让铁规发力、让禁令生威"。①
"要强化不敢腐的震慑,扎牢不能腐的笼子,增强不想腐的自觉。"②只有建立
健全管用的制度、有效的监管机制,才能保证权力在阳光下运行。

　　四是抓好思想道德教育。深化标本兼治,不仅要加大惩治腐败的力度,
而且要注重从源头上防止腐败,把思想道德建设放在十分突出的位置。对
此,习近平总书记强调:"反腐倡廉是一个复杂的系统工程,需要多管齐下、
综合施策,但从思想道德抓起具有基础性作用。"③"加强党的建设,首要任务
是加强思想政治建设,关键是教育管理好党员、干部。"④思想纯洁是广大党
员干部廉洁从业的基础,为了保持其思想上的纯洁、道德上的高尚,需要抓
好思想道德教育这一基础性工作,教育引导广大党员干部坚定崇高的理想
信念,树立正确的梦想追求,增强抵御腐败的能力,从思想上筑牢拒腐防变
的堤坝。为此,一要抓好思想理论建设,教育引导党员干部认真学习党的理
论,以理论上的坚定保证行动上的坚定,以思想上的清醒保证用权上的清
醒;二要抓好党性教育和党性修养,教育引导党员干部树立正确的世界观、
权力观、事业观;三要抓好道德建设,教育引导党员干部树立良好道德风尚,
始终保持共产党人的高尚品格和廉洁操守。

　　综上所述,马克思主义经典作家和中国共产党领导人提出了诸多独特
且富有内涵的党的廉洁建设思想和实践举措,有效地推动了无产阶级政党
和中国共产党的建设和发展。理论是行动的先导。新时代加强大学生廉洁
教育,需要以正确理论为指导,而马克思主义经典作家和中国共产党领导人

---

① 《习近平关于党风廉政建设和反腐败斗争论述摘编》,中央文献出版社、中国方正出版社,
2015 年,第 125 ~ 130 页。
② 《习近平谈治国理政》(第三卷),外文出版社,2020 年,第 511 页。
③ 《习近平关于党风廉政建设和反腐败斗争论述摘编》,中央文献出版社、中国方正出版社,
2015 年,第 140 页。
④ 《习近平谈治国理政》(第二卷),外文出版社,2017 年,第 172 页。

关于廉洁建设的思想,是经过实践证明并将继续接受实践检验的正确认识,是我们破解大学生廉洁教育存在问题、加强大学生廉洁教育研究和实践的指导思想和根本遵循。

四、新时代加强大学生廉洁教育的策略

加强大学生廉洁教育是一项长期的工作,需要在坚持中深化、在深化中坚持。新时代,培养大学生廉洁意识和廉洁技能,增强拒腐防变的理念和能力,需要遵循大学生的成长规律和教育规律,不断健全教育机制、完善教育载体、积极营造良好氛围,深化大学生廉洁教育,切实提高大学生廉洁教育的针对性和实效性。

(一)健全大学生廉洁教育机制

深化大学生廉洁教育,必须重视教育机制的建设,通过建立健全认识提升体制、领导组织机制、协调参与机制、保障支撑机制、考核评估机制等,助推大学生廉洁教育的深入开展。

1.健全认识提升机制

认识是行动的先导,提升对大学生廉洁教育的认识是深入推进教育的前提。因此,加强大学生廉洁教育必须健全大学生廉洁教育的认识提升机制。

首先,要持续强化领导干部对大学生廉洁教育的认识。一项工作的开展,领导的重视是关键,高校能否将大学生廉洁教育作为重要的战略任务,主要取决于领导的思想认识。地方教育行政部门要根据中央精神,结合当地实际,制定关于大学生廉洁教育的制度文件,促进高校领导干部提高思想认识。此外,要紧紧抓住高校党政一把手这一核心因素的认识,为加强大学生廉洁教育提供领导保障。高校要积极搭建思想建设平台,充分发挥专题培训、干部培训网络学院、中心组学习等学习平台的作用,引导校院两级领导班子、领导干部深入学习党中央和地方教育行政部门关于大学生廉洁教育的各项方针政策,使其深刻认识大学生廉洁教育的重要性和必然性。

其次,要增强广大师生对大学生廉洁教育的认识。高校应采取富有针对性、创造性的措施,利用各种校园媒介加大宣传力度,特别是要加强新兴媒介在校园内的运用,将党中央和上级教育行政部门关于大学生廉洁教育的方针政策,以及学校开展大学生廉洁教育的必要性和相关举措,在教师学生中广泛宣传。此外,还要通过将廉洁理念融入"思政课程"和"课程思政",走进校园文化活动、社会实践等活动,不断强化广大师生开展大学生廉洁教育的意识。

2. 健全组织领导机制

健全、有力的组织领导是推进大学生廉洁教育的根本保证。因此,加强大学生廉洁教育必须健全有效的组织领导机制。

首先,建立校级大学生廉洁教育领导机制。在高校,党委统一领导是构建大学生廉洁教育领导体制和工作机制的核心,党政一把手是大学生廉洁教育的第一责任人,承担着主体责任。要成立由党委书记、校长、分管校领导和相关部门负责人组成的大学生廉洁教育领导小组,统筹协调全校大学生廉洁教育工作,明确各成员各部门的职责,在全校构建起大学生廉洁教育的责任体系。高校党委要把大学生廉洁教育纳入重要议事日程,将其作为一项重要的政治任务抓紧抓好,全面担负起领导大学生廉洁教育的政治责任,做到将大学生廉洁教育作为思想政治教育的重要内容和业务工作一起规划、一起部署、一起检查、一起考核。

其次,建立院(系)级大学生廉洁教育领导机构。高校的二级机构,各分党委、党总支也应成立由分党委(总支)书记和院长(系主任)为组长,领导班子成员及相关人员为成员的领导小组,负责制定落实校级领导小组关于大学生廉洁教育意见和部署的实施方案,逐步开展基层大学生廉洁教育工作。

再次,明确校、院两级领导小组的职责。校、院两级领导小组的职责要立足当前、着眼长远,做好顶层设计,把廉洁教育作为一项重点工作纳入学校和学院整体发展规划,融入学校和学院思想政治工作和精神文明建设总体部署;以制度的形式将各个层面的责任进行明确,使每个主体明晰各自的职责,构建起逐层分解、层层传导、级级落实的工作格局;要抓好统筹协调、指导推动和监督检查,努力做到守土有责、守土负责、守土尽责。

3.健全协调参与机制

大学生廉洁教育要取得成效,并非学校某一个单位、某一个部门的事情,而是需要党政齐抓共管,各部门的积极参与。因此,加强大学生廉洁教育,必须健全系统配套、规范有序、各司其职的校内协调参与机制。为此,高校要在党委的统一领导下,充分发挥纪委的组织协调职能。高校纪委应按照学校党委和上级纪委的要求,积极主动协助学校党委、行政通盘谋划大学生廉洁教育的总体安排,做好任务分解,凝聚各方力量,整体推动工作落实到位。各相关党政职能部门要各负其责、部门联动、协同配合,按照大学生廉洁教育的责任分工,把大学生廉洁教育的目标要求寓于各项业务工作之中,创造性地开展工作。党委办公室、校长办公室负责组织沟通,做好任务分解、组织实施工作,充分调动各职能部门的主动性和积极性,及时沟通、协商解决工作中遇到的各种问题。党委组织部门、党校要注重在党员干部特别是处级以上领导干部中开展廉洁教育,提高其廉洁素质,为做好大学生廉洁教育奠定思想基础。宣传部门要充分发挥舆论引导的作用,一方面,加强廉洁教育阵地建设;另一方面,利用学校电台、广播站、互联网、报刊、橱窗板报等载体,增强舆论宣传效果。学工部门要充分利用新生入校、职业规划教育、日常管理教育、毕业离校等契机,组织学生开展廉洁修身教育;思想政治理论课承担部门及相关专业学院要积极将廉洁教育融入思想政治理论课教学和专业教学之中,并加强大学生廉洁教育理论与实践的研究工作。

4. 健全保障支撑机制

保障机制是为各项工作的顺利开展提供物质和精神的条件,也是大学生廉洁教育得以顺利开展的重要保证。深化大学生廉洁教育离不开制度、组织、资金等方面的保障。因此,加强大学生廉洁教育必须健全保障支撑机制。为此,第一,健全大学生廉洁教育制度保障机制。要通过制定大学生廉洁教育实施方案,健全责任制度、监督检查制度等,保证大学生廉洁教育各项工作的落实。第二,建立组织保障机制。要建立发挥管理干部、思想政治理论课教师、专业课教师、党团组织、学生会、研究生会及有关学生社团在大学生廉洁教育中重要作用的机制,建立培养热爱廉洁文化、乐于奉献、勇于实践的廉洁教育骨干的培训机制,以保证大学生廉洁教育工作的落实。第三,健全物质保障机制。首先,应设立大学生廉洁教育专项基金。学校要按照节俭的原则,把大学生廉洁教育专项经费纳入学校或校园文化建设的预算,保证教育经费落实。其次,应建设具有高校特色的廉洁教育设施,如图书馆、展览馆等,以及图书、报刊、广播、电视、网络等;还可以建设高校的人文景观,在情景交融、动静结合的氛围中彰显"以文化人"的廉洁教育功效。

5. 健全考核评价机制

科学的考核评价是做好大学生廉洁教育工作的指挥棒和强有力的动力。因此,在大学生廉洁教育中应健全考核评价机制。

首先,要健全大学生廉洁教育考核评价的指标体系。健全大学生廉洁教育考核指标体系,必须遵循以下原则:一是方向性原则,即符合教育部所规定的开展大学生廉洁教育的要求;二是科学性原则,即按照指标与指标之间的内在联系,明确评价指标的内容;三是系统性原则,即兼顾到指标的全面性,尽量以较少的指标较全面、系统地反映大学生廉洁教育的工作状况;四是可比性原则,即不同时期和不同对象间的比较;五是实用性原则,即指标体系的设立要便于操作。健全大学生廉洁教育考核指标体系,必须明确考核指标要素的构成,如对学校党委和工作部门的考核、对大学生廉洁教育形式的考核、对大学生廉洁教育效果的考核,等等。健全大学生廉洁教育考核指标体系,必须明确指标要素所占比重,对大学生廉洁教育的考核指标体系进行分解,确定指标的重要程度即确定权重系数,设计指标等级,为大学生廉洁教育的考核评价提供客观准确的依据。

其次,要采用切实可行的考核评价方法。大学生廉洁教育要按照定性和定量、年度和聘期相结合的方法开展。考核内容可以量化的指标尽量量化,不能量化的指标提出明确具体的定性要求。年初或聘期初公布包括考评指标体系、考核程序、考核时间等考核细则,使被考核对象明晰考核内容,年底或聘期末对照考核指标检验其完成情况。要加强对考核评价工作的过程管理,逐步建立针对工作中存在的问题进行“发现—反馈—整改”的工作机制。

最后,要注重考核评价结果的运用。在落实党风廉政建设责任制考核框架内,建立起一套行之有效的大学生廉洁教育考核评价体系,要与领导干部考察任用、教师评优奖励相挂钩,形成“有岗、有责、有流程、有评议、有奖惩”的机制。对工作有创新、实际效果好的部门单位和先进典型,给予必要的物质和精神奖励;对领导重视程度不够、工作开展不力的部门单位,给予批评警示。通过对考核评价结果的应用,调动做好大学生廉洁教育工作的主动性和积极性。

（二）拓宽大学生廉洁教育载体

载体是指能贮存、携带其他物体的事物,开展大学生廉洁教育离不开一定的载体。因此,为了加强大学生廉洁教育,必须不断拓宽教育载体。

1. 充分运用课堂教学载体

课堂教学是实现立德树人根本任务的主渠道,也是高校开展思想政治教育的主阵地。在高校开展大学生廉洁教育,就要紧紧抓住课堂教学这一载体,推进廉洁教育"进教材、进课堂、进头脑"工作。要注重把廉洁教育融入思想政治理论课教学中,纳入教材建设和各门课程建设之中。要科学制定廉洁教育教学计划,组织专家编写大学生廉洁教育专题教材,打造适合于大学生身心特点的廉洁教育课程体系。教师要善于突破陈旧的教学模式,探索符合廉洁教育内容的教学方式方法,通过充分利用现代教育技术手段,灵活运用案例教学、专题讨论、体验式教学等多种教学方法,增强课堂教学的感染力和吸引力,引导学生学习廉洁知识、增强廉洁意识。同时,还要利用好"课程思政"这一重要载体,深入挖掘专业课中的廉洁育人元素,将廉洁教育融入专业课教学之中,巧妙地在各专业课教学中渗透廉洁教育内容,在潜移默化中强化大学生对廉洁的认知,培养他们的廉洁理念,塑造他们的廉洁品格。

2. 充分运用校园活动载体

校园活动是大学生校园生活的重要内容,因此加强大学生廉洁教育可以充分运用校园活动载体。毛泽东指出:"人的正确思想是从哪里来的? 是从天上掉下来的吗? 不是。是自己头脑中固有的吗? 不是。人的正确思想,只能从社会实践中来。"①大学生的廉洁品质也要在实践中养成,校园活动是大学生在校内的主要实践活动。为此,高校要将廉洁教育与课余活动相结合,通过举办画展、摄影展、辩论赛、征文赛、演讲赛、知识竞赛、文艺汇演等活动,开展廉洁教育;在学生干部选举、入党、评奖评优、免试推荐等活动中,贯穿对学生的诚实守信教育、社会公德教育、职业道德教育、党纪国法教育等,使学生在愉悦的氛围中潜移默化地接受廉洁思想教育。

3.充分运用校园媒体载体

校园媒体是高校加强大学生廉洁教育的又一重要载体。校园媒体是指"在一所校园内以全体或部分师生为受众,且凭借校园内部教职工和学生作为参与者的公开出版发行的工具或载体"②。按照传统媒体类型来划分,校园媒体有三种类型:一是报纸、广播、电视等传统媒体,二是网络、手机等新媒体,三是户外媒体,包括招贴、横幅、海报、公告栏、宣传栏、报栏和展板等辅助性媒体。③ 由于校园媒体具有受众数量大、形式多样、内容丰富、信息发布及时、时间和空间灵活便利等特点,因而在高校大学生廉洁教育中具有十分重要的作用。在加强大学生廉洁教育中,要充分发挥校园媒体宣传遵纪守法、正直廉洁、诚实守信理念,引导大学生树立廉洁意识,践行廉洁自律,营造校园廉洁氛围的作用。要特别注重发挥新兴媒体的作用,在大学生廉洁教育中,可以借助网络这一载体积极构建集思想性、知识性、趣味性、服务性于一体的校园网络廉洁文化,加强对反腐倡廉信息的收集、研判和处置工作;广泛宣传党中央关于反腐倡廉的方针政策、重大决策部署,以及学校廉洁文化建设的情况,等等。近年来,大部分高校都建立了廉政网站,成为大学生接受廉洁教育的新阵地。廉政网站的开通不仅增强了廉洁理念的宣传

① 《毛泽东文集》(第八卷),人民出版社,1999年,第320页。
② 栾玉波:《中国高校校园媒体现状与发展研究》,浙江大学硕士学位论文,2011年。
③ 参见蒋俊佩:《高校校园媒体及其广告经营策略研究》,《思想战线专辑》,2009年第35卷。

力度,提高了工作效率,同时也有效地增强了广大师生和纪检监察部门的沟通和互动。手机已是学生生活中不可缺少之物,大学生廉洁教育可以借助手机的多种功能宣传廉洁知识和理念。

4.充分运用校园基础设施载体

校园基础设施也是加强大学生廉洁教育的重要载体。高校可以将大学生活动场所如学生活动中心、图书馆、体育场馆等建成融廉洁教育、文体活动、科教文化、娱乐休闲、社团活动、素质教育等功能为一体的素质培育基地和廉洁教育基地,增强廉洁教育的趣味性。如可以通过这些场所开辟学生廉洁作品专栏、宣传橱窗,以及反腐倡廉的名言警句和警示教育牌等,也可以利用这些场所开展书画比赛、征文比赛、歌咏比赛等丰富多彩的廉洁文化活动,使广大学生通过各种活动,在潜移默化中接受廉洁教育。

5.充分运用校园景观载体

校园景观是高校文化建设的重要载体,也是加强大学生廉洁教育的载体。以校园景观为载体就是将廉洁的理念寓于校园建筑、园林、雕塑等景观中,使其表现出高尚的人文精神,引导大学生树立以廉为荣、以贪为耻的良好品质。为此,高校要注重建设体现廉洁理念的校园标志性建筑,一是可以建立先进典型人物雕塑,如历史上铁面无私的包拯、刚直不阿的海瑞、两袖清风的于成龙等名垂青史的清官廉吏。在当代党员干部队伍中有焦裕禄、孔繁森、郑培民等一大批勤俭节约、艰苦奋斗、清正廉洁、立党为公、执政为民的优秀代表。无论是历史上的优秀人物还是当代的先进典型,在廉洁形象和廉洁思想上都是人们学习的楷模,以他们的形象做雕塑,是高校开展廉洁教育的很好教材。二是可以建立寓意深刻的景观。高校可以在校园的亭廊、文化石、绘画壁等文化景观中展现廉洁诗文、警句、对联、格言等,在假山、人工湖、亭台等自然景观中栽种有廉洁意义的青松、竹子、梅花、菊花、莲花等植物,使大学生感受到浓厚廉洁文化的熏陶。

（三）营造有利于大学生廉洁教育的社会环境

加强大学生廉洁教育不仅需要高校本身的努力,而且需要有利于大学生廉洁教育的社会环境,崇尚廉洁、贬斥腐败的社会舆论氛围,能够对大学生廉洁品质的形成起到很好的促进作用。

1. 加大廉洁思想的宣传力度

痛斥腐败、倡导廉洁、清气充盈的社会氛围并非自发而成,而是需要自觉地营造,即需要正确舆论的引导。

一是积极构建"大宣教"格局。要把廉洁教育纳入党的宣传教育总体布局,各级党委要将其提上议事日程,作为专题统一研究部署。要建立健全"大宣教"格局的工作体制机制,相关单位和部门要充分发挥工作职能,加强沟通、密切配合、形成宣传教育强大合力,推动反腐倡廉教育工作的深入开展。

二是充分发挥各种宣传媒体的作用。广播、电视、报纸、刊物等媒体是人们最为常见、最为有效的传播媒介,我们要充分发挥这些传播媒介的渗透作用,紧紧围绕人们的日常生活,积极宣传党的路线方针政策,深入报道党风廉政建设和反腐败工作的要求和任务,及时报道典型腐败案例以增强震慑效应,广泛宣传反映新时期反腐倡廉建设的新事物新典型,开辟专栏加强对热点问题的回应,积极开展监督批驳背离社会主义道德和廉洁文化主旨的错误言行和丑恶现象。要特别加大网络正面宣传和管理工作的力度,鼓励发布进步、健康、有益的信息,防止反动、消极、迷信等不良内容的传播。

三是充分发挥文学、娱乐作品在廉洁教育中的作用。电影、电视剧、摄影、戏曲等各类文艺作品的创作,要以其独特的形式和艺术魅力,讴歌领导干部和人民群众清正廉洁的道德风貌,鞭挞腐败、丑恶现象,加强对人们审美观念的引导,提倡高雅、健康的审美情趣,净化人们的心灵,达到优化人文环境的目的。

2. 积极树立为民务实清廉的先进典型

树立先进典型就是以先进人物的先进思想、先进事迹为范例,教育人们提高思想认识、政治觉悟和道德品质的一种方法,就是将抽象的廉洁理论教育,通过活生生的典型人物和先进事迹对人们开展教育,使其在精神上受到鼓舞,在感情上引起共鸣,从而引导人们去学习和效仿。以往,在廉洁教育中先进典型教育尚未引起大家的高度关注,在实际中较少运用。但随着党风廉政建设形势任务的深刻变化,廉洁教育的内容也不断拓展,人们在实践中开始注重选树廉洁典型。大力宣传既干事又干净,带头执行中央八项规定,正确对待和行使手中的权力,廉洁从政、公道正派,做到为民务实清廉的典型人物和事迹,作为广大干部和群众学习的榜样。如中央纪委监察部网站开辟了"勤廉楷模"专栏,报道各行各业中涌现出的廉洁勤政先进典型。天津市也定期表彰、宣传一批政治坚定、严守纪律、作风过硬、业绩突出、清廉正派、群众认可的廉政勤政优秀党员干部。加强先进典型的树立和宣传,有利于弘扬新风正气,对形成反对贪腐、崇尚廉洁的良好社会氛围起到巨大的推动作用。

3. 形成高校与家庭、社会的教育合力

加强大学生廉洁教育,高校是主导,但也离不开家庭、社会的积极参与、配合和支持。学校要注重整合社会资源,探索"学校-家庭-社会"廉洁教育新模式,创建"学校-家庭-社会"三位一体的大学生廉洁教育联动机制,形成良好的大学生廉洁教育外部环境。

一是要充分发挥家庭的作用。家庭是人生的第一个课堂,父母是孩子的第一任老师。家庭教育是大学生价值观形成的基础,良好的家庭环境对大学生廉洁意识的养成具有决定性的影响。只有每一个家庭都既承担起帮助孩子扣好人生的第一粒扣子,迈好人生的第一个台阶的重担,又承载起帮助孩子在为家庭谋幸福、为他人送温暖、为社会做贡献的过程中提高精神境界、培育文明风尚的重任,才能为孩子的健康成长打下良好的思想基础、品德基础和人格基础。父母在日常的言行举止中要注重品德修养、廉洁行事,身体力行地践行廉洁理念,引导子女从小就树立高尚的廉洁观;要用清廉家风熏陶子女,灌输勤俭持家、自立自强的家庭风尚,进行隐性的廉洁教育,避免过度溺爱而养成纨绔恶习。家长要与高校密切联系,及时关注学生的思想道德发展和学习生活情况,根据学校反馈的教育意见,共同实现培养优秀学生的目标。

二是要形成高校与社会廉洁教育的合力。高校可以通过"走出去"与"走进来"的方式来实现。所谓"走出去",主要是指学生走出校园、走进社会,如组织学生开展社会调查、生产劳动、公益活动、科技发明、勤工助学、见习实习等社会实践活动,借助社会的力量开展大学生廉洁教育。建立爱国主义教育、法制教育、革命传统教育、警示教育等基地;录制警示教育片,编写警示录、反腐案例等警示教材,为大学生廉洁教育提供平台。所谓"走进来",是指社会推进廉洁文化进校园,将党中央关于反腐倡廉的战略思想和指导方针,以及社会中优秀的廉洁思想、廉洁事迹、知名专家、道德楷模等请进校园,使大学生在日常管理、工作、学习中接受校外廉洁文化的陶冶和熏陶。

第五章 新时代大学生思想政治教育文化载体建设研究

党的十八大以来,习近平总书记高度重视文化建设在中国特色社会主义发展中的作用,反复强调:"文化是一个国家、一个民族的灵魂。"①文化不仅在社会发展中具有重要作用,在大学生思想政治教育中也具有重要作用。

一、新时代大学生思想政治教育文化载体建设的必要性

文化载体建设是大学生思想政治教育的重要内容,对推进大学生思想政治教育具有重要的价值。在中国特色社会主义新时代,更加凸显了文化载体建设的必要性和重要性。

---

① 中共中央宣传部:《习近平新时代中国特色社会主义思想学习纲要》,学习出版社、人民出版社,2019年,第138页。

（一）大学生思想政治教育文化载体深入发展之必需

思想政治教育载体是思想政治教育主体和客体相互联系、相互作用的中介因素，是思想政治教育得以开展的必要要素。随着社会向现代化的发展和思想政治教育实践的不断深入，思想政治教育的载体也愈益丰富。新时代文化软实力在综合国力竞争中的作用愈益凸显的态势，决定了文化必将成为思想政治教育的重要载体，在思想政治教育中发挥着越来越重要的作用。

文化载体具有鲜明的特点与作用：一是文化载体具有渗透性的特点，能够比较便捷地承载和传递思想政治教育内容，并在潜移默化中渗透于教育对象，使教育对象易于接受思想政治教育信息。二是文化载体具有联系教育者、受教育者及教育方法、教育环境等各要素的特点，使之起到促进思想政治教育各要素之间有效融合与沟通之作用。

新时代，伴随着我国高等教育改革的深入发展，大学生思想政治教育文化载体建设也进入了快速发展期。文化载体的形式不断拓展，内涵不断提升，功能不断增强。但我们也应清醒地认识到，大学生思想政治教育文化载体建设还不能完全适应新时代思想政治教育发展的要求，存在着对思想政治教育文化载体建设重视程度不够、保障机制不全、发展不平衡等问题。这些问题阻碍大学生思想政治教育文化载体的深入发展，必须予以解决。

为此，要深入推进文化载体的建设发展。推进文化载体建设深入发展，各地教育主管部门和高校必须高度重视，汇集各方面力量齐抓共管。国家和各地方教育主管部门要突出政策的引导和支撑、经费的投入和支持、评估体系的保障等。高校领导和建设实施部门要把文化载体建设列入学校改革发展和全面育人的总体规划，列入重要议事日程，把握建设方向，推动建设实施,做好统筹协调。文化载体建设不能只依靠学校某个部门或某个单一力量,要让全校师生充分认识到在文化载体建设中肩负的职责,树立全员参与和全员共建的意识,不断推进思想政治教育文化载体的深入发展。此外,文化载体建设还要体现统筹推进。不同的文化载体在大学生思想政治教育中的地位和发挥的功能是不一样的,精神文化载体是核心,物质文化载体是基础,制度文化载体是保障,行为文化载体是依托,网络文化载体是延伸。只有充分认识到每种文化载体所处的地位和优劣特点,才能根据具体的客观环境和条件,扬长避短地运用不同文化载体,发挥不同文化载体的协同合力,以最小的成本获取最大的教育效益。因此,加强大学生思想政治教育文化载体的建设,是大学生思想政治教育文化载体深入发展的需要。

(二)大学生思想政治教育文化载体研究深入发展之必需

自20世纪80年代思想政治教育学科设置以来,学科的基础理论研究经过几代学人的艰苦努力有了长足的发展,但是距离学科快速发展的要求还有相当的差距。关于思想政治教育载体特别是文化载体的研究就是明显的体现。目前大学生思想政治教育文化载体的研究取得了一定的成果,但还存在着诸多问题,其中最为突出的问题有:一是尚未形成较为完整的理论构架,对文化载体的相关问题还没有较为统一的认识;二是研究的内容大多趋同,研究层次相对肤浅,缺乏有分量的研究成果。大学生思想政治教育文化载体的研究在大学生思想政治教育中具有重要作用,会影响思想政治教育目标的实现、内容的落实。只有对文化载体的研究深入了,理论上清晰了,行动上才能够自觉。

为了在大学生思想政治教育实践中更好地发挥文化载体的作用,在新时代必须推进文化载体的研究。为此,一是要构建系统性的文化载体理论体系,形成较为完整的文化载体论;二是要推进文化载体研究的与时俱进,使文化载体的研究不仅集中在精神文化、制度文化、行为文化、物质文化等领域,而且要拓展到网络文化、手机文化等研究领域;三是加强文化载体协同性研究,按照主导性、层次性、整体性和有效性的要求,对现有文化载体的各种形态进行统筹规划、立体构建,在开展大学生思想政治教育过程中使得各种形态的文化载体形成优势互补、协同共进的发展态势。

(三)提高大学生思想政治教育育人实效之必需

育人的实效性是大学生思想政治教育的生命所在。没有实效性,一切思想政治教育都无从谈起。加强文化载体建设恰是提高思想政治教育育人实效的重要抓手之一。大学生思想政治教育是以大学生为主要对象的工作,要实现其教育学生、引导学生、助力学生成长的目的,就必须使之具有较强的吸引力。以文化作为载体有助于增强大学生思想政治教育的吸引力,促进思想政治教育内容为大学生所"内化"。文化载体通过发挥创设环境的作用,可以激活学生内化的情感或动机,通过其形象、生动、直观、渗透等特点,可以使思想政治教育生动活泼,让学生在不知不觉、潜移默化中接受思想政治教育,从而增强思想政治教育的感染力、影响力和吸引力。

当前我国大学生思想政治教育育人效果有了比较明显的提升,但是还没能达到党和国家的要求与期待,要进一步提高大学生思想政治教育育人的实效,必须高度重视文化载体的优势作用,加强文化载体的建设,自觉地将思想政治教育信息融入文化载体,通过文化载体的着意塑造,让学生在被熏陶和感染中产生共鸣,使文化载体的功效达到最大化,从而提高思想政治教育的育人实效。

二、对大学生思想政治教育文化
载体建设现状的审视

党的十八大以来,大学生思想政治教育文化载体在实践中不断创新发展,在载体形式、承载内容等方面推陈出新、与时俱进,但也还存在值得关注、亟须解决的问题。

(一)大学生思想政治教育文化载体建设取得的进展

进入新时代,以习近平同志为核心的党中央高度重视大学生思想政治教育,使之呈现出新的发展,大学生思想政治教育文化载体的建设也得到了相应的发展。

1.思想政治教育文化载体建设的重要性得到普遍认可

我们曾对大学生思想政治教育文化载体的认可度进行过调查,调查的结果显示,大学生普遍认为文化载体在高校思想政治教育中发挥着重要的作用。其中对精神文化载体的认可度最高。这说明随着社会的进步和我国文化的发展,文化力量和潜在的教育功能越来越凸显,大学生越来越意识到以校园文化为载体,是高校思想政治教育的内在要求和必然趋势。

2.传统文化载体仍发挥着重要作用

传统文化载体主要包括精神文化载体、物质文化载体、制度文化载体和行为文化载体,这些载体在新时代大学生思想政治教育中仍然占据着重要地位,发挥着积极作用。传统文化载体在大学生思想政治教育中发挥积极作用最突出的是行为文化载体。行为文化载体由于其活动形式多样,且具有贴近学生、趣味性较强等特点,因而受到大学生的喜爱和认可。

3.新兴文化载体学生接受度高,发展前景看好

新兴文化载体主要指网络文化载体。网络文化载体是新兴文化载体,虽然大学生接触时间较之传统文化载体并不长,但对网络文化载体建设表现出较高的兴趣和认可度。随着信息技术的迅猛发展,网络在大学生的日常学习、生活和工作中占据了越来越重要的位置。大学生思想政治教育工作者也努力做到与时俱进,将网络文化纳入高校思想政治教育文化载体之中,着力构建网络文化载体的新平台、新阵地,如各类红色主题网站、红色论坛专区、学科专家和辅导员博客等已经初具规模,体现出及时性、互动性等特点。与此同时,学生们也热衷于新媒体网络交流平台,如微博、微信等,这些平台共同在思想政治教育中发挥作用。

(二)大学生思想政治教育文化载体建设中存在的问题

在总结大学生思想政治教育文化载体建设取得进展的同时,也应看到建设中存在的问题,以便更有针对性地加强和改进大学生思想政治教育文化载体的建设。

1.各种形态文化载体的发展尚不平衡

大学生思想政治教育文化载体发展至今,各种形态的文化载体的建设并不平衡,比较突出的表现有:行为文化载体、网络文化载体发展较快,精神文化载体、物质文化载体、制度文化载体发展较慢或存在发展瓶颈。首先,精神文化载体作用发挥不明显,如相当部分学生对所在校的校徽、校训、校歌和大学精神的熟悉度较低。其次,物质文化载体发展存在瓶颈,主要是部分传统宣传媒体发展受限,如校报、校园广播、电视台等发展未能跟上时代的发展要求,对学生思想政治教育的功能尚未有效发挥。再次,对新兴宣传

媒体的开发使用还远远不足,如手机移动终端软件、网络自媒体等的应用还处于初级阶段,其独特的传播优势还没有得到充分体现。

2.文化载体承载的内容与形式创新不够

时代、社会在飞速变化发展,大学生思想政治教育文化载体在形式与内容上的改进和创新远跟不上发展要求,其集中体现在文化载体的形式与承载内容还显滞后、方式方法还较单一等。同时还存在重内容轻形式或重形式轻内容的情况。

3.文化载体建设协同发展优势未能较好体现

在大学生思想政治教育的过程中,各种形态的文化载体之间是相互依赖、相互联系、相互影响的。但在当前的文化载体建设中,部分高校由于经验不足、管理不够、协调不畅等问题,造成文化载体各形态的建设各自为政,仅从某一文化载体的角度进行规划、探索、实践,而没有将文化载体视为整体,没有使各形态的文化载体协同发展,形成合力,从而制约着文化载体整体作用的发挥。

(三)大学生思想政治教育文化载体建设中存在问题的原因分析

大学生思想政治教育文化载体建设过程中出现的诸多问题,都有一定的原因,厘清问题的原因有助于更好地解决问题。

1.对大学生思想政治教育文化载体的重要性认识不足

认识是行为的先导。大学生思想政治教育文化载体建设中存在的多种形态发展不平衡、承载的内容与形式滞后、协同发展优势没能较好体现的问题,与高校对文化建设和人才培养的重要性、文化作为载体对学生开展思想政治教育的必要性的认识不足直接相关。一些高校的领导受一定导向的影响,把学科建设、专业建设及师资队伍建设看作影响学校发展"最急迫的""硬指标",而将文化建设和思想政治教育视为"长线的""软"的东西,不能自觉地把更多的人力、财力投到思想政治教育和文化载体建设上来。认识不足必然导致重视不够,重视不够必然影响文化载体的建设。

2.对大学生思想政治教育文化载体系统性研究不够

载体论是高校思想政治教育基本理论中的重要内容,文化载体又是思想政治教育载体论中的重要内容。当前,对大学生思想政治教育文化载体的研究虽然取得了一定的成果,但还未形成一个完整的理论体系。其中,对大学生思想政治教育文化载体的理论基础、内涵特征、形态功能、运用原则尚缺乏较规范和统一的认识,对文化载体的起源、历史发展、方法运用等研究还较为欠缺;在研究较多的大学生思想政治教育文化载体的定义、类型、功能、开发运用等方面的研究层次还较浅显;对不同类型高校、专业大学生思想政治教育文化载体差异化的研究还较薄弱。理论上的模糊会带来实践中的盲目,对大学生思想政治教育文化载体研究的不足,也制约了文化载体建设的发展,导致建设中的诸种问题。

3.对大学生思想政治教育文化载体整体协调不利

大学生思想政治教育文化载体各形式之间不是孤立存在的,而是相互联系、相互影响、相互补充、相互渗透的。其中精神文化载体是核心,物质文化载体是基础,制度文化载体是保障,行为文化载体是依托,网络文化载体是延伸。先进且恰当的思想政治教育文化载体是建立在全面协调、整体发展基础之上的。缺乏对其整体性和各形式所长与所短的正确认识,就不能做到扬长避短、最大限度地开发和运用好文化载体。在大学生思想政治教育中,往往忽视文化载体的整体协同发展,普遍重视看得见、摸得着的物质文化载体建设,而对看不见、摸不着的精神文化载体建设则重视不够,由此造成大学生思想政治教育文化载体的整体建设不够,资源分散,难以发挥其综合效应。

4.大学生思想政治教育文化载体建设创新性不够

"以文化为载体,就是要发掘文化内涵的思想政治教育资源并赋予其时代的意义,同时将思想政治教育的新内容渗透到文化中,从而使文化对人产生积极影响。"[1]大学生思想政治教育文化载体的发展建设,关键是不能墨守成规,必须做到开拓创新、与时俱进。实践表明,随着大学生思想政治教育的创新发展,文化载体的建设也应及时跟进。但是目前大学生思想政治教育文化载体建设的创新性不足、发展速度不快,从而影响了文化载体的效果。因此,创新意识不够、创新勇气不足、创新行为缺乏,也是大学生思想政治教育文化载体存在问题的原因。

三、破解大学生思想政治教育文化载体建设中存在问题的理论依据

破解大学生思想政治教育文化载体建设中存在的问题,必须以马克思主义的文化观为指导。马克思主义文化观主要包括马克思和恩格斯关于社会文化的思想和中国化马克思主义关于文化建设的思想。

(一)马克思和恩格斯关于社会文化的思想

马克思和恩格斯关于社会文化的基本思想,为破解大学生思想政治教育文化载体建设存在的问题提供了理论与方法指导。从大学生思想政治教

---

① 陈万柏、张耀灿:《思想政治教育学原理》,华中师范大学出版社,2009年,第210页。

育文化载体建设的视角,马克思和恩格斯关于社会文化的基本思想主要体现在以下两个方面:

1. 建立在现实的人及其实践基础上的文化思想

从现实的个人出发是马克思和恩格斯确立文化观的理论前提。作为唯物史观形成的代表作《德意志意识形态》开宗明义地指出:"我们开始要谈的前提不是任意提出的,不是教条,而是一些只有在臆想中才能撇开的现实的前提。这是一些现实的个人,是他们的活动和他们的物质生活条件,包括他们已有的和由他们自己的活动创造出来的物质生活条件。因此,这些前提可以用纯粹经验的方法来确认。"①马克思和恩格斯通过对德国古典哲学"抽象的人"和"想象出来的人"的批判,实现了由抽象的人到现实的个人转变,确立了人类存在的前提,当然也是人类文化得以存在的前提。"意识在任何时候都只能是被意识到了的存在,而人们的存在就是他们的现实生活过程","不是意识决定生活,而是生活决定意识"。② 马克思和恩格斯从社会意识依赖于社会存在,即依赖于人们的生产生活实践活动的基本原理出发,确立了文化观的理论基础。这是马克思主义文化思想区别于哲学史上其他哲学家思想的根本特征,表明了唯物史观的文化观与天启神示的文化观、理性决定论的文化观划清界限,并从唯心主义的迷雾中解脱出来。社会存在与社会意识的辩证关系揭示了文化根源于社会生活,这就为考察和描述人类文化及其历史找到了现实的前提,也确立了文化观的理论基础。

正确认识现实的人及其实践基础上的历史唯物主义文化观,是进行大学生思想政治教育文化载体研究和破解文化载体建设中存在问题的理论依据。把思想政治教育对象作为处于社会实践活动中的"现实的个人"而非抽

---

① 《马克思恩格斯文集》(第一卷),人民出版社,2009 年,第 516、519 页。
② 同上,第 525 页。

象的、孤立的个人来看待,是思想政治教育活动的出发点。因此,在大学生思想政治教育文化载体建设过程中,要把教育对象看作处于一定社会实践活动中的个人,充分考虑教育对象的需要,力求使文化载体能够适合大学生的思想特点,满足大学生的心理需求,以发挥其有效的作用。同时,还要使思想政治教育文化载体跟上时代、社会的发展,积极创新文化载体,使其跟上大学生思想和心理的发展。

　　2.以意识形态性为核心的文化思想

　　马克思和恩格斯主要是在社会结构层面使用意识形态概念的,而且他们总是使用"统治阶级的思想""阶级意识""观念上层建筑"等词语来表达意识形态的含义。作为社会结构中的"观念上层建筑"的文化之所以具有意识形态性,或者说马克思和恩格斯把意识形态性作为文化的核心,归根结底是由社会所处的经济基础决定的。马克思指出:"在不同的财产形式上,在社会生存条件上,耸立着由各种不同的、表现独特的情感、幻想、思想方式和人生观构成的整个上层建筑。"[①]唯物史观认为,一个社会的结构是由生产力、生产关系、经济基础和上层建筑(包括政治上层建筑和思想上层建筑)构成,其中生产力是最终的决定力量,决定着生产关系(经济基础)和上层建筑,经济基础直接决定着政治上层建筑和思想上层建筑。经济基础在阶级社会具有阶级性,因而上层建筑在阶级社会亦具有鲜明的阶级性。具有阶级性的思想上层建筑即意识形态。文化属于社会的思想上层建筑,因此具有意识形态性。马克思和恩格斯指出:"统治阶级的思想在每一时代都是占统治地位的思想。这就是说,一个阶级是社会上占统治地位的物质力量,同时也是社会上占统治地位的精神力量。"[②]统治阶级不仅是物质生产的支配

---

　　① 《马克思恩格斯文集》(第二卷),人民出版社,2009年,第498页。
　　② 《马克思恩格斯文集》(第一卷),人民出版社,2009年,第550页。

者,作为思维着的人,还是精神生产的控制者,调节着自己时代思想的生产和分配。文化的意识形态性正是作为"统治阶级的维护意识"表现出来的,统治阶级不仅将体现自身利益和要求的政治的和法律的思想、哲学、道德、宗教和艺术等意识形态诸形式作为思想文化,也将其灌输给全体社会成员以维护自身的统治基础。

文化载体属于思想上层建筑范畴,因此研究大学生思想政治教育文化载体的建设必须坚持意识形态性,突出其政治性和方向性,充分发挥文化载体的意识形态作用。

(二)中国化马克思主义关于社会主义文化建设的思想

新中国成立以来,尤其是党的十八大以来,党中央高度重视中国特色社会主义文化建设,形成了中国特色社会主义文化建设思想,为破解大学生思想政治教育文化载体建设中存在问题提供了理论指导。

1. 社会主义文化建设方针思想

中国共产党在社会主义革命和建设实践中,以马克思主义文化思想为指导,密切结合我国革命和建设的实际,积极探索社会主义文化建设的方针。毛泽东根据新中国文化发展的迫切要求,提出了"百花齐放、百家争鸣"的方针,并认为这是促进艺术发展和科学进步的方针,是促进我国社会主义文化繁荣的方针。[①] 毛泽东倡导文艺和学术自由,允许和鼓励艺术的不同形式和不同风格,允许和鼓励学术研究不同学派的自由争论,从而促使社会主义文化在相互竞争、相互切磋、取长补短、共同进步中保持活力,在多样化的发展中实现统一。邓小平在改革开放新的历史条件下,继承和发展了马克

---

① 参见《毛泽东文集》(第七卷),人民出版社,1999年,第229页。

思主义和毛泽东的文化思想,特别强调:"精神文明建设是实现四个现代化的重要保证"①,提出"我们要在建设高度物质文明的同时,提高全民族的科学文化水平,发展高尚的丰富多彩的文化生活,建设高度的社会主义精神文明"②。进入 21 世纪,江泽民从"三个代表"重要思想出发,突出强调了"一个民族、一个国家,如果没有自己的精神支柱,就等于没有灵魂,就会失去凝聚力和生命力。有没有高贵的民族精神,是衡量一个国家综合国力强弱的一个重要尺度"③。"建设有中国特色社会主义的文化,就是以马克思主义为指导,以培育有理想、有道德、有文化、有纪律的公民为目标,发展面向现代化、面向世界、面向未来的,民族的科学的大众的社会主义文化。"④胡锦涛从科学发展观出发,指出:"和谐文化既是和谐社会的重要特征,也是实现社会和谐的精神动力。建设和谐文化,是构建社会主义和谐社会的重要任务,也是构建社会主义和谐社会的重要条件。"⑤党的十八大以来,社会主义文化建设被提到一个新的战略高度,更加强调文化建设在实现中华民族伟大复兴中的重要地位。习近平总书记在文艺工作座谈会上强调:"一部好的作品,应该是把社会效益放在首位,同时也应该是社会效益和经济效益相统一的作品。文艺不能当市场的奴隶,低俗不是通俗,欲望不代表希望,单纯感官娱乐不等于精神快乐。"⑥

2. 社会主义文化建设原则思想

在社会主义文化发展方向问题上,党中央提出坚持以马克思主义为指

① 《邓小平年谱(一九七五——一九九七)》(下),中央文献出版社,2004 年,第 838 页。

② 《邓小平文选》(第二卷),人民出版社,1994 年,第 208 页。

③ 中共中央文献研究室:《十五大以来重要文献选编》(上),中央文献出版社,2000 年,第 753 页。

④ 《江泽民文选》(第二卷),人民出版社,2006 年,第 17 页。

⑤ 中共中央文献研究室:《十六大以来重要文献选编》(下),中央文献出版社,2008 年,第 753 页。

⑥ 《习近平在文艺座谈会上的讲话》,《光明日报》,2014 年 10 月 15 日。

导,为人民服务、为社会主义服务的根本原则。毛泽东早在1942年延安文艺座谈会上就指出:"为什么人的问题,是一个根本的问题,原则的问题。"①为人民服务、为社会主义服务的方针,解决了为什么人的根本问题,体现了社会主义文化的性质。20世纪90年代以来,江泽民提出社会主义文化建设要"以科学的理论武装人,以正确的舆论引导人,以高尚的精神塑造人,以优秀的作品鼓舞人"②。胡锦涛在如何服务人民问题上,提出了"坚持以人为本,贴近实际、贴近生活、贴近群众"的原则。2008年1月,胡锦涛在全国宣传思想工作会议上的讲话中指出:"充分发挥人民主体作用,把人民是否满意作为根本准则,尊重差异、包容多样,努力满足人民多层次、多方面、多样化的精神文化需要,让人民共享文化发展成果,促进人的全面发展。"③党的十八大以后,习近平总书记强调:"社会主义文艺,从本质上讲,就是人民的文艺。文艺要反映好人民心声,就要坚持为人民服务、为社会主义服务这个根本方向。这是党对文艺战线提出的一项基本要求,也是决定我国文艺事业前途命运的关键。"④在新时代中国特色社会主义文化的建设中,要把坚持为人民服务、为社会主义服务作为社会主义文化建设的根本原则。

3. 社会主义文化载体建设的思想

毛泽东无论是在新民主主义革命时期还是在社会主义革命与建设时期,都高度重视报纸在文化宣传中的喉舌作用,要求领导干部要始终把报纸抓在手里,把报纸作为组织一切工作的武器。邓小平面对改革开放后精神文明建设薄弱的情况,强调物质文明和精神文明"两手抓,两手都要硬",提出开展五讲四美三热爱活动,以教育全国人民做到有理想、有道德、有文化、

---

① 《毛泽东选集》(第三卷),人民出版社,1991年,第857页。

② 江泽民:《论党的建设》,中央文献出版社,2001年,第125页。

③ 中共中央宣传部、中共中央文献研究室:《论文化建设——重要论述摘编》,学习出版社、中央文献出版社,2012年,第46页。

④ 《习近平在文艺座谈会上的讲话》,《光明日报》,2014年10月15日。

有纪律。① 江泽民指出："从上到下的一切思想文化阵地,包括理论、新闻、出版、报刊、小说、诗歌、音乐、绘画、舞蹈、戏剧、电影、电视、广播、网络等,都应该成为我们宣传科学理论、传播先进文化、塑造美好心灵的阵地。"②他还提出:"要用马克思主义和社会主义思想去指导理论、宣传、教育、新闻、出版、文学艺术等部门的工作,去占领思想文化阵地和舆论阵地,丰富群众的精神生活。"③党的十六大以来,面对复杂的国内国际形势,胡锦涛在社会主义文化建设上,一方面强调要"坚持两手抓,一手抓公益性文化事业,一手抓经营性文化产业"④。另一方面,文化要"走出去",要着眼于世界文化发展的前沿,发扬民族文化的优秀传统,汲取世界各民族的长处,在内容和形式上积极创新,不断增强中国特色社会主义文化的吸引力和感召力。⑤

党的十八大以来,习近平总书记特别强调文化载体的建设和监管,着重强调了网络的建设,指出:"互联网日益成为创新驱动发展的先导力量,深刻改变着人们的生产生活,有力推动着社会发展……建立多边、民主、透明的国际互联网治理体系。"⑥

党的历届主要领导人提出的关于社会主义文化建设方针、原则和载体的思想,为破解大学生思想政治教育文化载体建设中存在的问题提供了方向性的指导和遵循。

---

① 参见《邓小平文选》(第三卷),人民出版社,1993 年,第 110 页。

② 《江泽民文选》(第三卷),人民出版社,2006 年,第 97 页。

③ 中共中央文献研究室:《十三大以来重要文献选编》(中),人民出版社,1991 年,第 626 ~ 627 页。

④ 中共中央文献研究室:《十六大以来重要文献选编》(上),中央文献出版社,2005 年,第 345 页。

⑤ 参见中共中央文献研究室:《十六大以来重要文献选编》(上),中央文献出版社,2005 年,第 29 ~ 30 页。

⑥ 习近平:《致首届世界互联网大会贺词》,《光明日报》,2014 年 11 月 20 日。

四、新时代加强大学生思想政治教育 文化载体建设的策略

大学生思想政治教育文化载体建设是一项系统工程,加强新时代大学生思想政治教育文化载体建设,要以党的十八大提出的立德树人根本任务为总的指导思想,明确建设的目标、把握建设的原则、丰富建设的内容、完善建设的保障机制。

(一)明确大学生思想政治教育文化载体建设的目标

目标是行动的指南,明确目标是文化载体建设的前提和方向。新时代大学生思想政治教育文化载体建设的目标是:促进大学生正确价值观的形成,传承大学精神,营造高校立德树人的氛围,实现大学生的全面发展。

1. 促进大学生正确价值观的形成

高校立德树人的历史使命要求将促进大学生正确价值观的形成作为思想政治教育文化载体建设的目标。当代世情国情党情的变化,带来了社会多样化的价值选择、多元化的价值取向,对于青年大学生来说,思想上的矛盾和困惑成为他们面临的重大人生问题。大学时期,是个体逐步从依赖走向独立的重要时期,更是价值观形成和确立的关键时期,抓好这一时期的价值观养成十分重要。习近平总书记在 2014 年 5 月 4 日与北京大学师生座谈会上指出:"青年价值观的养成就像穿衣服扣扣子一样,如果第一粒扣子扣

错了,剩余的扣子都会扣错。人生的扣子从一开始就要扣好。"①党的十八大提出的社会主义核心价值观旗帜鲜明地提出了要坚持什么、倡导什么,反对什么、抵制什么,为大学生应坚持什么样的价值取向和价值追求指明了方向。高校作为人才培养的摇篮,弘扬和践行社会主义核心价值观,促进大学生形成正确的价值观,是高校的责任和使命。因此,大学生思想政治教育文化载体建设要将促进大学生正确价值观的形成作为建设目标。

为了促进大学生正确价值观的形成,首先要将社会主义核心价值观贯穿到高校校园文化载体的建设中去,引导大学生在实践、认识的反复循环过程中认同社会主义核心价值观。要把民族精神和时代精神有机结合融入文化载体建设之中,引导大学生正确认识社会发展变化,确立正确的人生坐标,树立符合时代发展和社会进步要求的正确价值观。其次,要加强高校校训校史、校风学风、大学章程、文化活动、文化环境等文化载体建设,传承与弘扬大学的核心价值观,充分发挥其价值导向作用,促进大学生确立正确的价值观。再次,发挥文化载体的"渗透性"作用,潜移默化地促进大学生价值观的形成。文化具有渗透性特征,寓于高校文化载体建设中的思想政治教育信息,能在不知不觉、有意无意、润物细无声中影响着包括价值观在内的大学生的思想和行为。

2. 传承大学精神

大学精神的独特作用决定了将传承大学精神作为思想政治教育文化载体建设的目标。大学精神集中体现了一所大学独特、鲜明的个性和办学理念,是高校经过长期历史积淀形成的精神力量,是被历史证明的价值理念,它反映着一所大学不断追求的目标,是大学人集体信念的体现。大学精神一旦形成,就支配着每一位大学人的行动方向,塑造着大学人的理念,熏陶

---

① 《习近平在北京大学师生座谈会上的讲话》,《中国青年报》,2014 年 5 月 5 日。

着大学人的气质,促使其自觉按照大学精神的准则调节和规范自身行为。传承大学精神,能够促进大学生思想政治教育的开展,实现大学生思想政治教育的目标。中国高校的大学精神,体现着中国特色社会主义建设者和接班人的精神要求和价值观念,体现着社会对大学生应当具备素质的预设,也引导大学生向着社会需要的既定方向前进,并为大学生提供前进的动力,激发他们为实现人生理想而奋斗的激情和勇气。大学精神激励学生历练品质、砥砺品德、陶冶情操,促使学生具有高尚的追求,这与大学生思想政治教育的要求和目标是一致的。因此,传承大学精神是大学生思想政治教育文化载体建设的目标之一。

大学精神的传承主要通过大学办学理念、定位,以及学风、教风与校风等文化要素实现。大学精神既是大学人集体意识的内驱动力,又是大学人形成集体认同感、归属感、责任感和荣誉感的向心力和凝聚力的体现。大学精神是大学的精神自觉,是一所高校发展的历史积淀。大学精神要不断锻造、提炼和培育,通过一系列文化要素来实现。大学生思想政治教育文化载体的建设过程就是一个传承与创新大学精神的过程,就是要在大学发展的历史传统和当代语境中,将由历届师生累积、共同建构而形成的动态精神资源进行传承与创新,并从传承与创新的相互激荡中获得大学精神发展的文化动力,使其既反映国家、民族和大学的优良传统,也符合当代社会的发展趋势,并与当代社会对青年大学生的现实需求相适应。通过大学精神的传承,使青年大学生在潜移默化中接受共同的价值引导、文化养成、气质熏陶、意志磨炼和人格塑造,约束其自身的行为,自觉地正视道德冲突,明辨是非界限,逐步建立起正确的价值取向和人生追求,塑造优良的个性品格。

为了保证大学精神顺利传承,高校要通过确立科学的办学理念,凝练体现学校文化底蕴的校训、校歌、校徽,发挥名师的示范激励作用,建立符合学校自身特点的校风、教风、学风,开展深入系统的校史校情教育,创造体现和实现大学精神的文化环境,创造大学精神生根发芽的土壤,倡导并践行大学精神。

3.营造高校立德树人的氛围

教育的根本任务决定了将营造高校立德树人的氛围作为大学生思想政治教育文化载体建设的目标。教育是一种社会活动,它区别于其他事物的本质属性,是对人的培养。传统社会把责任教育隐含在知识传授和情感熏陶之中,现代教育应开宗明义,以道德教育体现人的自觉意志,也使人产生自觉意志。① 高校作为培养社会高素质人才的基地,对大学生进行思想政治教育的实质和根本任务在于立德树人。"人创造环境,同样,环境也创造人。"优良的校训、校风、学风,严格的大学制度文化,优美的大学物质文化环境,完善的教育教学设施和文明、高雅、和谐的校园氛围,可以提升大学生的思想品质。大学生思想政治教育文化载体建设,就是要运用文化的优长和功能为大学生树立崇高的理想信念,追求高尚的道德情操,激发强烈的道德情感,培养坚定的意志品质,养成良好的行为习惯,使之具备一个负责任的社会公民所应有的良好品德和人格形象,使之成为社会主义的合格建设者和可靠接班人。党的十八大提出立德树人是教育的根本任务,作为大学生思想政治教育重要组成部分的文化载体建设的目标,也应是为实现高校立德树人根本任务营造良好环境。

为了有效地营造高校立德树人的氛围,首先要将思想政治教育内容渗透到作为文化载体之一的文化活动之中,使大学生在参与、实施活动的过程中,潜移默化地受到正确世界观、价值观和人生观的教育。同时,要不断丰富文化活动层次,全力打造崇尚真理的学术文化、高雅大气的艺术文化、竞争协作的体育文化,建设健康向上的网络文化、重在参与的社团文化、友爱

① 参见程东峰:《责任伦理导论》,人民出版社,2010 年,第 117 页。

包容的宿舍文化,真正提升文化育人的水平。

4. 实现大学生的全面发展

高校的培养目标要求将实现大学生的全面发展作为大学生思想政治教育文化载体建设的目标。人的全面发展是指社会每个成员都能在需要、活动、能力、关系各个方面得到全面发展。马克思和恩格斯在《德意志意识形态》一书中提出了"个人的全面发展"这一科学概念,并对其基本含义作了阐述。所谓人的全面发展,就是"全面地发展自己的一切能力""把不同社会职能当做互相交替的活动方式"①的个人。人的全面发展,是人要以一种全面的方式,作为一个完整的人,占有自己全面的本质,包括人的需要的全面满足、能力的全面提高、社会关系的全面丰富、个性的全面发挥等丰富内容,即人的全面、自由、和谐的发展。大学生的全面发展是指其综合素质的全面发展,其包括思想道德素质、科学文化素质和身心素质三个有机组成部分,其中,思想道德素质是灵魂,科学文化素质是关键,身心素质是前提和基础。因此,大学生的全面发展必然是思想道德素质、科学文化素质和身心素质的全面、协调、可持续发展。高校的培养目标是德智体美劳全面发展的人,因而也是大学生思想政治教育文化载体建设的目标。

为了实现大学生全面发展的目标,首先要加强大学生思想政治教育精神文化载体的建设,实现精神引领人。通过大学精神、校训、校风的熏陶,帮助大学生构建乐观向上的精神家园,为全面发展提供精神动力和思想保障。其次,要完善高校制度载体建设,实现管理育人。制度构成人的发展的现实空间,直接制约着人的发展。高校的管理体制、组织机构和规章制度,应着眼于大学生的发展,为大学生各种才能的施展以及个体价值的实现和自由个性的成长,提供可以塑造和训练的空间,使大学生的发展更加丰富多彩。

———————

① 《马克思恩格斯全集》(第 44 卷),人民出版社,2001 年,第 561 页。

再次,要加强高校校园行为文化建设,实现活动育人。要积极开展各种有益活动,激励每个大学生努力学习科学文化知识,掌握各种新技能,同时借助交往过程中形成的整个校园行为文化成果来丰富自己,提高自身素质,发挥自身潜力,实现个人的全面发展。

(二)把握大学生思想政治教育文化载体建设的原则

原则是行动或实践所依据的法则或标准,是规律的具体体现。大学生思想政治教育文化载体建设必须始终坚持方向性原则、以学生为中心原则、系统性原则、创新性原则和显性与隐性相结合原则。

1.方向性原则

大学生思想政治教育文化载体建设的方向性原则,是指文化载体建设要坚持社会主义方向,体现社会主义的本质要求。大学生思想政治教育文化载体建设之所以坚持方向性原则,是因为只有坚持这一原则才能保证大学生思想政治教育文化载体建设的正确方向。新时代我国处于改革开放深入发展时期,东西方文化交流日益增多,各种思想文化的碰撞愈发激烈、斗争愈加复杂而尖锐,马克思主义意识形态的主导地位和领导权、话语权面临诸多挑战,这一切决定了大学生思想政治教育文化载体的建设必须保证方向正确,即保证马克思主义的主导地位,坚持社会主义核心价值观导向。

在大学生思想政治教育文化载体建设中坚持方向性原则,首先要在文化载体的设计和选择上坚持正确的方向,即以是否体现马克思主义,特别是习近平新时代中国特色社会主义思想为指导,是否突出中国特色社会主义共同理想和社会主义先进文化为标准选择和设计文化载体。其次,要在文化载体的运用上坚持方向性原则,即思想政治教育工作者在运用精神文化载体开展思想政治教育时,要注重培育体现中国特色、时代特征和学校特点的校园精神文化,运用砥砺传承的大学精神和优良的校风学风引领学生、感染学生;在运用行为文化载体、网络文化载体开展思想政治教育时,要牢牢把握活动主旨与主流意识形态、与社会主义文化要求相契合,让积极健康向上的文化活动潜移默化地浸润学生的心灵。

2.以学生为中心原则

大学生思想政治教育文化载体建设坚持以学生为中心的原则,是指大学生思想政治教育文化载体建设要把大学生的全面发展作为出发点和归宿,从适宜大学生成长的角度出发设计、开发和运用载体,做到以尊重学生为前提、以服务学生为方向、以发展学生为归宿。大学生思想政治教育文化载体建设之所以将以学生为中心作为基本原则,是因为只有坚持以学生为中心原则,才能确保文化载体建设的有效性。大学生思想政治教育的教育对象是大学生,作为思想政治教育文化载体的建设,只有适合大学生的发展状况和发展特点,符合大学生成长发展的规律,满足大学生个性发展的需要,才能达到思想政治教育的目的。

在大学生思想政治教育文化载体建设中坚持以学生为中心原则,首先要尊重学生的主体地位,即教育者在文化载体建设过程中要将促进学生成长发展作为工作的出发点和落脚点,以开放、平等的心态,尊重并发挥大学生的主体性作用,准确把握大学生的思想特征和日常行为心理,用心倾听大学生的声音。其次,要充分发挥学生的主动性和创造性,即在文化载体建设过程中要引导大学生积极参与文化载体建设的实践活动,选择自己喜爱并适合自己的校园文化活动。再次,要贴近学生,易于学生接受。精神文化载体建设要注重通过学校史、唱校歌、戴校徽引导大学生传承大学精神,通过每个大学生参与的良好班风、宿舍风气的培育,凝练优良校风学风;制度文化载体建设要注重通过不断健全完善体现引导人、服务人、发展人理念的校园制度,使大学生更自觉地规范自身行为,在不自觉中向校园制度体系靠近;行为文化载体建设要注重树立身边的师生典型,通过师生传导和朋辈传导使大学生自觉地向身边榜样学习,自觉接受教育和感染;物质文化载体建设要注重营造美丽优雅的校园环境,使大学生不自觉地爱上母校的山水花草和学习环境,潜移默化地受到浸润和熏陶;网络文化载体建设要更好地服务学生学习和生活需求,增强网络思想政治教育的效果。

3. 系统性原则

大学生思想政治教育文化载体建设坚持系统性原则,是指大学生思想政治教育文化载体建设是包含精神文化载体、制度文化载体、行为文化载体、物质文化载体、网络文化载体等在内的全面的建设,必须坚持系统性思维和系统性方法。大学生思想政治教育文化载体建设之所以将系统性作为基本原则,是因为思想政治教育文化载体本身是一个复杂的系统,其中既包括建设目标、组织体系和机制等保障方面的系统,又包括精神文化载体、物质文化载体、制度文化载体、行为文化载体和网络文化载体等内容方面的系统。只有使整个系统和各分系统内的要素平衡、协调发展,充分发挥系统内各组成部分的作用,才能使系统形成合力,产生"1+1大于2"的力量。

在大学生思想政治教育文化载体建设中坚持系统性原则,首先要在文化载体的建设上体现系统性思维,即处理好各种要素之间的上下、左右、内外的综合协调,做到既有整体规划,又有分工负责,培育积极向上的精神文化载体、健全规范的制度文化载体、文明和谐的行为文化载体、环境优良的物质文化载体和健康有序的网络文化载体,使之相互取长补短,相互融合、补充和渗透。其次,要在文化载体的实施主体与客体上体现系统性思维,即充分发挥高校教师和大学生两方面的作用。一方面,要发挥高校老师(包括专职思想政治教育工作者、任课教师和从事管理与服务人员)的作用,使他们在不同的岗位上发挥着教育主体教书育人、管理育人和服务育人的职责;另一方面,要发挥文化载体的作用对象——大学生的作用,吸引、激励大学生自觉接受文化载体蕴含的思想政治教育内容,增强文化载体的教育效果。

4.创新性原则

大学生思想政治教育文化载体建设的创新性原则,是指高校在深刻把握大学生思想政治教育文化载体建设规律的基础上,结合新时代的新变化、新要求,发展、创新文化载体形式,增强文化载体对广大学生的吸引力。大学生思想政治教育文化载体建设之所以将创新性作为基本原则,是因为创新是新时代发展的迫切要求,也是新时代大学生思想政治教育文化载体建设发展的需要。文化载体作为大学生思想政治教育的中介,必然会随着时代的变迁和社会环境,以及大学生特点的变化与时俱进、不断创新,使文化载体保持活力,充分发挥功效。

在大学生思想政治教育文化载体建设中坚持创新性原则,首先要增强创新意识,即大学生思想政治教育者必须具有较强的创新意识,坚持文化继承、借鉴与创新相统一。在继承思想政治教育历史传统和经验的同时,不断根据时代和社会的变化发展要求,对其进行吸收和改造,将最新的科学理论、最新的思想观念充实到高校思想政治教育文化载体建设中,增强其时代感和吸引力。在借鉴国外现代观念和先进经验的同时,结合本国的特点进行创新。其次,要主动开展创新性实践,即根据各高校的特点,在文化载体的设计、运用与开发实践中,积极探索创新,不断推进大学生思想政治教育文化载体的发展。

5.显性与隐性相结合原则

大学生思想政治教育文化载体建设的显性与隐性相结合原则,是指在大学生思想政治教育文化载体建设过程中,将显性与隐性两方面有机结合,推进思想政治教育文化载体的建设。大学生思想政治教育文化载体建设之所以将显性与隐性相结合作为基本原则,是因为思想政治教育包括显性教育和隐性教育,作为教育的文化载体也包括显性文化载体(物质文化载体和行为文化载体等)与隐性文化载体(精神文化载体等)。为此,在文化载体的建设中应自觉地将显性与隐性两种载体相结合,使可视可触载体与熏陶载体相互补充、相互促进、相得益彰,发挥合力作用。

在大学生思想政治教育文化载体建设中坚持显性与隐性相结合的原则,首先要强化显性教育与隐性教育相结合的意识,即思想政治教育者要充分认识显性文化载体与隐性文化载体及其结合的重要性,在文化载体的建设中自觉地将显性与隐性相结合。其次,要在文化载体建设中使显性教育载体与隐性教育载体协调发展,即在大学生思想政治教育文化载体建设中,注意克服或重显性载体轻隐性载体,或重隐性载体轻显性载体的偏向,促进两种文化载体同步进行,协调发展,实现寓教于境、寓教于情、寓教于行。

(三)丰富大学生思想政治教育文化载体建设的内容

建设大学生思想政治教育文化载体,必须加强各种类型文化载体的建设,促进其协调发展。

1. 加强校园精神文化载体建设,实现大学精神育人

校园精神文化是大学的内隐文化,是校园文化的深层内涵,是在学校长期的建设和发展中积淀形成的一种办学理念、文化传统、价值追求和行为准则。在大学生思想政治教育文化载体建设中,精神文化载体建设是核心。精神文化所具有的沉积性、隐渗性和持久性等特点,决定了精神文化载体具有"水滴石穿""随风潜入夜、润物细无声""桃李不言、下自成蹊"的作用。校园精神文化所创设的、凸显学校风范的精神氛围,常常在不知不觉中弥漫于整个校园,起到启迪人、感染人的作用。置身其中的大学生,会自然而然地感受到大学精神对自己心灵的净化、心理的支撑和情感的熏陶。正如有学者指出的:"校园精神文化作为学校团体的精神,体现着一种高尚的'品

位',它以一种潜移默化的形式对校园人的精神世界产生久远的影响,这种影响或许是缓慢的、不经意的,但却能均匀地影响人的精神世界——校园精神一旦形成,就会持久地存续下去,正如其形成一样是一个渐进的过程,它的发展和走向不是任何人可以任意规定。"①

加强大学生思想政治教育精神文化载体建设,主要包括两个方面:

一是凝练大学精神。大学精神是高校精神文化的重要组成部分,是在大学建立和发展过程中形成的独特气质,是大学生命力的源泉。大学精神的实质是自由精神、科学精神与人文精神、创新精神。大学精神对高校师生的精神境界、思想觉悟及行为养成将产生深远的影响。做好凝练大学精神工作需要从以下方面着手:首先,撰写校史,建设校史馆,使之成为学生了解学校建立和发展的历程,缅怀历史、激发爱校荣校情怀的重要平台。其次,凝练校训、积淀校风。校训校风是大学精神的核心体现。一个能反映大学文化精神与学校核心价值观的校训校风,体现了高校的主体精神,对师生具有强大的感召力和影响力。再次,写好校歌、设计好校徽。校歌和校徽是大学精神和学校办学理念、学校特色的集中体现,让学生通过佩戴校徽、学唱校歌,增强荣誉感、责任感和前进的动力。

二是加强校风师风学风"三风"建设。校风,主要指学校的风气,是全校师生员工共同具有的或应该共同具有的思想行为作风,是一所学校区别于其他学校的独特风气。校风包括教师的教风(包括管理干部的作风)和学生的学风。校风体现一所学校的办学理念、校园文化和人文精神,也反映一所学校的历史积淀、教学传统和管理水平。教风即从事教书育人和管理育人工作人员的思想行为作风,它是教师职业道德的直接体现。学风即学生的治学精神、治学态度和治学方法,是校风的核心,是衡量校风的重要标志。

———

① 葛金国:《校园文化:理论意蕴与实物运作》,安徽大学出版社,2006年,第117页。

校风通过教风、学风的建设成效体现,加强校风建设是促进良好教风学风形成的前提和基础。加强"三风"建设,对学生的成长发展具有潜移默化的、持久性的影响,高校必须高度重视。为此,高校首先要大力加强教风建设,将师德建设摆在高校工作的重要位置。通过多种形式开展师德教育,并将其贯穿教师职业生涯全过程;建立师德状况调研、重大问题报告和舆情快速反应机制,及时纠正和防止师德失范行为出现;建立和完善师德评价机制,实施师德一票否决;严格师德奖励惩处机制,对师德突出者大力表彰,对违反师德行为进行严厉惩处。其次,要抓好学风建设。要加强思想道德教育,实施全员育人、全方位育人、全过程育人,对学生进行理想信念教育、社会主义核心价值观教育,引导和帮助学生树立远大理想,拥有家国情怀,做到勤奋学习、诚实守信;要严肃校风校纪、考风考纪,规范日常管理,完善过程性评价系统,探索灵活多样的考试考核方法。

2.加强校园制度文化载体建设,实现管理育人

制度文化是大学文化的一种重要表现形式,是大学精神形成和发展的具体化。制度文化载体主要包括高校的管理体制、组织机构和规章制度。校园制度文化所具有的约束性、规范性、强制性和稳定性等特点,决定了制度文化载体对于确立高校主导价值取向,形成良好校园风气和行为规范具有重要作用。

加强大学生思想政治教育制度文化载体建设,主要包括两个方面:

一是建立以《大学章程》为核心的管理制度体系。管理制度体系是依法治校的重要保障,是引导人、服务人、发展人的重要教育载体。高校应制定包括《大学章程》在内的学校管理制度体系,为思想政治教育提供制度载体和保证。

二是抓好制度体系的落实,坚持权责对等、严格考核与适度奖惩的管理原则,增强责任意识,充分调动每个人落实、遵守制度的积极性,营造以"遵

守学校校规校纪为荣"的氛围,对严格遵守制度者给予褒奖,对违反制度者给予必要的惩罚,保证制度的严肃性和权威性,发挥制度文化载体在大学生思想政治教育中的作用。

3.加强校园行为文化载体建设,实现活动育人

行为文化是校园文化的显性层面,包括在教学科研、行政管理、社会活动、文体生活等活动中产生的文化现象。校园行为文化是大学校风学风、办学理念、精神面貌、人际关系等方面的动态体现。校园行为文化所具有的实践性特点,决定了大学生思想政治教育行为文化载体对大学生更具吸引力、更具有效性的作用。

加强大学生思想政治教育行为文化载体建设,主要包括两个方面:

一是开展丰富多彩的教育活动,加强对大学生社会主义核心价值观的引导,即通过开展以"诚信、友善、勤俭、敬业、感恩"为主题的道德教育实践活动和"尊师、铸魂、修身、励志"系列素质教育活动,通过举办教授茶话会、师生结对子、建立诚信档案、举办诚信文化月等活动,引领学生在学习、思考、实践中立德、明理、正行、修身。

二是打造精品校园文化活动,提升行为文化载体的育人效果,即在思想道德类、文学艺术类、科技创新类、体育竞技类等校园文化活动中,打造符合学生身心特点,寓教育于丰富多彩活动中的校园文化精品活动,保证学生在活动中得到真善美的提升。

4.加强校园物质文化载体建设,实现环境育人

"学校物质文化是学校文化主体曾经和正在作用于其上的一切物质对象,是人们通过感官可以感受的一切物质性对象的总和。主要包括学校所处的自然环境、规划布局、校园建筑、内外陈设、雕塑、绿化等。"①学校物质文

---

① 葛金国:《校园文化:理论意蕴与实物运作》,安徽大学出版社,2006年,第97页。

化是学校文化的外壳,是校园文化存在和发展的物质基础,也是学校文化内核的载体,体现出学校的价值目标和审美取向。校园物质文化载体是学校思想政治教育的重要载体形态。校园物质文化载体所具有的看得见、摸得着的特点,决定了其在大学生思想政治教育中起着熏陶、浸润和潜移默化作用。

加强大学生思想政治教育行为文化载体建设,主要包括三个方面:

一是加强校园环境建设的规划,即按照实用性、艺术性、思想性、教育性相统一的原则制定环境文化建设的整体方案,并将其纳入学校文化发展建设的总体规划,做到优美怡人、布局合理、庄重典雅、寓意深刻。

二是建设有学校特色的校园景观,即按照审美、教育和使用和谐统一的原则,建设校园的雕塑、水榭、长廊、碑刻、花苑等景观,使其充分融入学校的办学目标、核心价值观和大学精神,激发大学生热爱自然、热爱学校的情感和欣赏美、创造美的欲望,起到陶冶情操、启迪思想、规范行为、激励上进的作用。

三是突出物质文化建设的育人功能,即将校园里的花草树木、池塘湖水建设成郁郁葱葱、微波粼粼的美景,使学生徜徉其间,心旷神怡、心平气和。将学校的图书馆、体育馆、食堂、宿舍等建设成传播人类文明、中华优秀文化的场域,使学生身处其中,能够感受到悠久历史的熏陶和现代精神的鼓舞。

5. 加强校园网络文化建设,实现网络育人

新时代,世界进入了网络时代。以网络文化为载体,是大学生思想政治教育面对的新课题。因此,校园网络文化载体也是大学生思想政治教育的重要载体形态。网络文化是一把"双刃剑",其具有的两重性特点,决定了网络文化载体既为大学生思想政治教育提供了开辟新阵地、丰富新资源、增强教育即时性和吸引力等发展机遇,又提出了信息良莠难辨、把控难度较大、教育者新媒介素养要求较高等严峻挑战,新时代大学生思想政治教育必须

高度重视网络文化载体的建设。

加强大学生思想政治教育网络文化载体建设,主要包括四个方面:

一是加强校园网络基础设施建设,即加大网络硬件投资力度,建设网络基站、多媒体教室、电子阅览室等,在条件允许的情况下尽量提高网络带宽,保障校园网络的流畅性和稳定性,为教学楼、宿舍楼提供良好的网络接入设备,使在校学生享受快捷的校园网络服务。

二是完善校园网络文化制度建设,即加大校园网络信息防范和行政监管力度,加强校园网络文化的依法管理,建立长效管理机制,净化校园网络文化环境。

三是发挥校园网络文化阵地作用,即建设一批在学生中有吸引力、影响力和教育意义的精品主题网站,建好校园主页、BBS 等校园网络平台;发挥网络资源库、数字图书馆、视频点播系统等作用,使网络文化产品更好地为学生服务;发挥 BBS、校园帖吧、微博微信等交流互动平台作用,畅通领导、教师与学生之间的交流互动,及时解决学生学习、生活、就业等方面的困惑。

四是提升思想政治教育者的新媒介素养,即通过教育培训、管理激励建立一支思想水平高、网络技术强、熟悉学生思想状况和网上规律的思想政治教育队伍,适应新时代网络、大数据发展的要求。

(四)完善大学生思想政治教育文化载体建设的保障机制

有效构建、充分发挥大学生思想政治教育文化载体及其作用,必须有组织、队伍、物质、制度等方面强有力的保障。

1.组织保障机制

大学生思想政治教育文化载体的有效构建和作用的充分发挥,需要强有力的组织保证。为此,应该在以下方面着力:

一是要发挥高校各级党组织的领导作用。高校党委对大学生思想政治教育文化载体的建设负有主体责任,校、院(系)、党委和党支部对大学生思想政治教育文化载体建设起着领导作用,构建有效文化载体,发挥文化载体的作用,离不开各级党组织的领导和支持。为此,高校各级党组织首先要加强对大学生思想政治教育文化载体建设的领导,把握文化载体建设的领导权和话语权,保证文化载体建设正确的政治方向;要加大对文化载体建设的支持力度,在人力、财力、物力上给予充分保障。

二是要建立大学生思想政治教育文化载体建设的专门管理机构。大学生思想政治教育文化载体建设是个系统工程,需要调动各方面的积极因素,齐抓共管、形成合力。为协调各方力量,充分发挥文化载体的功效,高校应建立大学生思想政治教育文化载体建设专门管理机构,统一领导文化载体建设工作。

三是要建立发挥学生参与大学生思想政治教育文化载体建设的组织。学生是大学生思想政治教育文化载体建设的不可缺少的力量,充分发挥学生参与的积极性、主动性是大学生思想政治教育文化载体建设的重要保障。为了充分发挥大学生思想政治教育文化载体的作用,应成立大学生思想政治教育文化载体建设的相关学生社团,如学风建设促进会、学生公寓自我管理委员会、大学生网络文化工作室等,组织更多的大学生投身到文化载体建设中。

2.队伍保障机制

党的十八大以来,习近平总书记高度重视高校思想政治教育工作,特别强调思想政治教育队伍的建设。在大学生思想政治教育文化载体的建设中,思想政治教育者居于主导地位、起着主导作用。因此,建设强有力的思想政治教育队伍,是大学生思想政治教育文化载体建设的保障。为此,应在以下三方面着力:

一是提高思想政治教育队伍文化载体建设的主体意识,充分认识思想政治教育者是文化载体建设的主体,增强搞好文化载体建设的使命感和责任感。

二是提高思想政治教育队伍文化载体建设的实践能力。大学生思想政治教育文化载体的建设需要思想政治教育工作者具体实施。在文化载体的建设中,思想政治教育者不仅要制定建设的思路和举措,而且要协调各方面力量合力建设文化载体,还要组织大学生参与文化载体建设活动。为此,要提升思想政治教育队伍制定、设计并运用文化载体、协调各方面共同建设文化载体、调动组织学生积极参与文化载体建设等实践能力。

三是提高思想政治教育队伍文化载体建设的研究能力。理论总是应实践的需要而产生并用以指导实践,使实践工作不断走向科学化。思想政治教育工作者只有加强对文化载体的理论研究,才能科学地指导文化载体的建设;只有加强对文化载体的理论研究,才能破解思想政治教育文化载体在实践中遇到的种种问题,提高文化载体建设的质量。

3. 物质保障机制

加大投入是大学生思想政治教育文化载体建设的物质保障。为此,必须建立技术、财力和物力等方面的保障机制。为此,应在以下三方面着力:

一是建立技术投入的机制。技术投入主要是对网络文化载体而言。网络文化载体建设是大学生思想政治教育文化载体建设中非常重要且难度最大的内容,其难度大的原因之一是需要网络技术的支撑和保障。为此,一方面要加强数字化校园建设,以基础设施建设为抓手,以应用能力水平提高为重点,以全面提高信息化建设水平为目标,为网络文化载体建设提供必要的物质条件和基础保障。另一方面要加大对教育信息科研的投入,合理配置信息科技创新资源,优化信息技术力量布局,组织好关键技术研发,开发出具有自主知识产权的计算机技术和思想政治教育工作相关网络软件,在技术上保障文化载体发挥更大的思想政治教育功能。

二是建立资金投入的机制。资金投入是大学生思想政治教育文化载体建设有效开展的重要物质基础。有了资金投入保证,才能更好地开发和利用文化载体,增强思想政治教育的实效性。为此,应建立大学生思想政治教育文化载体建设专项经费,将其纳入年度学校财务预算;可建立开放式筹集资金渠道,以缓解资金压力,解决高校普遍存在的经费不足问题;完善规范资金管理制度,加强资金监管,实现专款专用,使有限的经费发挥最大效益。

三是建立文化设施投入的机制。文化设施也是大学生思想政治教育文化载体建设的另一物质保障。高校应根据办学理念和育人特色,在基金允许的情况下,将文化设施建设纳入学校总体规划之中。为此,要加强教学楼、图书馆、体育馆、食堂、宿舍等学生学习生活环境的文化建设,使其充分发挥文化载体功效;要加强校报、校园网、校园广播、官方微博微信等大众传媒设施体系的构筑,充分发挥其在思想政治教育中的舆论作用和阵地作用。

4.制度保障机制

制度可以规范、约束和激励人们的思想与行为,因此也是大学生思想政治教育文化载体建设的保障。通过制度保障,可以使大学生思想政治教育文化载体充分发挥作用。为此,应从以下方面着力:

一是制定和完善文化载体建设制度,使大学生思想政治教育文化载体建设有规可依。为此,高校应在《大学章程》的基础上,制定和完善"大学生思想政治教育文化载体建设实施细则"等文化载体建设制度,全面规划文化载体建设的指导思想、目标任务、建设路径、保障机制等,使文化载体建设有章可循、有规可依。

二是制定和完善具体政策,保证大学生思想政治教育文化载体建设沿着健康有序的方向发展。为此,应制定和完善有利于各种类型文化载体协同发展的政策,使之相互联系、相互影响、相互渗透,形成优势互补、协同共进的发展态势;制定和完善鼓励大学生主动参与的政策,最大限度地调动大学生参与文化载体建设的积极性和主动性,推进文化载体建设的有效实施。

第六章 新时代研究生思想政治教育研究

2020年7月习近平总书记对研究生教育工作作出重要指示:中国特色社会主义进入新时代,即将在决胜全面建成小康社会、决战脱贫攻坚的基础上迈向建设社会主义现代化国家新征程,党和国家事业发展迫切需要培养造就大批德才兼备的高层次人才。研究生教育肩负着高层次人才培养和创新创造的重要使命,研究生思想政治教育是培养德才兼备高层次人才的主要渠道。因此,加强和改进研究生思想政治教育,是新时代大学生思想政治教育研究的重要内容。

一、新时代研究生思想政治教育的必要性

中国特色社会主义新时代标志着党和国家事业进入了新阶段,社会主义现代化建设进入了新征程,新阶段和新征程对高层次人才提出了迫切要求,决定了加强研究生思想政治教育的必要性。

（一）新时代社会发展提出了研究生思想政治教育之必需

习近平总书记在党的十九大报告中宣告,中国特色社会主义进入了新时代,这意味着中华民族迎来了从站起来、富起来到强起来的伟大飞跃,迎来了实现中华民族伟大复兴的美好未来。要实现中华民族的伟大复兴,离不开大量高层次的创新人才。人才是实现民族振兴、赢得国际竞争主动的战略资源。要把我国建设成为世界强国,没有大量拔尖创新人才的支撑难以完成。因此,习近平总书记强调:"今天,党和国家事业发展对高等教育的需要,对科学知识和优秀人才的需要,比以往任何时候都更为迫切。"[①]

习近平总书记在2021年1月11日省部级主要领导学习班上的讲话中指出,党的十九届五中全会提出,全面建成小康社会、实现第一个百年奋斗目标之后,我们要乘势而上开启全面建设社会主义现代化国家新征程、向第二个百年奋斗目标进军,这标志着我国进入了一个新发展阶段。新发展阶段是社会主义初级阶段中的一个阶段,同时是经过几十年积累站到了新的起点上的一个阶段。新发展阶段是党带领人民迎来从站起来、富起来到强起来历史性跨越的新阶段。新发展阶段是实现高水平自立自强的阶段,是更加强调自主创新的阶段。[②] 要实现新发展阶段的目标和要求,需要大批高层次德才兼备创新人才的支撑。研究生教育作为国家高层次创新人才培养的重要渠道,在新发展阶段承担着重要的历史使命。但是随着改革开放的深入和国际国内形势的复杂变化,国内外敌对势力与我们争夺下一代的斗争依然尖锐复杂。他们通过各种渠道和手段,将西方资产阶级的政治观点、

---

① 习近平:《在北京大学师生座谈会上的讲话》,《光明日报》,2018年5月3日。
② 参见习近平:《深入学习坚决贯彻党的十九届五中全会精神 确保全面建设社会主义现代化国家开好局》,《光明日报》,2021年1月12日。

价值观念、生活方式传播给我国研究生,企图让年轻一代潜移默化地接受西方的价值观和政治制度,"培养他们的享乐主义、个人主义,使他们摒弃中华民族传统的爱国主义、集体主义和艰苦奋斗精神,这种文化渗透严重地冲击着国家文化、威胁着国家安全和利益"[①]。为此,高校必须高度重视研究生的思想政治教育,培养其正确的世界观、人生观、价值观,使之成为中国特色社会主义建设者和接班人的中坚力量,而不是破坏者,更不能是掘墓人。因此,新时代社会发展给研究生思想政治教育提出了要求。

(二)研究生教育改革深化提出了研究生思想政治教育之必需

2006 年,教育部、财政部等部门支持和推动哈尔滨工业大学等中央部委所属院校开展了研究生培养机制改革试点工作。这次培养机制的改革强调以科研为主导,明确导师的职责和权利,完善研究生奖助制度,要求研究生从科学研究的实践中不断增长知识和提高学术水平。其目的在于优化结构,提高质量,选拔培养拔尖创新人才。由于历史原因,本次研究生培养机制的改革主要以科学研究为主导,强调研究生科研素养的培养和科研能力的提升,而对研究生思想政治教育工作尚未直接提及。党的十八大以后,依据党的新时代教育方针和思想,研究生教育的改革向深入推进。2013 年 3月,教育部、国家发展改革委、财政部联合印发了《关于深化研究生教育改革的意见》(以下简称《意见》),标志着我国研究生教育深化改革的开始。这次研究生教育改革与 2006 年培养机制的改革相比较,不仅在改革内容和具体举措上更为全面和深入,而且明确提出将立德树人作为研究生教育的根

---

① 匡长福:《新形势下抵御西方敌对思潮对我国社会主义意识形态渗透的思考》,《思想理论教育导刊》,2012 年第 7 期。

本任务,积极拓展研究生思想政治教育的有效途径,这是研究生教育改革全面深化的一个重要体现。该意见之所以把立德树人放在人才培养的核心位置,要求做到育人和育才的辩证统一,是从战略的高度、从国家希望和民族未来回答中国特色社会主义教育事业的本质,是要把广大研究生培养成为德智体美劳全面发展的高层次社会主义合格建设者和可靠接班人,成为实现中华民族伟大复兴的生力军。该意见的这一特点,恰是弥补了思想政治教育这一在研究生教育实践中的短板和薄弱环节。党的十九大以后,对研究生思想政治教育的重视程度明显提升。2020 年教育部、国家发展改革委、财政部印发了《关于加快新时代研究生教育改革发展的意见》,明确指出了研究生教育在新时代中国特色社会主义建设中的重要地位,即研究生教育肩负着高层次人才培养和创新创造的重要使命,是国家发展、社会进步的重要基石,是应对全球人才竞争的基础布局。

改革开放特别是党的十八大以来,我国研究生教育快速发展,已成为世界研究生教育大国。中国特色社会主义进入新时代,各行各业对高层次创新人才的需求更加迫切,研究生教育的地位和作用更加凸显。2020 年教育部、国家发展改革委、财政部印发的《关于加快新时代研究生教育改革发展的意见》中,在研究生教育改革的基本原则中突出了党的领导和立德树人,即坚持党的领导,增强"四个意识"、坚定"四个自信"、做到"两个维护",把正确的政治方向和价值导向贯穿研究生教育和管理工作全过程;坚持育人为本,以研究生德智体美劳全面发展为中心,把立德树人成效作为检验研究生教育工作的根本标准。其中还专设了研究生思想政治教育内容,即"加强思想政治工作,健全'三全育人'机制",包括:完善思想政治教育体系,提升研究生思想政治教育水平;发挥导师言传身教的作用,激励导师做研究生成长成才的引路人;提高研究生党建工作水平,强化党组织战斗堡垒作用。

综上所述,如何在研究生教育中做到立德树人、德育为先,如何拓展研究生思想政治教育有效途径,如何建设强有力的研究生思想政治教育队伍和保障机制,是新时代研究生教育面临的新课题。因此,新时代研究生教育改革的深化提出了研究生思想政治教育的要求。

(三)研究生中存在的思想问题提出了研究生思想政治教育之必需

当代研究生的思想政治和道德品质总体上是积极、健康、向上的,攻读研究生是为了实现人生理想、报效祖国、服务人民,认同中华民族伟大复兴的中国梦并对之充满信心且愿意为之贡献力量;有明确的人生目标、乐观的人生态度和正确的价值取向,有强烈的民族自豪感、高度的文化自信和文化自觉,这是研究生群体的主流。当然,在研究生的思想中也存在着一些不容忽视的问题。比如,部分研究生理想抱负的层次与党和国家要求存在一定差距,他们的人生目标更多注重的是小我利益,在择业时过分注重和追逐个人利益;部分研究生的价值取向多元化,社会责任感不强,片面强调自我价值的实现,功利主义和个人主义较为突出;部分研究生道德修养弱化,诚信状况一般,缺乏应有的道德自律,违背基本的学术道德和学术规范;部分研究生心理压力较大,存在消极、悲观情绪,面对学业、就业、经济、情感等压力,不能用唯物辩证的态度对待,从而导致焦虑、烦躁等心理疾病,乃至自杀等极端事件发生;部分研究生科研能力不足,创新精神较弱。部分研究生思想中存在的问题,直接影响着他们成为德才兼备的人才,更制约着新时代中国特色社会主义建设对高层次人才需求的满足。因此,为解决新时代部分研究生思想中存在的问题,党和国家对研究生思想政治教育提出了更高要求。

二、对研究生思想政治教育现状的审视

党的十八大以来,研究生思想政治教育取得了明显的进展,但离党和国家的期待和要求还有一定的差距。

(一)研究生思想政治教育取得明显进展

新中国成立七十多年来,研究生思想政治教育随着社会主义革命、建设和改革开放的发展也在不断发展,特别是党的十九大以来,更是有了根本性的发展。

1.对研究生思想政治教育的重视程度明显提高

新中国成立以来,特别是党的十八大以来,随着研究生教育规模的不断扩大,党和国家对研究生思想政治教育的关注度愈益提高,从政策制定到贯彻落实、从精神指导到物质保障、从思政课建设到马克思主义学科发展等众多方面都给予了巨大的支持和鼓舞,先后出台了《中共中央宣传部教育部关于高等学校研究生思想政治理论课课程设置调整的意见》(教社科〔2010〕2号)、《教育部关于进一步加强和改进研究生思想政治教育的若干意见》(教思政〔2010〕11 号)、教育部、国家发展改革委、财政部《关于加快新时代研究生教育改革发展的意见》(教研〔2020〕9 号)等一系列专门针对研究生思想政治教育的文件,召开数次研究生思想政治教育专题会议。同时,为加强对研究生思想政治教育的理论研究和工作指导,成立了教育部高等学校研究生思想政治理论课教学指导委员会和中国学位与研究生教育学会德育委员会。上述系列文件的颁布和举措充分体现了党和国家对研究生思想政治教育的关注程度的提高。

随着党和国家对研究生思想政治教育关注度的不断提高,各地、各高校党委结合实际开展了大量加强研究生思想政治教育的工作,出台了相关的文件,指导本地的研究生思想政治教育工作,如天津市教委、市发展改革委、市财政局印发了《关于加快新时代研究生教育改革发展的实施意见》等;高校成立了党委研究生工作部或其他专门负责研究生思想政治教育工作的机构;建立了以专职为骨干、专兼职相结合的研究生辅导员队伍;初步建立了队伍的管理、培训与考核评价机制。如西安交通大学按照"专兼结合、优化结构、提升能力、动态平衡"的思路,探索成立"研究生思想教育工作坊",建立了以专职辅导员为骨干、以专任教师和研究生担任兼职辅导员为补充的思想政治教育队伍。[1] 另外,各地、各高校还在经费和政策上予以支持,安排研究生思想政治教育专项经费,通过立项等形式支持和鼓励研究生思想政治教育工作者开展科学研究,如内蒙古自治区教育厅每年划拨专项经费立项资助五十个左右的全区高等学校大学生思想政治教育专题研究项目(含研究生思想政治教育专题研究项目)。

2. 研究生思想政治教育领导体制管理机构普遍建立

在党和国家有关文件精神的指导下,特别是在习近平总书记在全国高校思想政治工作会议讲话精神的推动下,高校普遍建立了独立的研究生思想政治教育领导体制,形成了层次清晰的领导体制。同时,在管理机构的设置上,实现了由原来的无独立工作机构到现在普遍建立了研究生思想政治教育专门工作机构的重大转变,设立了党委研究生工作部门。

3. 研究生思想政治教育队伍基本形成

根据党和国家有关文件精神的要求,各地、各高校积极组建研究生思想

---

① 李秀兵:《不断加强改进研究生思想政治工作》,西安交通大学新闻网,2016 年 12 月 22 日。

政治教育工作队伍,基本形成了专职为主、专兼结合的工作队伍。如曲阜师范大学出台了《研究生思想政治工作队伍建设与管理办法》,规定"研究生人数在 100 人以上的培养单位必须配备至少 1 名专职研究生思想政治工作人员,不足 100 人的可以配备兼职研究生思想政治工作人员,同时要求专、兼职研究生思想政治工作人员任期一般不少于 3 年,其中专职研究生思想政治工作人员可以参加思想政治教育学科或其他学科的专业技术职务评聘,同时享受学校有关行政级别晋升政策并可以享受专职辅导员绩效工资"。武汉大学努力健全研究生辅导员海外、全国、全省、校内"四级"教育培训体系,选强配齐辅导员,优化辅导员的考核标准、量化指标和考核方式。[1] 陕西师范大学相继出台了《陕西师范大学研究生思想政治工作实施细则》《陕西师范大学研究生辅导员队伍建设实施意见》《陕西师范大学研究生导师思想政治工作职责》等文件,全面加强研究生思想政治工作队伍建设,为基层培养单位配备研究生专职辅导员,使研究生思想政治工作的组织管理力量更加充实。[2] 研究生思想政治教育队伍是学校教师队伍和管理队伍的重要组成部分,具有教师和管理人员双重身份,是研究生思想政治教育的组织者、实施者和指导者。研究生思想政治教育专门队伍的建立,为全面加强和改进研究生思想政治教育、有效提高研究生思想政治教育的实效性提供了重要的组织保障。

4. 培养了一大批德才兼备的高层次人才

研究生思想政治教育作为研究生教育的重要组成部分,担负着培养德才兼备的具有创新意识和自主创新能力的高层次专门人才的重任。新中国成立以来,我国研究生教育为社会主义现代化建设培养了一大批德才兼备

---

[1] 参见武汉大学党委研究生工作部新闻稿:《武汉大学全面加强研究生思想政治工作:全面加强队伍建设和德育研究》,2018 年 3 月 15 日。

[2] 参见陕西师范大学新闻稿:《六举措做好研究生教育培养》,2018 年 3 月 30 日。

的高层次人才。

在我国自主培养的研究生中,大部分都工作在为国为民的重要领域和重要岗位,在我国社会主义现代化建设中发挥着共和国中坚力量的作用。例如,中国科学院的王恩哥院士,曾任北京大学校长,获得过国家自然科学二等奖、首届"十佳全国优秀科技工作者"称号、第三世界科学院物理奖、中国科学院杰出成就奖、国家百千万人才计划学者等多项荣誉称号。他从本科到博士都在国内接受培养,1990年获得北京大学博士学位,是一名地地道道的在中国高等教育土壤中成长起来的研究人员,在物理学领域做出了重要贡献;清华大学毕业的研究生、中国工程院院士王浩参与完成了南水北调工程和三峡工程等一批重大工程咨询评估工作,多次荣获国家科技进步奖、全国"先进工作者"和"全国杰出专业技术人才"等荣誉称号。像这样的优秀典型还有很多,他们坚持走报效祖国之路,坚守个人的志向和情怀,为繁荣我国的政治、经济、文化、教育和科技事业等做出了贡献。此外,"在中国载人航天工程、深海探测计划、青藏铁路建设等重大高科技领域,我国自主培养的研究生也已成为研究、开发的主力军;中国载人航天工程总体工作研发力量的90%是我国独立培养的研究生"[①]。实践证明,在我国独立培养的研究生中,他们大多数已成为科研的主要人物和各行各业的骨干,为中国特色社会主义现代化建设事业做出了重要贡献。

(二)研究生思想政治教育中存在的问题

成绩需肯定,问题要认清。只有找准存在的问题,才能实施有效的举措,保证研究生思想政治教育取得实效。当前研究生思想政治教育主要存

---

① 姜乃强:《我国研究生教育改革发展实现新跨越》,《中国教育报》,2013年7月15日。

在着重视程度还不够、实施途径还滞后、队伍建设还不足和体制机制还不健全等问题。

1. 对研究生思想政治教育重视程度还不够

对研究生思想政治教育重视程度还不够,主要体现在两个方面:一是与学校教学、科研工作相比受重视的程度还不够。在高校工作中,教学和科研居中心地位,教学质量和科研成果状况是决定高校声誉和知名度的关键因素。在这种情况下,思想政治教育工作特别是研究生思想政治教育很难摆到应有地位。2016 年底全国高校思想政治工作会议的召开让这一问题从根本上有所改变,思想政治教育工作在高校的受重视程度得到了切实加强,但是"德育为先"的优先地位还未完全体现。二是与本科生思想政治教育相比受重视的程度还不够。进入 21 世纪以来,研究生教育的规模迅速增长,在研究型高校中研究生的数量等于或超过本科生数量,但是对研究生思想政治教育的重视程度远低于本科生,至今有的高校研究生思想政治教育仍存在领导体制与工作机制不健全、机构设置不到位、队伍配备不足、导师教书育人的职责没有充分发挥等问题。

2. 研究生思想政治教育内容、方法、载体还较滞后

研究生思想政治教育的内容体现了思想政治教育的主要任务和目标。目前研究生思想政治教育的内容仍然存在着陈旧、滞后等问题,对国内国际经济社会发展变化尚不能及时反映,对思想政治教育的目标及研究生的思想特点和思想实际尚不能充分体现,导致教育内容过于强调共性,而忽视了研究生的个体差异。例如,研究生思想政治理论课内容与本科生思想政治理论课内容存在交叉重叠而未达到步步高,致使研究生对思想政治理论课内容缺少新鲜感;在研究生思想政治理论课教学和日常思想政治工作中,仍存在空洞的说教,而对改革开放、现代化进程中出现的新矛盾、新问题,以及研究生关注的热点和敏感问题,缺少从理性思维的高度进行分析,使得教育

内容与研究生耳闻目睹的现实脱节,影响了教育的效果。

　　方法和载体是开展研究生思想政治教育的手段,直接影响着教育效果。目前研究生思想政治教育的方式方法未能充分体现研究生群体的特点,特别是没有反映研究生独立性较强的特点。研究生思想政治理论课教学,没有充分体现启发式教学和探究性学习,基本上仍是教师"一言堂",缺少师生之间的交流和讨论。上述教育教学方式影响了思想政治教育工作的实效性,降低了学生在思想政治理论课中的获得感。

　　在研究生思想政治教育载体上,研究生党团组织、研究生会、研究生社团作为研究生思想政治教育的重要载体,没有能充分发挥出思想政治教育的作用。例如,研究生会作为研究生自己的群众组织,本应成为高校开展研究生思想政治工作的有效载体,但由于校、院的指导不够,其作用发挥得并不理想。此外,利用网络新媒体开展研究生思想政治教育还不够,微博、微信、微视频等新型载体的重要作用还没有充分发挥。

　　3. 研究生思想政治教育队伍还不足

　　目前,尽管在政策层面为研究生思想政治教育队伍的建设指明了方向、提出了要求,但现实中仍然存在着队伍数量不足、年龄和知识结构不合理、考核激励机制不健全、职业吸引力不高、人员流动性较大等问题。

　　导师是研究生思想政治教育的直接承担者,但是部分导师的育人责任意识不强,除了上课之外很少与学生交流沟通,在指导工作中只关注研究生的学习研究、学位论文撰写,很少关注研究生的思想心理动态,更难以担起思想教育的责任。

　　辅导员特别是专职辅导员是研究生思想政治教育的又一直接承担者,但目前专职队伍的数量还比较弱小,编制配备还不足额;结构还不够合理,专职辅导员多为参加工作时间不长、硕士学位,这种年龄和知识结构较难适应对研究生进行思想政治教育引导的要求。同时,研究生辅导员队伍还存在着培训、考核、管理和发展等制度不够完善,进修难、评职称难等问题。

4.研究生思想政治教育体制机制尚不健全

在管理体制方面,一些高校研究生思想政治教育存在机构设置还不稳定、管理职能还不明确、管理制度还不健全等问题。在机制建设方面,主要是良好的工作机制尚未形成,缺少有效的工作运行机制、考核评价机制、激励机制和协同教育机制。在研究生思想政治教育中,还存在用心与不用心、干好与干差没什么差别的情况;存在学校各学院与各部门之间、学院与学科之间、研究生导师和辅导员与其他党政干部和教师之间协同育人作用发挥不明显的状况。

(三)研究生思想政治教育中存在问题原因分析

发现问题是解决问题的先决条件,分析问题产生的原因是解决问题的基础。只有找出研究生思想政治教育中存在问题的真实原因,才能提出解决问题的有效路径。

1.国际国内社会发展面临冲击的影响

当代世界正处于百年未有之大变局,经济全球化、政治多极化、文化多元化、网络普及化已成为发展趋势。这种发展趋势既开阔了研究生的眼界,又为研究生较容易地接触到国外各种社会思潮创造了条件,使研究生的世界观、人生观和价值观受到西方意识形态的冲击。当代中国进入了中国特色社会主义新时代,进入了实现中华民族伟大复兴的关键期,同时也进入了改革开放的"深水区"和"攻坚期",各种社会矛盾复杂地交织在一起,造成各种错误思潮泛滥,民主社会主义、新自由主义、历史虚无主义、普世价值等思潮,严重地影响了研究生对社会主义核心价值观的认同,以及对马克思主义和中国特色社会主义理论体系的信仰和信心。

国际国内错误思潮对研究生"三观"带来的冲击和影响,一方面给研究生思想政治教育提出了严峻挑战,正如习近平总书记在2016年全国高校思政工作会议上指出的,当前高校面对的形势是,马克思主义指导思想面临着多元化社会思潮的挑战,社会主义核心价值观面临着市场逐利性的挑战,传统教育引导方式面临着网络新媒体的挑战,培养社会主义事业建设者和接班人面临着敌对势力渗透、争夺的挑战。这些挑战,给研究生思想政治教育提出了与时俱进、不断创新的要求,若思想政治教育在内容、方法和载体等方面不能做到与时俱进、创新发展,就会出现前面所述的滞后现象。另一方面,给研究生思想政治教育队伍素质能力提出了更高的要求。面对世情国情党情和研究生思想观念的变化,要做好新时代研究生思想政治教育工作,必须建立一支政治立场坚定、具有一定马克思主义理论基础、具有从事科学研究经历和一定研究能力、具有较强的理论引导能力和说服感染能力、具有高尚的师德和较强的创新精神的高素质研究生思想政治教育队伍。否则,研究生思想政治教育队伍理想信念不坚定、明辨是非能力不强、专业素养不高、奉献精神和敬业精神不足,就难以适应新时代研究生思想政治教育的新要求,更难做好使研究生信服的思想政治教育工作。

2. 高校研究生教育中存在问题的影响

研究生思想政治教育存在问题除了受大环境的影响外,还与高校研究生教育的小环境,即高校研究生教育中存在的问题有着直接的关联,这些问题体现为:

一是重智育轻德育培养观念的影响。囿于传统教育观念的影响,在研究生培养过程中,高校管理者和导师普遍存在着重研究生专业素质培养、轻研究生思想政治素质培养的倾向。研究生导师往往只注重对研究生进行理论基础、专业知识、研究能力的培养和对学位论文写作的指导,而忽视对其政治态度和思想品德的引导。高校管理者则更重视研究生科研能力和水平的提升,重视论文发表的数量和质量,而未将研究生的思想政治教育、德育放在首位。研究生教育中重智育轻德育观念的存在,是造成高校对研究生思想政治教育重视程度不够、教育体制机制不健全、教育队伍建设不足的重要原因。

二是重科研轻思想品德评价标准的影响。在对研究生学习状况的评价上,往往以科研成果为主要依据。如在每年进行的研究生综合评价中,起主导作用的是研究生的科研能力,评价的主要标准是发表论文的数量和发表期刊的层次,至于研究生思想政治素质、道德素质和心理健康等方面的评价,则处于"有名无实"的状态。这种重科研轻思想品德的"唯论文"的评价标准,是造成研究生导师和研究生轻视思想政治教育的重要原因。

三是尚未形成研究生思想政治教育合力的影响。研究生思想政治教育是一项任务艰巨而复杂的系统性工程,必须全员努力、全过程不间断开展、全方位无死角实施,形成合力才能取得实效。但当前研究生思想政治教育的"三全"育人机制还不健全,研究生思想政治教育的合力尚未形成。部分高校的领导者对研究生思想政治教育的重视程度还不够;部分导师对研究生思想政治教育的认识不到位,积极性、自觉性不高;部分研究生辅导员只注重学生事务的管理工作,对思想政治教育工作则一筹莫展;一些任课教师育人意识不强,较少挖掘所授课程中蕴含的思想政治教育资源;其他教职员工缺乏对研究生进行思想政治教育的责任感。另外,在有些学校研究生思想政治教育工作仍被视为学校个别部门或学院的事,与其他部门、学院没有直接关系。高校研究生思想政治教育的合力尚未形成,既反映了高校研究生教育中的问题,也是造成研究生思想政治教育重视程度不高、体制机制不健全、队伍作用发挥不力的重要原因。

3.部分研究生对思想政治教育态度的影响

研究生相较于本科生而言,年龄层次偏大、思想相对成熟、行为相对独立、社会化程度较高。研究生群体的上述特征,使得一部分研究生认为自己已是成人,思想已经成熟,世界观、人生观和价值观已经形成,能够对事物作出合理的判断,能够辨别善恶美丑,对如何做人的问题已经解决,故没有必要再接受思想政治教育。因此,对学校开展思想政治教育认为是多余甚至持不屑态度。另外,不少研究生认为读研究生的主要任务是深化学科理论和专业知识,提高科研能力和水平,思想政治教育必要性不大,甚至还耽误学习时间。为此,研究生参加思想政治教育活动的积极性不高。部分研究生对思想政治教育所持的消极态度,也是造成研究生思想政治教育存在问题的原因。

三、破解研究生思想政治教育中存在问题的理论依据

没有革命的理论就不会有革命的运动。马克思主义基本原理为解决研究生思想政治教育存在的问题提供了世界观和方法论的指导。

(一)马克思主义关于社会存在与社会意识辩证关系的原理

社会存在与社会意识的关系是社会历史观的基本问题。社会存在也称社会物质生活条件,这是社会生活的物质层面。它主要指物质生活资料的生产和生产方式,以及地理环境和人口因素。社会意识是社会生活的精神层面,是社会存在的反映并具有相对独立性。社会存在与社会意识的辩证关系原理为破解研究生思想政治教育存在的问题提供了基本理论依据。

1. 社会存在决定人的思想

马克思指出："不是人们的意识决定人们的存在，相反，是人们的社会存在决定人们的意识。"①毛泽东也指出："人的正确思想是从哪里来的？是从天上掉下来的吗？不是。是自己头脑里固有的吗？不是。人的正确思想，只能从社会实践中来。"②上述论述告诉我们，人们的社会存在决定了人们的意识，人们的物质生活方式制约着社会生活、政治生活和精神生活。人的社会意识是社会存在的反映，是人们对周围环境、社会生活和社会关系的认识。社会存在的多样性决定了人的思想的复杂性。

因此，解决研究生思想政治教育中存在的问题，开展研究生思想政治教育，不能只从教育者的主观愿望出发，必须充分考虑研究生在社会生活中所处的地位及其人际环境和文化氛围等特点，这样才能掌握研究生思想形成和变化的客观因素。

2. 人的思想对社会存在具有能动作用

意识的能动作用主要体现在两个方面：第一，人的行为受其思想支配。人的思想反映了客观世界，但不是镜中的直观反映，而是根据自身发展的需要，抱着一定的动机和目的反映客观世界。因此，人的思想反映客观世界具有差异性，有正确与错误之分、积极与消极之别，即使对同一客观事物的反映，也会产生不同的结果。第二，人的思想能够改造和创造世界。人可以按照自身的需要改变客观事物，让它为人们服务。人们还可以根据已知信息预测世界的未来特征及其发展趋势，创造现实中尚不存在的事物。为了促进社会发展，必须弘扬先进的社会思想，因为"先进的思想一旦被群众掌握，就会变成改造社会、改造世界的物质力量"③。

---

① 《马克思恩格斯文集》（第二卷），人民出版社，2009 年，第 591 页。
②③ 《毛泽东文集》（第八卷），人民出版社，1999 年，第 320 页。

依据这一原理,思想政治教育的任务就是要向研究生传播先进的思想和理论,以武装研究生的头脑,促进他们健康发展,成为社会进步发展所需的德才兼备的人才。

3. 人的思想随着社会存在的变化发展而变化发展

社会存在决定社会意识。随着社会存在的发展,社会意识将不可避免地发生变化和发展。社会存在是具体历史、变化发展的,由其决定的社会意识同样是具体历史、变化发展的。马克思和恩格斯指出:"意识在任何时候都只能是被意识到了的存在,而人们的存在就是他们的现实生活过程。"①随着社会生产力与生产关系、经济基础与上层建筑的变化发展,人们的现实生活也在不断变化和发展。随着社会生活的变化发展,人们的思想观念也必将变化发展。

研究生的思想随着其所处的社会、学校、家庭等条件的变化发展也必然会有变化发展。当前,中国特色社会主义进入了新时代,社会的经济政治文化、高等教育和校园环境的境况、学生的家庭生活条件都发生了明显的变化,这些都会影响着研究生的思想,使当代研究生的思想意识呈现出多样性、复杂性。因此,破解研究生思想政治教育存在的问题,必须跟上时代、社会和研究生思想的变化,以增强研究生思想政治教育的针对性和科学性。

(二)马克思主义关于人的全面发展的思想

马克思主义关于人的全面发展理论,是破解研究生思想政治教育存在问题的又一理论依据。

---

① 《马克思恩格斯文集》(第一卷),人民出版社,2009 年,第 525 页。

1. 人的全面发展思想的主要内容

马克思主义人的全面发展思想的主要内容,包括人的需要、人的能力和人的社会关系的全面发展。人的需要的全面发展,是指作为人的所有需要的发展,其中既包括人的物质需要的发展,也包括人的精神需要的发展,是人的生存需要、享受需要和发展需要的统一。人的能力的全面发展,是指作为人的所有能力的发展,其中既包括自身物质力量的发展,也包括精神力量的发展,是人的体力、智力和"有目的的意志"的统一。① 人的社会关系的全面发展,是指作为人的所有社会关系的发展,其中既包括物质关系的发展,也包括思想关系的发展,是人们之间经济、政治、思想等各种关系的统一。"个人的全面性不是想象的或设想的全面性,而是他的现实联系和观念联系的全面性。"②随着社会的进步和个人实践活动的发展,人们逐渐摆脱了个体、分工、地域和民族的狭隘局限,在需要、能力和社会关系等各个方面实现了从封闭到开放、从片面到全面、从贫乏到丰富、从低级到高级的发展。

依据这一原理,新时代的研究生思想政治教育应坚持研究生层次的德智体美劳的全面发展,应将思想政治教育贯穿于研究生的"五育"之中。

2. 人的全面发展实现的条件

马克思主义强调,人的全面发展是社会发展和人类发展最高阶段的特征,因此它的实现需要具备多方面的条件。

一是生产力和世界交往普遍高度发达。马克思和恩格斯指出:"当人们还不能使自己的吃喝住穿在质和量方面得到充分保证的时候,人们就根本不能获得解放。"③共产主义"是以生产力的普遍发展和与此相联系的世界交

---

① 参见《马克思恩格斯文集》(第五卷),人民出版社,2009 年,第 208 页。
② 《马克思恩格斯文集》(第八卷),人民出版社,2009 年,第 172 页。
③ 《马克思恩格斯文集》(第一卷),人民出版社,2009 年,第 527 页。

往为前提的"①。实现人的全面发展必须具备坚实的物质条件和交往条件,即高度发达的生产力带来的物质财富的极大丰富和广泛的社会关系的建立,是人们物质需要和社会交往需要的充分满足。

二是私有制、旧式分工的消灭和自由人联合体的建立。马克思和恩格斯强调,实现人的全面发展"必须消灭私有制","私有制和分工的消灭同时也就是个人在现代生产力和世界交往所建立的基础上的联合"。② 私有制和旧式分工是导致人与人之间不平等和对立的根本原因,也是造成人片面畸形发展的主要原因。因此,消除私有制,消除阶级对立,废除旧式分工,消灭城乡差别、工农差别和脑体差别,实现社会占有生产资料,建立由各个个人自由参加的,"把个人的自由发展和运动的条件置于他们的控制之下"③的自由人联合体,是实现人的全面发展的必要前提。

三是大力发展教育。马克思和恩格斯指出:"生产劳动同智育和体育相结合,它不仅是提高社会生产的一种方法,而且是造就全面发展的人的唯一方法。"④教育是一项培养和提高人的素质的社会活动。全面发展的教育是通过德智体美劳和其他方面的教育,培养人才的全面发展。大力发展教育是实现人的全面发展不可或缺的条件之一。

四是普遍树立共产主义意识。马克思和恩格斯指出:"无论为了使这种共产主义意识普遍地产生还是为了实现事业本身,使人们普遍地发生变化是必需的,这种变化只有在实际运动中,在革命中才有可能实现。"⑤人的全面发展只有到共产主义社会才能真正实现,共产主义社会的实现除了物质条件、社会条件还需要有精神条件,即具备共产主义意识才可以。人的全面

---

① 《马克思恩格斯文集》(第一卷),人民出版社,2009年,第539页。
② 马克思、恩格斯:《德意志意识形态》(节选本),人民出版社,2003年,第100页。
③ 《马克思恩格斯文集》(第一卷),人民出版社,2009年,第573页。
④ 《马克思恩格斯文集》(第五卷),人民出版社,2009年,第557页。
⑤ 《马克思恩格斯文集》(第一卷),人民出版社,2009年,第543页。

发展的实现也是同样,除了必需的物质、社会交往、教育等条件,还需要具备意识条件,即树立共产主义的觉悟和意识。

依据这一原理,在破解研究生思想政治教育存在的问题中,应高度重视良好校园环境和社会环境的构建,为提高教育效果创造有利条件和保障。

(三)中国化马克思主义关于党的教育方针的思想

"教育方针是一个政党和国家为实现一定历史时期的总目标和总任务,对教育工作提出的方向和指导思想,是关于教育的性质、目的、任务、功能及其实现途径的总规定。"[①]教育方针是一种意识形态,它反映了国家或政党的教育思想。新中国成立以来,中国共产党的教育方针随着时代的发展而发展。1957 年 2 月,毛泽东在中国社会主义制度基本建立后提出:"我们的教育方针,应该使受教育者在德育、智育、体育几方面都得到发展,成为有社会主义觉悟的有文化的劳动者。"[②]这是马克思主义人的全面发展思想贯穿于社会主义人才培养中形成的新中国社会主义教育方针。毛泽东在坚持马克思主义人才观的基础上,吸收中华优秀传统文化中关于人才培养的思想,结合中国经济和社会实际与党的人才培养实践经验,形成了具有中国特色的人才培养思想。他指出,知识分子和青年学生都应该努力学习,除了学习专业外,他们必须在思想和政治方面取得进步。"没有正确的政治观点,就等于没有灵魂。"[③]毛泽东的人才思想既强调了青年学生专业学习的重要性,又提出了要在思想上、政治上提高的要求,体现了青年学生德与才、红与专完整的统一。

---

① 杨天平:《论教育方针的基本规律》,《浙江师范大学报》(社会科学版),2001 年第 1 期。

②③ 《毛泽东文集》(第七卷),人民出版社,1999 年,第 226 页。

　　改革开放初期,邓小平提出教育要面向现代化,面向世界,面向未来。以"面向现代化"为核心的"三个面向"是教育改革和发展的战略指导思想。随着改革开放的发展和社会主义教育事业的不断推进,江泽民于1999年6月在全国教育工作会议上强调:"我们必须全面贯彻党的教育方针,坚持教育为社会主义现代化建设服务、为人民服务,坚持教育与社会实践相结合,以提高国民素质为根本宗旨,以培养学生的创新精神和实践能力为重点,努力造就有理想、有道德、有文化、有纪律的,德育、智育、体育、美育等全面发展的社会主义事业建设者和接班人。"①胡锦涛于2007年10月在党的十七大报告中强调:"要全面贯彻党的教育方针,坚持育人为本、德育为先,实施素质教育,提高教育现代化水平,培养德智体美全面发展的社会主义建设者和接班人。"②党的十八大报告进一步提出:"全面贯彻党的教育方针,坚持教育为社会主义现代化建设服务、为人民服务,把立德树人作为教育的根本任务,培养德智体美全面发展的社会主义建设者和接班人。"③习近平在2017年党的十九大报告中又强调,在中国特色社会主义建设的新时代,"要全面贯彻党的教育方针,落实立德树人根本任务,发展素质教育,推进教育公平,培养德智体美全面发展的社会主义建设者和接班人"④。在2018年全国教育大会的讲话中,习近平总书记再次明确提出,在党的坚强领导下,全面贯彻党的教育方针,以凝聚人心、完善人格、开发人力、培育人才、造福人民为工作目标,培养德智体美劳全面发展的社会主义建设者和接班人。⑤

　　综上所述,党的社会主义教育方针的基本思想一以贯之,同时又根据时

---

　　①　《江泽民文选》(第二卷),人民出版社,2006年,第332页。

　　②　《胡锦涛文选》(第二卷),人民出版社,2016年,第642页。

　　③　胡锦涛:《坚定不移沿着中国特色社会主义道路前进　为全面建成小康社会而奋斗——在中国共产党第十八次全国代表大会上的报告》,人民出版社,2012年,第35页。

　　④　习近平:《决胜全面建成小康社会　夺取新时代中国特色社会主义伟大胜利——在中国共产党第十九次全国代表大会上的报告》,人民出版社,2017年,第45页。

　　⑤　参见习近平:《在全国教育大会上的讲话》,《光明日报》,2018年9月11日。

代的发展注入了新的内涵,反映了新的要求。在中国化马克思主义的发展过程中,在社会主义教育事业的发展中,党的教育方针始终坚持以德为先,德智体美劳全面发展。中国化马克思主义,特别是习近平新时代中国特色社会主义思想中关于党的教育方针的思想,是破解研究生思想政治教育存在问题的思想指导。

四、新时代加强研究生思想政治教育的策略

针对研究生思想政治教育存在的问题及其原因,要以马克思主义基本理论为指导,立足研究生群体的特点,加强新时代研究生思想政治教育。

(一)明确新时代研究生思想政治教育的目标

明确新时代研究生思想政治教育的目标,是新时代加强研究生思想政治教育的前提。新时代研究生思想政治教育的目标主要包括两个方面:

1. 促进研究生健康成长全面发展

促进研究生健康成长全面发展是新时代研究生思想政治教育的首要目标。新中国成立以来,党和国家始终将培养德智体美劳全面发展的社会主义建设者和接班人作为社会主义教育的目标,在有关研究生思想政治教育的文件或报告中也多次指出,研究生思想政治教育要以促进研究生的全面发展、培养德智体美劳全面发展的社会主义合格建设者和可靠接班人为目标。据此,研究生思想政治教育的目标就是促进研究生健康成长,将其培养成为德智体美劳全面发展的社会主义合格建设者和可靠接班人。

促进研究生健康成长全面发展的思想政治教育目标,要求思想政治教

育引导研究生坚定马克思主义信仰,铸就社会主义和共产主义理想信念,夯实理论和知识功底,练就研究与实践本领,锤炼高尚道德品质,成为德才兼备的、党和国家事业发展需要的高层次人才。

2. 提高研究生思想政治教育实效性

提高研究生思想政治教育的实效性是新时代研究生思想政治教育的又一目标。实效性是研究生思想政治教育的出发点和落脚点,没有实效性的思想政治教育不仅没有任何意义,而且会引起研究生的反感。提高研究生思想政治教育实效性,一是要提高思想政治教育活动的效率,"即以一定的人、财、物、时间的投入获得最佳的效果、效率、效益";二是要提高教育内容、教育形式和教育结果的有效性,即教育内容有针对性和吸引力,教育形式有亲和力和感染力,教育能够被学生认同、认可并践行。提高研究生思想政治教育的实效性,就是提高研究生在思想政治教育中的获得感,让研究生通过思想政治教育能够丰富知识、塑造正确价值观、提高思维能力和实践能力,达到研究生对思想政治教育真心喜爱、终身受益的效果。

(二)优化新时代研究生思想政治教育的内容

思想政治教育的内容由思想政治教育目标决定并服务于目标,是新时代加强研究生思想政治教育的核心。新时代研究生思想政治教育的内容主要包括理想信念教育、社会主义核心价值观教育、道德品质与尊法守法教育、心理健康与生命观教育,以及科学思维方法与创新精神培育等。

1. 理想信念教育

理想是人们在实践中形成的对自身发展和未来社会的渴望和追求,是

"同奋斗目标相联系的有实现可能的想象"①。信念是人们建立在某种理解基础上的坚定地相信某种思想或理想并身体力行的精神状态。理想信念是"将未来的社会蓝图视为最高价值,高度地信服和敬仰,并以之统摄自己的精神生活,作为自己的精神寄托,矢志不渝、自觉追求的精神状态,它是对于一定社会理想的自觉认同和执着追求,是世界观、人生观和价值观的核心和集中体现"②。"理想信念一旦形成,就成为支配人们行动的持久精神动力。"③理想信念无论是在社会发展中还是在个人发展中都发挥着重要作用。一个人只有树立了正确的理想信念,个人的生活、发展才有明确的方向和持久的动力,党和国家的事业才能兴盛发展。

理想信念是研究生"立德"的最高层次内容,因而是研究生思想政治教育的核心内容。理想信念是研究生树立科学世界观、人生观和价值观的精神支柱。面对当前的世情国情党情,绝大多数研究生的共产主义信仰和中国特色社会主义信念愈益坚定。但是也有极少数研究生仍然存在理想信念不够坚定的问题,如有的研究生认为"中华民族伟大复兴的中国梦"距自己较远,和个人没有太多联系等。

新时代加强研究生理想信念教育,首先要提高研究生对理想信念在个人成长发展中的重要地位和作用的认识。理想信念是人的精神的核心和灵魂,是人发展的动力。要使研究生认识到,只有坚定共产主义和中国特色社会主义的理想信念,才能保证科学研究和成长发展的正确方向。其次,要创造条件努力促进研究生中已树立明确且正确理想信念者更加坚定,矫正明确但不很正确者的理想信念,帮助尚不明确者树立正确的理想信念。要让

---

① 辞海编委会:《辞海》,上海辞书出版社,1979 年,第 2776 页。
② 吴潜涛、徐柏才、阎占定:《高校思想政治教育的理论与实践》,人民出版社,2012 年,第 26 页。
③ 黄蓉生:《大学生思想政治教育:理想信念是核心》,《高校理论战线》,2004 年第 12 期。

广大研究生认识到,不论在任何时候任何情况下,都必须坚持正确的理想信念不动摇、奋斗精神不松懈,满怀信心地投身建设中国特色社会主义现代化事业之中。只有这样,才能成为勇担民族复兴大任的时代新人。

2. 社会主义核心价值观教育

社会主义核心价值观"富强、民主、文明、和谐,自由、平等、公正、法治,爱国、敬业、诚信、友善",是在中国共产党第十八次全国代表大会上提出的。习近平总书记指出:"核心价值观是一个民族赖以维系的精神纽带,是一个国家共同的思想道德基础。如果没有共同的核心价值观,一个民族、一个国家就会魂无定所、行无依归。"①在中国特色社会主义新时代,积极培育和践行社会主义核心价值观,对于提升社会的思想道德素质、凝聚建设社会主义的精神力量、实现中华民族伟大复兴的中国梦具有重要的现实意义和深远的历史意义。培育和践行社会主义核心价值观对于个人发展也具有重要的作用,有利于筑牢人们的精神支柱,促进人的全面发展。

社会主义核心价值观是研究生"立德"的基本内容,因而是研究生思想政治教育的重要内容。社会主义核心价值观是研究生树立科学的世界观、人生观和价值观的基础。但是目前在一些研究生中对社会主义核心价值观的认识还不到位,认为社会主义核心价值观应该提倡但践行较难,在个人行为中确实存在知行不一等问题,近年屡禁不止的学术不诚信现象就是明显例证。

新时代加强研究生社会主义核心价值观教育,首先要引导研究生充分认识社会主义核心价值观在个人成长发展中的价值,使研究生充分认识社会主义核心价值观是个人健康成长、全面发展所必需,是个人在多元价值观较量考验中辨明是非、保持思想定力的支柱。其次,要努力促进、积极激励

---

① 习近平:《在文艺工作座谈会上的讲话》,《光明日报》,2014 年 10 月 16 日。

研究生在学习社会主义核心价值观时做到知行合一、自觉践行。

　　3. 道德品质与尊法守法教育

　　道德品质是"一定社会的道德原则和规范在个人思想和行为中的体现，是一个人在一系列的道德行为中所表现出来的比较稳定的特征和倾向"①。道德品质在社会发展中起着重要作用。"德者，国家之基也"，"人无德不立，国无德不兴"，中国特色社会主义伟大事业的发展、中华民族伟大复兴目标的实现，离不开国民道德品质的提升和支撑。道德品质在个人的发展中也具有重要作用。德乃做人之首，道德品质是人的整体素质的根基，是个人修养高低的体现。中国特色社会主义现代化的建设、"两步走"战略目标的实现，要求人民群众拥有良好的道德修养、健康的思想情操、正确的政治方向和远大的理想抱负。

　　道德品质是研究生"立德"的基础内容，因而也是研究生思想政治教育的重要内容。人无德不立，"有才无德，其行不远"，研究生只有具备良好的道德品质才能确保健康成长成才。但是目前一些研究生的道德品质还不够尽如人意，还存在着道德修养弱化、道德认知与道德行为脱节等问题。

　　新时代加强研究生道德品质教育，首先要引导研究生充分认识道德品质在个人成长发展中的价值。要让研究生认识到，德是立身之本、修身之要，道德品质如何在很大程度上决定着他们未来的人生道路。要使自己成为德才兼备的党和国家事业发展的栋梁之材，必须培养崇高的道德素养、高尚的道德情操和强烈的社会责任感。研究生必须在实践中自觉地培养高尚的道德品质。其次，要引导研究生积极参加道德实践活动，自觉地在实践中提高道德素养。"人们的道德品质不是生来就有的，也不是上天赋予的，而

---

　　① 罗国杰：《伦理学》，中国人民大学出版社，1985 年，第 354 页。

是在日常生活中,在社会实践中逐步培养和训练出来的"①,研究生就是要在道德品质教育活动中,锻炼和养成自身优秀的道德品质。

德治与法治在社会中是辩证统一的。为此,在对研究生进行道德品质教育的同时,还要对研究生进行尊法守法的教育。党的十八大以来,中国的法治建设不断加快,全面依法治国已经提升到国家战略布局。党的十八届四中全会提出,增强全社会学法尊法守法用法意识,使法律为人民所掌握、所遵守、所运用……把法治教育纳入国民教育体系。研究生要成为中国特色社会主义建设者和接班人的骨干力量,必须成为依法治国方略和法治中国建设的践行者。因此,要加强研究生的法治教育,使研究生掌握法律知识,增强学法尊法守法用法意识,培养法治思维和底线思维,提升自觉守法、守规、守纪素养。

4. 心理健康与生命观教育

心理健康教育是基于个体心理发展的特点和规律,运用心理科学的方法和手段对教育对象的心理施加积极影响,以促进其心理发展和适应并维持其心理健康的教育实践活动。心理素质是一种基于先天禀赋的稳定心理品质,在后天环境和教育的影响下形成和发展。心理素质是人才素质的重要组成部分,对人的成长发展具有重要的影响作用。良好的心理素质可以促进人的全面发展,是一个人取得事业成功的坚实心理基础。健康的心理品质直接影响和制约着人的全面发展的实现。

心理健康是研究生"立德"的必要内容,因而也是研究生思想政治教育的重要内容。由于受学业、就业、经济、婚恋等多种因素的影响,研究生面临着较大的心理压力,心理问题频发,如不少研究生存在心情郁闷、情绪低落状况,极个别研究生患上抑郁症乃至自杀。

---

① 魏英敏:《试论道德行为与道德品质》,《湖南师范大学社会科学学报》,2009 年第 5 期。

加强研究生心理健康教育工作,首先要积极引导研究生充分认识拥有良好心态对个人成长发展的重要作用。心理健康是研究生学习知识、提高能力的重要保证。研究生要充分认识只有具备健康的心态才可以取得良好的学习成效,才能做到自强、自立和自律。其次,要提高研究生的理性分析能力,增强自我调控能力。自我调控能力是研究生积极掌握自己的心理和行为,在没有外部监督的情况下妥善控制和调节自己的行为,自觉地选择目标并坚持不懈地保证目标实现的能力。良好的自我调控能力是面对新时代复杂多变环境必备的心理素质。研究生作为新时代的奋斗者,必须提高理性分析能力,增强自我调控能力,以便在遇到困难、挑战乃至挫折时,能够保持冷静的心态,进行辩证的分析,做到自我积极调控。

生命观教育是心理健康教育的拓展、深化和升华。生命观教育是以马克思主义为指导,对人们进行生命的本质、意义和价值的教育,引导人们尊重生命、热爱生活的社会实践活动。生命观在人的成长发展中具有重要作用,其既是人们世界观、人生观和价值观在看待生命问题上的体现,又影响着人们对待自身和他人生命、生活的态度与行为。

生命观也是研究生"立德"的必要内容,因而也是研究生思想政治教育的必要内容。但是目前在部分研究生中,由于面临多种压力和现代年轻人普遍存在的心理比较脆弱的特点,对生命缺乏全面、正确的认识,极端行为时有发生。通过生命观教育,使研究生学会唯物辩证地认识和处理人与人、人与社会之间的关系,学会在面对困难时保持乐观、遇到逆境时保持信心、遭受挫折时勇于迎接挑战,通过奋斗充分实现生命的意义和价值。

新时代加强研究生生命观教育,首先要引导研究生树立辩证的思维方法,即要引导研究生认识到,人的一生就是与各种问题和困难斗争的过程,当面对困难与挑战时要学会一分为二地、历史地、发展地看问题,努力找到解决问题的最佳办法。其次,要引导研究生认识个人生命存在对国家事业发展和家庭的重要意义与作用,即要使研究生认识到,他们是祖国和家庭的未来与希望,肩负着祖国、人民和父母亲人的重托,珍惜生命、热爱生活、努力奋斗、健康成长发展是党和国家与家庭的最大期待。

5. 科学思维方法与创新精神培育

科学思维方法和创新精神培育是引导和帮助研究生确立唯物辩证思维方法和勇于探索创造精神的实践活动。科学思维方法和创新精神在人的成长发展特别是高层次人才发展中具有非常重要的作用。科学思维方法是人们认识世界尤其是理性思维的重要工具,是实践成功的重要条件。科学思维方法是人们在认识和改造主客观世界的漫长过程中逐渐形成和发展的,"是主体在能动地认识和改造客体的历史过程中智慧升华的结晶和精神武器,是贯穿于现代社会生活中,并普遍地起科学奠基作用和建构功能的思想工具,是既正确反映客观规律又符合主体实际的主观操作系统"[①]。研究生只有掌握了科学的思维方法,才能提高分析问题和解决问题的能力,才能客观、全面、本质地认识事物的本质和规律。创新精神是科学精神的重要组成部分,是实现发展的动力和保证。只有具备创新精神,才能走在科学和社会发展的前列,才能成为拔尖创新人才。

科学思维方法和创新精神也是当代研究生"立德"不可缺少的内容,因而也是研究生思想政治教育不可或缺的内容。在当代,科技竞争、人才竞争、国力竞争的实质是人的思维能力和创造能力的竞争。研究生要成为社会主义建设者和接班人的骨干力量,成为全面发展的高层次人才,具备科学思维方法和创新精神是必要的条件。但是目前部分研究生还没有确立科学的思维方法,创新精神与创新能力还存在明显的不足。

---

①　许鲁州、翁旭红:《以科学发展观为指导对大学生加强科学思维方法教育》,《江南大学学报》(人文社会科学版),2006年第1期。

新时代研究生科学思维方法和创新精神培育,首先要引导研究生充分认识科学思维方法和创新精神对于当代人才发展的重要性。要使研究生认识到,没有科学的思维方法和较强的创新精神,在科学研究的道路上将事倍功半乃至劳而无获;反之,只有具备了科学思维方法和创新精神,才有可能开展前沿领域的科学研究并取得创造性的成果。其次,应将科学思维方法和创新精神的培育贯穿于研究生培养的全过程。经过本科阶段的学习,研究生均已有了一定的知识和能力的积累,如何进一步提升科学思维方法、培养创新精神和能力成为研究生阶段的凸显问题。要解决这一问题,必须在研究生的课程学习、研讨交流、论文写作、社会实践乃至考核评价等各个环节中贯穿科学思维方法和创新精神的培养,为研究生提高理性思维能力和创新意识能力营造浓厚的氛围。

(三)善用新时代研究生思想政治教育的方法

教育内容要通过一定的教育方法实施,教育方法是教育内容落实的中介与保证。新时代研究生思想政治教育的方法主要有:专题研讨法、实践锻炼法、个体疏导法和自我教育法。

1.专题研讨法

专题研讨法一般是指在教师的指导下,以课程教学内容为主题,在研究生自主学习与合作学习的前提下,研讨小组以研讨主题和研讨提纲为基础,通过收集资料、交流讨论、提问互动、教师点评等形式,使研究生掌握知识、培养能力和提高素质的一种教学方式。专题研讨法通常包括四个环节,即专题提出、深入研讨、归纳总结和评价反馈。该教学方法以问题为导向,将研究生的学习和研究相统一,体现"教师为主导,学生为主体,训练为主线"的特点。这种教学方法旨在将被动的注入式学习转变为主动的探究式学习,更适合以"研究"为主的研究生的学习特点,因而有助于激发研究生的学习动机和主动参与性。

发挥专题研讨法在研究生思想政治教育中的作用,首先要选好专题。课程是研究生教育的主要渠道,也应是研究生思想政治教育的主要渠道。各门课程中都蕴含着可以挖掘的思想政治教育资源。加强研究生的思想政治教育,必须用好课堂教学主渠道,实现由"思政课程"向"课程思政"的扩展。在课堂教学中发挥专题研讨法作用的前提是要选好专题,即选择既有思想政治教育价值又有学术价值的问题作为专题研讨的选题,这样才能激发研究生参与研讨的兴趣。其次,要保证学生充分参与,即要让研究生在讨论前作好充分准备,讨论中让每位研究生都能充分发表看法,鼓励研究生之间进行思想交锋,不搞形式主义的、走过场的研讨。再次,做好点评总结,即在研究生研讨结束后,教师要对专题研讨情况作总结点评,总结点评尽力做到客观、精准,提升讨论内容层次,增强研究生的获得感。实践证明,专题研讨法是积极有效的方法,有助于提升研究生认识问题的站位,培养研究生的探索创新精神和自主学习、语言表达、实践运用、团队协作等能力。

2.实践锻炼法

实践锻炼法是指"在思想政治教育者的指导下,通过有目的的、有组织的实践活动,培养受教育者思想品德和行为习惯的方法"①。实践观点是马克思主义认识论的重要观点。马克思主义认为实践是认识的来源,是认识发展的动力,是检验认识正确与否的标准,是认识的目的。实践锻炼法是马克思主义实践观在思想政治教育中的具体运用,是研究生获取知识、提高思想认识、提升研究能力、成长成才的有效方法。研究生思想政治教育要取得实效,必须重视实践锻炼方法的运用。

---

① 陈万柏主编:《思想政治教育学原理》,中国人民大学出版社,2013年,第173页。

发挥实践锻炼法在研究生思想政治教育中的作用,首先要选择恰当的实践活动形式。实践锻炼法的形式多种多样,如社会实践、参观访问、社会调查等。要增强方法的效果,必须选择与研究生的思想特点、学习状况和所处客观条件相符合的活动形式,这是保证实践锻炼法发挥作用的前提。其次,要提高研究生在实践活动中的自觉性和感悟能力。实践锻炼法是研究生思想政治教育较为有效的方法,但其也不是自然而然就能发挥作用的。要提高方法的实效性,既需要教育者能够正确选择活动形式,又需要研究生强有力的配合。即是说研究生要增强活动参与的自觉性,明确且深入理解活动的目的,在活动中积极思考活动的内容,努力提高自身的能力,从而增强实践锻炼法的效果。

3. 个体疏导法

个体疏导法是针对研究生个体存在的思想或心理问题,对其进行积极的疏通引导,使其树立正确的思想和行为的方法。个体疏导法更适合研究生主体性强和学习研究以个体为主的特点。一般情况下,研究生具有较强的自尊心和独立性,决定了他们尽管有较大的心理压力,但一般不愿在众人面前表现出来,更不愿逢人诉说自己的内心想法,比较能够接受的是与人单独沟通交流。因此,对研究生进行有针对性的个体疏导是较为有效的方法。

发挥个体疏导法在研究生思想政治教育中的作用,首先要做到以平等的态度对待研究生。在进行个体疏导时,要以平等的态度对待研究生,增强交流的亲和力,让研究生感受到和教育者之间没有距离感,并且愿意倾吐自己的心声,即先取得研究生的心理认可,再进行双向交流。否则,教育者居高临下,研究生心理拒斥,再正确的道理也难打动人心。其次,在进行个体疏导时要注意因势利导。在运用个体疏导法时,要注意根据研究生表达的心理思想进行有针对性的引导,使其在和谐的氛围中辨清思想的是非对错,明确应坚持什么、注意什么、反对什么,避免空讲"高大上"的理论。最后,在进行个体疏导时要坚持以理服人。在进行个体疏导过程中,要根据研究生的思想和心理实际,晓之以理,动之以情,循循善诱,用理论的逻辑、魅力吸引研究生,用真理的力量让研究生折服。

4. 自我教育法

自我教育法是指"在思想政治教育者的引导下,受教育者通过自我学习、自我修养、自我反思等方式,主动接受符合社会要求的思想观念、价值观点、道德规范,以提高自身思想道德素质的方法"①。自我教育方法更适合研究生的思想政治教育。唯物辩证法认为,内因是事物运动变化的源泉和动力,是事物发展的根本原因;外因是事物发展、变化的第二位的原因,外因必须通过内因而起作用。对于研究生的思想品德形成和发展来说,思想政治教育活动是一种外因,其只有通过内因,即通过研究生积极主动的自我教育活动,才能转化为研究生的思想品德。著名教育家叶圣陶曾说过,教育的目的是为了不教育。研究生群体一般来说独立性和自控力较强,启发其进行自我教育往往会更为有效。

发挥自我教育法在研究生思想政治教育中的作用,首先要充分调动研究生进行自我教育的积极性。充分发挥主体性是自我教育的基础,要调动研究生自我教育的积极性,必须注意培养研究生的主体意识,尊重他们的主体地位,形成发挥主体性的激励机制,从而奠定研究生自我教育积极性的基础。其次,要引导研究生提高自我教育的能力。自我教育不会自发实现,必须是在教育者自身具备一定自我教育能力的基础上实现。因此,思想政治教育工作者应通过多种方式提高研究生的自我教育能力,使他们能够自觉地强化正确思想和行为,修正不正确的思想和行为,提高自我教育的效果。最后,要善于激励研究生自我教育的主动性。为了保证研究生自我教育具

---

① 陈万柏主编:《思想政治教育学原理》,中国人民大学出版社,2013年,第176页。

有持久性,思想政治教育者应建立健全研究生自我教育的激励机制,强化研究生自我教育的主动性、自觉性,促进研究生自我教育能力的不断提升。

(四)创新新时代研究生思想政治教育的载体

思想政治教育的实施不仅需要一定的教育方法,而且需要一定的教育载体。思想政治教育的"载体是承载、传导思想政治教育因素,能为教育主体所运用、且主客体可借此相互作用的一种思想政治教育活动形式"①。研究生思想政治教育的载体主要包括课堂教学、学术研究、团学组织、管理工作和现代媒体。

1.课堂教学

课堂教学是高等教育的基本形式,也是研究生思想政治教育的重要载体,承载着思想政治教育的目标、任务、内容,其特点是将思想政治教育与专业教育相统一。

发挥课堂教学在研究生思想政治教育中的作用,首先要深化思政课教学改革,增强研究生在思政课的获得感。高校思政课是立德树人的关键课程,肩负着对学生进行系统的马克思主义理论教育任务。发挥课堂教学在研究生思想政治教育中的作用,首先是要发挥思政课课堂教学的载体作用,增强思政课课堂教学的思想性、理论性、针对性和亲和力,使研究生在思政课中有高获得感。其次,做好课程思政建设工作,发挥所有课堂教学的育德作用。课程是育人的主渠道,高校的所有课程要与思政课同向同行,构建研究生课程育人的合力。为此,应切实增强研究生任课教师立德树人的意识,各门课程要深入发掘所蕴含的思想政治教育资源,使每门课程都担当起思

---

① 陈万柏主编:《思想政治教育学原理》,中国人民大学出版社,2013年,第188页。

想政治教育的责任问题。再次,要调动课程教师的积极性,充分发挥课堂教学载体的作用。教师是课堂教学的主体,对课堂教学效果起着决定性作用,是课堂教学载体能否发挥有效作用的关键。为此,要创造条件,完善激励机制,调动和提高教师教书育人的积极性和自觉性。

2. 学术研究

学术研究是研究生学习和培养的基本形式,也是研究生思想政治教育的重要载体。学术研究是研究生学习生活的主要内容,在研究生的成长成才中具有重要作用。学术研究表面上看只是学术问题,实质上是学术能力和思想道德两个方面的统一。在学术研究中,学术能力和思想道德犹如"车之两轮、鸟之两翼,无论哪个轮、哪只翼出现问题,都将导致跑不远、飞不高"①。一些研究生思想道德上的问题就是在学术研究中暴露出来的。因此,学术研究也是研究生思想政治教育不可忽视的载体。

发挥学术研究在研究生思想政治教育中的作用,首先,要强化研究生导师的思想政治教育责任意识,健全研究生导师指导机制,提高导师将思想教育寓于研究生学术研究指导之中的自觉性。其次,要针对研究生在学术研究中存在的普遍性问题,用好学术研究载体。目前研究生在学术研究中存在着政治站位不高、辩证唯物主义和历史唯物主义世界观不牢、不良学风学术道德频发等问题。为此,要充分利用学术研究载体,有针对性地解决研究生学术研究中的思想政治教育问题。再次,要有效建设学术研究载体,发挥其学术研究与思想教育统一的作用。研究生思想政治教育应高度重视学术研究载体的建设,积极开展校外内、请进来走出去等学术交流活动,将思想政治教育自然融入学术研究之中,使研究生能够在学术交流中受到思想教育。

---

① 柳礼泉、汤素娥:《论研究生学术能力与思想道德的共轭培育》,《学位与研究生教育》,2016年第 5 期。

3. 团学组织

研究生团学组织包括研究生党支部、共青团、研究生会、研究生社团等组织团体。研究生党支部是先进研究生的组织,发挥着先锋队的作用,对研究生的其他团学组织起着带领作用。共青团组织对研究生会和研究生社团具有指导、帮助的作用。团学组织是研究生学习和活动的基本组织,是以研究生为主体的进行自我教育的群体,因此是研究生思想政治教育的重要载体。团学组织通过开展丰富多样的活动,加强对研究生思想、政治、道德等方面的教育引导,锻炼研究生自我教育和自我管理的能力,使研究生的思想认识和道德品质在群体氛围的感染下得到提高。

发挥团学组织在研究生思想政治教育中的作用,首先要提高对研究生团学组织思想政治教育作用的重视程度。高校的各级组织一定要充分认识研究生团学组织是研究生思想政治教育不容忽视的载体,其以研究生为主体,具有较强亲和力和吸引力的优势,是其他载体难以替代的。高校加强研究生思想政治教育,一定不能忽视研究生团学组织的作用。其次,要引导和帮助研究生团学组织开展适合研究生特点的、丰富多样的、蕴含思想政治教育的活动,既丰富了研究生的课余生活,培养了研究生多方面的能力,又使研究生从中提高思想认识,提升道德素养。

4. 管理工作

管理工作是高校工作的重要内容,管理育人是高校育人的重要组成部分。高校管理"与一般的生产管理不同,必须坚持'以人为本',在管理过程中突出学生主体性地位,才能够更有效地发挥管理育人的作用"[1]。因此,高校管理是以育人为目的的管理,是育人的重要载体。研究生管理工作是高

---

[1] 傅江浩:《发挥管理育人功能加强大学生思想政治教育浅析》,《思想理论教育导刊》,2015年第6期。

校管理工作的重要内容之一,因而也是培养高层次人才的重要载体。研究生的管理工作承载着立德树人和对研究生进行思想政治教育的职责。在管理工作中也发现,研究生在课堂教学和与导师的接触中不容易表现的思想认识、道德品质等方面的问题,在管理工作中往往能够显现出来。

发挥管理工作在研究生思想政治教育中的作用,首先要提高研究生管理工作干部"服务育人"意识。管理工作的主体是管理干部,发挥管理工作育人的作用,管理干部必须明确自身承担着立德树人的责任,提高管理育人和服务育人的意识,促进干部在工作中将管理、服务与育人融为一体。其次,要引导研究生管理工作干部在工作中善于发现研究生中存在的思想行为问题,及时予以疏导。管理干部在工作中能够与研究生直接接触,要发挥思想政治教育的作用,就要善于在工作中发现研究生暴露出来的思想行为问题,针对问题进行引导。再次,要提高研究生管理工作干部的素质。管理干部要在工作中能够及时发现并对研究生进行有效思想引导,必须具有一定的政治素质、思想水平和引导能力。为此,高校要加强对研究生管理工作干部的培训,提高其育人的素质和能力。

5. 现代媒体

现代媒体即新媒体是当代研究生学习生活的必备工具,是研究生获取信息的主要渠道,因而也是新时代研究生思想政治教育的重要载体。实践表明,新媒体是一把"双刃剑",其在给研究生带来积极影响的同时,也使研究生的思想受到负面影响。因此,研究生思想政治教育必须合理利用现代媒体,努力发挥其积极的作用。

发挥现代媒体即新媒体在研究生思想政治教育中的作用,首先,研究生思想政治教育者应高度重视现代媒体的作用。习近平总书记强调:"做好高校思想政治工作,要因事而化、因时而进、因势而新,要运用新媒体新技术使思想政治工作活起来,推动思想政治工作传统优势同信息技术高度融合,增强时代感和吸引力。"①研究生思想政治教育工作者要做到与时俱进,跟上现代媒体发展的要求,充分认识现代媒体是当代研究生思想政治教育的重要载体,必须高度重视。其次,研究生思想政治教育者在运用现代媒体时,要善于发现研究生思想行为中的问题并及时进行疏导。现代媒体所具有的交互性和虚拟性等特点,使得研究生在网络世界中,更能够真实地表达自己的思想和观点,其思想行为中的问题也更易于显现出来。思想政治教育者要善于发现研究生在运用现代媒体时显现出的不良思想行为,并及时进行有效的疏导。再次,要提高研究生思想政治教育工作者的媒介素质。发挥现代媒介思想政治教育载体的作用,要求教育者比较娴熟地掌握新媒体的应用技术。为此,教育者必须加快提高新媒体的应用能力,提升应对新媒体给研究生思想政治教育所带来挑战的能力。

(五)建设新时代研究生思想政治教育的队伍

做好研究生思想政治教育工作,建设一支高素质、强有力的思想政治教育队伍是关键。为此,需要在以下三个方面着力:

1. 明确研究生思想政治教育队伍的素质要求

研究生是高等教育中层次较高、特点较鲜明的学生群体,该群体的特殊性要求承担其思想政治教育工作的队伍具有高素质。高素质的研究生思想政治教育队伍应具备以下基本素质。

第一,具有坚定的政治立场和比较厚实的马克思主义理论基础。由于研究生是大学生中学历层次较高的群体,其阅历相对丰富、视野相对广阔、思想相对复杂,个人的世界观、人生观和价值观初步形成,调整、重塑的难度

---

① 习近平:《在全国高校思想政治工作会议上的讲话》,《人民日报》,2016 年 12 月 9 日。

较大。研究生的特点决定了要使思想政治教育有效,教育者必须具有坚定的政治立场和比较厚实的马克思主义理论基础。政治立场坚定,就是要求思想政治教育工作者有坚定的"四个自信",在政治上、思想上、言行上始终自觉地同党中央保持高度一致。具有比较厚实的马克思主义理论基础,就是要求思想政治教育者要掌握马克思主义的基本理论。研究生思想政治教育者只有政治立场坚定,政治站位高,有比较厚实的马克思主义理论功底,才能担起解研究生思想之困惑、指导研究生发展之方向的重任。

要实现研究生思想政治教育队伍政治立场坚定、具有比较厚实的马克思主义理论基础,首先要提高队伍的政治素养,使其坚定"四个自信"和"四个服务"思想,树立为中国特色社会主义共同理想和共产主义远大理想奋斗终生的理想信念。对于研究生思想政治教育者,树立"四个自信"是做好"四个服务"的精神前提。只有思想政治教育者发自内心地坚定中国特色社会主义道路自信、理论自信、制度自信和文化自信,才能自觉地做到为人民服务、为中国共产党治国理政服务、为巩固和发展中国特色社会主义制度服务、为改革开放和社会主义现代化建设服务。只有坚定了"四个自信"和"四个服务"思想,才能深刻领悟高校"培养什么人、如何培养人以及为谁培养人"这一根本问题。其次,研究生思想政治教育者要努力学习马克思主义,努力做到学马、懂马、信马、讲马。研究生思想政治教育是以马克思主义为指导,以实现研究生的全面发展为目标的社会实践活动。研究生思想政治教育者只有努力学习马克思主义,科学准确地把握马克思主义基本原理,坚定不移地信仰马克思主义,才能宣传好马克思主义,才能自觉地运用马克思主义的立场、观点和方法为研究生释疑解惑,引导其向正确方向发展。

第二,具有从事科学研究的经历和一定的研究能力。具有从事科学研究的经历和一定的研究能力是做好研究生思想政治教育的基础。科学研究的经历就是教育者自身曾经独立进行过或参与过科学研究,了解进行科学研究的环节、步骤和关键点。一定的研究能力是指具备基本的独立进行科学研究的能力。由于研究生阶段的学习是以"研究"为主,研究的特点不是单纯地吸收信息和简单地练习,而是要获取和创造新的知识。因此,研究生思想政治教育者只有具备从事科学研究的经历和一定的研究能力,才更能与研究生有共同话语,更能理解研究生的需求,使所讲的道理能够满足研究生成长发展的期待,让研究生折服,提高研究生的获得感,让他们从内心深处乐于接受思想政治教育。

要使研究生思想政治教育者具有从事科学研究的经历和一定的研究能力,首先把好入口关,在选聘研究生思想政治工作者时要将其作为必要的条件。其次,从事研究生思想政治工作的教育者应努力提高自身的研究素养,提升自身的研究能力和水平,努力做研究型的思想政治工作者,从而赢得研究生的敬佩和信服,提高思想政治教育的成效。再次,应建立相应的制度、创造相关的条件,鼓励研究生思想政治工作者从事研究工作。

第三,具有较强的理论引导能力和语言感染能力。具有较强的理论引导能力和语言感染能力是做好研究生思想政治教育工作的基本技能。理论引导能力是运用马克思主义理论及其他科学理论对研究生进行正面说服教育的能力。语言感染能力是指具有较强的语言表达能力。由于研究生的知识基础较广博、独立思考能力较强和"三观"基本形成,他们有自己相对独立的观点和见解,乐于接受逻辑严谨、富有激情、话语幽默的教育,教育者如果没有较强的理论引导能力和具有亲和力的表达能力,则很难使他们折服,使他们有高获得感。

要使研究生思想政治教育队伍具有较强的理论引导能力和语言感染能力,首先在选聘研究生思想政治教育者时应把好语言表达关,注意对语言亲和力和感染力的考察。其次,研究生思想政治教育者应加强马克思主义基本理论的学习,夯实马克思主义理论功底,注意话语的亲和力,不断提高自身的理论说服能力和语言感染力。

第四,具有高尚的师德和较强的创新精神。具有高尚的师德和较强的创新精神是做好研究生思想政治教育的保证。习近平总书记强调:"师德是深厚的知识修养和文化品位的体现。师德需要教育培养,更需要老师自我修养。做一个高尚的人、纯粹的人、脱离了低级趣味的人,应该是每一个老师的不懈追求和行为常态。"[1]创新精神是勇于抛弃旧思想和旧事物、创造新思想和新事物的精神。亲其师才能信其道。思想政治教育要得到研究生的认同,首先思想政治教育者要得到研究生的认可。思想政治教育者只有做到在党爱党、在党言党、在党为党,做到以德立身、以德立学、以德施教,才能赢得研究生的敬佩,其说教才能被研究生信赖、接受。

要使研究生思想政治教育队伍具有高尚的师德和较强的创新精神,首先研究生思想政治教育者应加强自身的思想政治修养、道德修养、文化修养、审美修养和心理修养,提高自身的人格魅力,为广大研究生所尊重,增强其引领力。其次,研究生思想政治教育者还应增强创新意识,提高创新能力,为研究生做创新的榜样,做创新的引领者。

2. 构建研究生思想政治教育队伍

建设高素质的研究生思想政治教育队伍,不仅要有素质方面的高要求,还要有结构上的高要求。优化研究生思想政治教育的队伍结构,是建设高素质研究生思想政治教育队伍的要求。

一是研究生思想政治教育要以研究生导师为主体。研究生导师是研究生思想政治教育的主体力量,这是由导师在研究生培养中的地位决定的。研究生在学期间,与导师接触的时间最多、联系得最为紧密,他们对导师具

---

① 习近平:《做党和人民满意的好老师——同北京师范大学师生代表座谈时的讲话》,《人民日报》,2014 年 9 月 10 日。

有天然的认同感,最易于领会、接纳导师的指导教育。导师对研究生思想行为的了解及影响是他人无法比拟的。因此,导师是研究生培养的第一责任人,也是研究生思想政治教育的首要责任人。为了充分发挥导师思想政治教育主体的作用,首先应增强导师育德职责的意识。要使研究生导师充分认识育德和育才是导师育人所包含的两个不可分割的内容,研究生导师具有了解掌握研究生的思想状况,将专业教育与思想政治教育有机融合,既做学生的学业导师又做学生的人生导师的职责,缺少其中的任何一个方面,导师的职责都未完成。其次,导师应自觉地将思想政治教育贯穿于研究生培养的全过程。导师应把育德工作融入对研究生的学业指导中,贯穿于课程学习、科学研究、学位论文写作和答辩等培养的全过程,培养研究生良好的学风,严格要求学生遵守科学道德和学术规范。再次,导师要加强自身修养,做德艺双馨的学者,率先垂范,以良好的思想品德和人格魅力影响和鼓舞研究生。

二是研究生思想政治教育以专职辅导员和专职管理干部为中坚力量。专职辅导员和专职管理干部是研究生思想政治教育队伍的中坚力量。专职辅导员是指在院(系)专职从事研究生日常思想政治教育工作的人员。专职管理干部是指专职从事研究生教育管理工作的党政干部,一般包括校党委研究生工作部干部、研究生院管理干部、学院研究生教学秘书等。专职辅导员和专职管理干部作为研究生思想政治教育队伍的中坚力量,是由专职辅导员和专职管理干部工作岗位特点决定的。研究生在学期间除了与导师接触外,还会与所在学院(系)或学校职能部门的教师打交道,特别是与所在学院(系)的辅导员和研究生管理秘书联系得更多。辅导员肩负研究生思想教育和价值引领、学风建设、心理健康教育,以及研究生日常事务管理等众多职责,在实际工作中对研究生的思想行为具有重要的影响。管理干部承担着学校研究生教育培养、教学管理、事务管理、就业服务等工作,也对研究生的思想行为具有影响作用。

为了充分发挥专职辅导员和专职管理干部在研究生思想政治教育中的中坚力量作用,首先要严格专职辅导员和专职管理干部的选聘条件。专职辅导员和专职管理干部是专门负责研究生思想政治教育和管理工作的,是除导师外与研究生联系最多、接触最密切的人,因此在选聘时必须在政治思想、道德品质和业务能力上坚持高标准、严要求。其次,专职辅导员和专职管理干部要牢固树立管理育人的理念,不断提高立德树人的责任感。立德树人是高校的根本任务,是在高校工作的所有人员义不容辞的职责,研究生专职辅导员和专职管理干部也不例外,也具有立德树人的职责,所不同的是将立德贯穿于管理工作之中,做到管理育人和服务育人。再次,专职辅导员和专职管理干部要努力提高自身的素质,以适应研究生思想政治教育的要求。专职辅导员和专职管理干部必须按照研究生思想政治教育者应具备的素质能力要求自己,提高管理育人和服务育人的能力,在工作中做到善于发现研究生暴露出的思想和行为问题并进行有效引导,尽力帮助研究生解决学习、生活中的困惑,促进研究生健康成长和全面发展。

三是研究生思想政治教育以其他教职工为补充。高校除研究生导师和研究生专职辅导员、专职管理干部之外的其他教职工,是研究生思想政治教育队伍的补充力量。“其他教职工”包括课程教师、图书馆资料室管理人员、后勤特别是宿舍和食堂管理工作人员等。由于“其他教职工”与研究生也有着直接或间接的联系,因而对研究生的思想行为也有一定的了解及影响作用。承担研究生各门课程的教师都负有挖掘课程中蕴含的思想政治教育资源,将思想政治教育元素融入课程教学过程的职责。学校图书馆的管理人员、后勤工作人员是研究生在借阅图书期刊、使用校园网络资源、饮食住宿、生活服务时接触的群体,他们的言谈举止、职业素养和敬业精神对研究生也具有较大的影响。

为了充分发挥"其他教职工"在研究生思想政治教育中补充力量的作用,首先要增强"其他教职工"的立德树人意识和责任感。要让"其他教职工"都充分认识到自己肩负着立德树人的职责,强化任课教师的教书育人意识,强化管理人员的管理育人意识,强化后勤工作人员的服务育人意识,从而发挥在研究生思想政治教育中的作用,形成研究生思想政治教育的合力。其次,要提高"其他教职工"的育人能力,即提高任课教师做好课程思政工作的能力,提高管理人员做好管理育人工作的能力,提高后勤工作人员做好服务育人工作的能力,切实发挥研究生思想政治教育补充力量的作用。

四是研究生思想政治教育以研究生骨干为辅助。研究生骨干是研究生思想政治教育队伍的辅助力量。研究生骨干是在德智体美劳等方面表现优秀的研究生。在通常情况下,研究生骨干主要包括研究生党员、研究生干部和其他优秀研究生。由于研究生骨干是研究生中的优秀者,能充分体现研究生较成熟、独立性强、工作能力较强等特点,具有综合素质较高、号召力较强、能够起到示范引领作用的优势,因而是研究生群体进行自我教育、自我管理的重要力量。

为了充分发挥研究生骨干在研究生思想政治教育中辅助力量的作用,首先在选择研究生骨干时要注重对其政治素质、学习研究能力和组织协调能力考核把关。只有将具有坚定正确的政治立场、较强的学习研究能力和组织协调能力的研究生选入骨干队伍,才能保证其在思想政治教育中发挥应有的作用。其次,要加强对研究生骨干的培养,发挥其率先垂范作用。研究生骨干虽然思想相对成熟稳定,但仍具有一定的可塑性。因此,要切实加强对研究生骨干的培养,使其起到榜样带领作用。

3.加强研究生思想政治教育队伍管理

建设优良的研究生思想政治教育队伍,不仅要求具有较高的素质和合理的结构,还必须加强队伍的管理。

一是加强研究生思想政治教育队伍的培训。加强培训是加强研究生思想政治教育队伍管理的重要内容。建设高素质的研究生思想政治教育队伍离不开有效的培训。首先，要加强对研究生思想政治教育队伍提高立德树人意识和育人责任感的培训，要开展形式多样的培训活动，让研究生思想政治教育队伍中的每一个人都明确自己是研究生思想政治教育队伍中的一员，义不容辞地承担起落实立德树人的根本任务，担当起育人的职责。其次，要加强对研究生思想政治教育队伍育人能力的培训。认识的提高提供了做好工作的可能，能力的提高才使做好工作有可能转化为现实。为此，高校要通过多种方式、多条途径，分层次、分类别地对研究生思想政治教育者开展教书育人能力、管理育人能力和服务育人能力的培训。

二是完善研究生思想政治教育队伍的考评。科学的考核评价也是研究生思想政治教育队伍管理的重要内容。为此，高校首先要将育人工作列入研究生思想政治教育队伍人员的岗位职责考评之中，对其育人工作实绩进行考核、予以评价，用以强化研究生思想政治教育者的岗位育人意识，促进研究生思想政治教育者提高履职能力。其次，用好考评结果激励研究生思想政治教育者的育人积极性。高校应将育人业绩的考评结果与津贴发放和晋职晋级相联系，使在育人工作中认真自觉、业绩突出者得到认可，使对育人工作缺乏正确认识、业绩不佳者受到警示，使考评成为进一步激发研究生思想政治教育队伍工作热情和创造力的动力。

（六）完善新时代研究生思想政治教育的管理体制机制和制度

管理体制、机制和制度是做好任何工作的必备条件，也是新时代加强研究生思想政治教育的重要保障。

1. 完善新时代研究生思想政治教育的管理体制

研究生思想政治教育管理体制是"研究生思想政治教育管理体系中关于组织机构设置、相互隶属关系以及权限划分等方面的制度安排"①。完善管理体制对有效开展研究生思想政治教育具有重要作用。完善研究生思想政治教育管理体制主要包括：

一是完善研究生思想政治教育纵向管理体制。研究生思想政治教育纵向管理体制是指学校、学院、学科和导师之间的分级管理体制,其特点是层层落实、职责明确、责任到人。学校侧重于宏观管理、学院侧重于中观管理、学科侧重于微观管理、导师侧重于研究生的个性化管理。完善研究生思想政治教育纵向管理体制应该做到：

首先,完善学校层面的研究生思想政治教育,即在校党委的统一领导下,成立研究生思想政治教育领导小组,承担学校研究生思想政治教育工作的领导和顶层设计。领导小组下设党委研究生工作部,作为具体执行部门,负责制定研究生思想政治教育的规章制度、工作规划、方向引导和评估监控等,保证学校领导小组顶层设计落实。同时,负责为学院、学科乃至导师的研究生思想政治教育工作提供宏观指导。

其次,完善学院层面的研究生思想政治教育,即成立以学院(系)分党委(党总支)书记为组长、分党委(党总支)副书记和院长为副组长的研究生思想政治教育领导小组。领导小组根据学校研究生思想政治教育工作安排,结合本院(系)实际制定落实学校研究生思想政治教育工作任务的顶层设计,制定学院各方面人员做好研究生思想政治教育工作的具体实施方案。分党委(党总支)书记和副书记负责做好学院(系)研究生思想政治教育领导

---

① 孙友莲:《高校研究生思想政治教育管理体制探索》,南京师范大学硕士学位论文,2006 年 4 月。

小组顶层设计和实施方案的落实工作；指导和检查研究生导师、任课教师、专职辅导员和管理干部及研究生党团组织、社团落实的情况。

再次，完善学科层面的研究生思想政治教育，即充分发挥学科带头人的作用，由带头人带领学科按照学校特别是学院（系）研究生思想政治教育工作的规划和要求，从本学科的特点出发，制定和实施本学科研究生思想政治教育的发展计划与实施方案，特别是本学科落实研究生导师思想政治教育首要责任人的举措，以及实现德才兼备人才培养目标的举措。

最后，完善导师层面的研究生思想政治教育，即制定导师将研究生培养和思想政治教育结合的具体实施举措，如定期同研究生谈心交流，及时了解他们的思想和学习状况，予以思想上的引导、心理上的疏导等。

二是探索研究生思想政治教育横向管理体制。研究生思想政治教育横向管理体制是指同师门研究生思想政治教育的管理体制。同师门的研究生即同一导师指导的研究生。同师门的研究生可能在学历层次、性别、年龄、年级及学习研究能力等方面存在差异，但都有以导师为中心的认同感和归属感，并由此形成了以导师为中心的学术团队。在一个学院（系）中依据导师的数量会形成若干学术团队。因此，探索同师门研究生思想政治教育的横向管理体制，充分发挥师门学术团队思想政治教育的作用，既突出了研究生思想政治教育的特点，又凸显了导师作为研究生思想政治教育首要责任人的作用。同师门研究生思想政治教育可以以"师门研讨活动"为主要形式，一方面可以促进研究生学识的增长，思维能力、创新精神和创新能力的提高；另一方面有助于导师发现研究生在政治态度、价值观及学风学术道德等方面的问题，及时进行教育引导。学校和学院（系）应探索对同师门研究生思想政治教育的管理，提出具体要求，深化研究生思想政治教育。

2.强化研究生思想政治教育的机制

研究生思想政治教育机制是指研究生思想政治教育运行所包括的各基

本要素及其之间的关系和各要素功能的发挥,是一个按一定方式有规律地运行着的动态系统。健全的机制是研究生思想政治教育取得实效的重要保障。强化研究生思想政治教育机制主要包括:

一是强化研究生思想政治教育的运行机制。研究生思想政治教育"运行机制是指研究生思想政治教育决策层、执行层通过何种形式开展具体工作,侧重于研究生思想政治教育工作各构成要素之间相互作用的制约关系及教育功能的发挥方式"①。研究生思想政治教育运行机制主要包括决策、实施教育和反馈评价等基本环节。只有具备了保证决策科学的机制、有效的实施机制和客观的反馈评价机制,才能保证研究生思想政治教育运行正常高效。

二是强化研究生思想政治教育的保障机制。研究生思想政治教育保障机制主要包括政策保障、组织保障、制度保障、经费保障、人员保障和环境保障等。健全的保障机制对研究生思想政治教育的正常有效运行具有重要作用。在政策保障方面,要制定支持研究生思想政治教育开展的必要政策措施;在组织保障方面,要建立健全组织机构,设立专门的管理工作部门;在制度保障方面,要建立健全明确的工作职责,制定行为规范,形成工作机制,保证有序运行;在经费保障方面,要提供必要的经费支持和设施设备等工作条件,保证研究生思想政治教育能够顺利开展;在人员保障方面,要为设定的工作岗位提供必需的人员,建设一支数量适当、素质较高、结构合理的队伍;在环境保障方面,要加强和改进校园、社会环境及通过建立两者之间的协调互动机制,为研究生思想政治教育工作营造良好的育人氛围和环境。

三是强化研究生思想政治教育的评价机制。要研究制定内容全面、指

---

① 刘会杰:《增强阵地意识 完善高校思想政治教育的运行机制》,《山东大学学报》(哲学社会科学版),1991 年第 4 期。

标合理、方法科学的评价体系,即制定对研究生思想政治教育工作供给侧、需求侧和管理层评价的标准。对于供给侧评价,应从研究生思想政治教育者的工作开展与履职尽责情况、团学组织活动与校园文化建设情况、教育内容方法与载体运用情况、思政课程与课程思政建设情况等方面制定评价标准;对于需求侧评价,应从育人成效方面制定评价标准;对于管理层评价,应从研究生思想政治教育的领导体制情况、制度建立与落实情况、机构设置情况、队伍建设情况、经费投入与物质保障情况,以及思想政治教育环境营造情况等方面制定评价标准。

3.建立健全研究生思想政治教育的制度

研究生思想政治教育制度是研究生思想政治教育的规范体系,是为了促进各要素协同运行而进行的规章制度建设。健全的制度对研究生思想政治教育的规范有效运行具有重要的保障作用。健全研究生思想政治教育制度主要包括:

一是建立健全研究生思想政治教育管理制度。研究生思想政治教育管理制度包括党和国家的管理制度、省(市、自治区)的管理制度、高校的管理制度、学院的管理制度、学科的管理制度等多个层面。首先,应从国家和省(市、自治区)层面进一步健全研究生思想政治教育管理制度,并严格督查制度的执行和落实情况。其次,各高校应从具体的实施层面加强管理制度建设。在教育主体层面,高校应依据上级领导部门研究生思想政治教育的要求和任务制定相应的实施细则,使之规范化、制度化。比如,应制定相关职能部门研究生思想政治教育职责和分工的制度,制定学院、学科研究生思想政治教育职责的制度,制定研究生导师思想政治工作制度和职责具体要求,制定研究生辅导员的工作制度,制定研究生导师和辅导员工作互动制度,建立任课教师、管理干部、后勤服务人员育人考评和激励制度等。在教育内容层面,高校应制定研究生学术道德规范条例,健全毕业论文查重、匿名评审和审查制度,制定心理健康筛查和咨询制度等。在教育载体层面,高校应制定研究生课堂教学教书育人的制度、团学组织承担思想政治工作的制度、开展交流研究活动的制度、实践育人的制度和互联网使用的制度等。

二是建立健全研究生导师思想政治教育制度。研究生导师思想政治教育制度包括导师选聘制度、培训制度、育人制度和考核制度等多个方面。在制定导师遴选条件时,要把师德师风和育人成效作为遴选研究生导师的必要条件,并实行"一票否决"制。在制定导师培训制度时,不仅应包括专业培训制度,还应包括对导师进行思想政治教育理论、知识和技能的培训制度。在制定导师考核管理制度时,应制定严格的导师定期考核、定期汇报和研究生参与评价等制度。在制定导师思想政治工作考核激励制度时,应建立对在研究生思想政治教育中表现突出的导师予以褒奖的制度,对没有尽到职责的导师予以惩戒的制度。

三是建立健全研究生辅导员思想政治教育制度。研究生辅导员思想政治教育制度包括辅导员的选聘制度、培训制度、考核制度和激励制度等多个方面。在辅导员选聘制度方面,应健全符合研究生思想政治教育者素质能力要求的研究生辅导员的选聘制度,严格选聘条件,有计划地选拔思想素质高、业务能力强的教师充实到研究生辅导员队伍中来。在辅导员培养培训制度方面,应健全提升研究生辅导员素质能力的培养培训制度,实行集中培训与个别培训相结合、定期培训与常规培训相结合,合理确定培训内容和方式,全面提高辅导员队伍的整体素质。在辅导员考核管理制度方面,应健全研究生辅导员工作考核、奖惩及流转的制度。

四是建立健全研究生"德育一体化"制度。研究生"德育一体化"制度是指建立全员育人、全过程育人、全方位育人制度,使整体育人效力最大化。要建立健全全员育人制度,保证研究生思想政治教育队伍所有成员目标一致、劲往一处使;要建立健全全过程育人制度,保证研究生思想政治教育贯穿于教育教学、管理工作、服务工作和研究生培养和研究生在校成长的始终;要建立健全全方位育人制度,保证学校各个部门、各个岗位、各项工作都参与到研究生思想政治教育中,都担当起育人的职责,形成研究生思想政治教育的浓厚氛围和研究生健康成长全面发展的良好环境。

五是建立健全研究生思想政治教育大数据应用制度。首先要建立大数据共建共享制度。当前,各高校都在广泛开展智慧校园建设并取得了明显的成效。在"智慧校园"建设环境下,应以制度的形式坚定推进大数据与研究生思想政治教育的深度融合和创新发展,统筹共建共享研究生思想行为大数据资源。利用无线大数据系统可以对研究生的校内行为轨迹进行实时监测和分析,或者对一段时间以来研究生校内行为轨迹的监测和分析,有助于掌握哪些研究生的思想行为属于正常状态而不需要干预或引导、哪些研究生的思想行为出现异常状态而必须及时进行引导或帮助,从而提高研究生思想政治教育者的工作效率,并减少教育者的工作量。其次,要建立研究生思想政治教育网信队伍发展制度,提升网信队伍的信息化领导力,让网信队伍人员有成就感、获得感和责任感,促进研究生思想政治教育网信队伍的健康发展。再次,要建立信息安全与隐私保护制度。研究生思想政治教育大数据系统所采集的数据信息量大,并且很多都涉及研究生的个人隐私,应建立相应的信息安全与隐私保护制度,指定专人负责全校研究生思想政治教育大数据分析系统的运行和维护,以及数据的使用和管理,坚决杜绝信息的泄露或滥用。

第七章　新时代大中小学思想政治教育
一体化研究

　　大中小学思想政治教育一体化问题是新中国成立以来,特别是党的十九大以来党和国家高度重视的问题。早在 1985 年 8 月 1 日《中共中央关于改革学校思想品德和政治理论课程教学的通知》中,就提出了小学思想品德课、中学思想政治课、大学马克思主义理论课在内容上的衔接问题。① 在1994 年 8 月 31 日《中共中央关于进一步加强和改进学校德育工作的若干意见》中,提出要科学地规划大中小各教育阶段德育的具体内容、实施途径和方法,实现由浅入深、整体衔接的德育体系。② 2005 年 4 月 20 日在教育部《关于整体规划大中小学德育体系的意见》中,对不同教育阶段学生的德育目标、内容、课程、活动、途径、领导进行了系统规划。2010 年在《国家中长期教育改革和发展规划纲要》中,又提出构建大中小学有效衔接德育体系的要求。2012 年全国教育工作会议再次提出,要构建目标明确、内容科学、结构

---

　　① 参见教育部社会科学司组编:《普通高校思想政治理论课文献选编》,中国人民大学出版社,2008 年,第 106 ~ 107 页。
　　② 同上,第 152 页。

合理、学段衔接、循序渐进的大中小学德育课程教材体系。党的十九大以来,特别是习近平总书记在全国学校思想政治理论课教师座谈会上强调"在大中小学循序渐进、螺旋上升地开设思政课非常必要,是培养一代又一代社会主义建设者和接班人的重要保障"①之后,中共中央办公厅、国务院办公厅和教育部在若干文件中,对推进大中小学思想政治教育一体化作了顶层设计和具体部署。至此,大中小学思想政治教育一体化在全国轰轰烈烈开展。

一、新时代大中小学思想政治教育一体化的必要性

党的十九大报告对教育提出的要求是:"要全面贯彻党的教育方针,落实立德树人根本任务,发展素质教育,推进教育公平,培养德智体美全面发展的社会主义建设者和接班人。"②2018年习近平总书记在全国教育大会上的讲话中将之发展为"培养德智体美劳全面发展的社会主义建设者和接班人"③。新时代面对的世界百年未有之大变局和实现中华民族伟大复兴战略全局"两个大局",提出了遵循学生思想品德发展和思想政治教育规律,实现大中小学思想政治教育一体化,培养德智体美劳全面发展的社会主义建设者和接班人的迫切要求。

---

① 习近平:《思政课是落实立德树人根本任务的关键课程》,《求是》,2020年第17期。

② 习近平:《决胜全面建成小康社会 夺取新时代中国特色社会主义伟大胜利——在中国共产党第十九次全国代表大会上的报告》,人民出版社,2017年,第45页。

③ 习近平:《坚持中国特色社会主义教育发展道路 培养德智体美劳全面发展的社会主义建设者和接班人》,《光明日报》,2018年9月11日。

（一）促进学校思想政治教育科学发展之需要

培养德智体美劳全面发展的社会主义建设者和接班人，是学校思想政治教育的根本目的和最终目标。为了保证根本目的和最终目标的实现，前提是实现学校思想政治教育的科学发展。思想政治教育的科学发展主要体现在，教育要符合学生思想品德形成发展规律和学校思想政治教育规律。因为科学的发展必须以事物发展的客观规律为依据，不能是违背规律的主观想象。学校思想政治教育要实现科学发展，也必须遵循学生思想品德发展的规律和学校思想政治教育的规律。学生思想品德发展的规律是从简单到复杂、从低级到高级、从旧质到新质的矛盾运动过程，因而大中小学思想政治教育的规律也应是由浅入深、由低到高、循序渐进、螺旋上升。大中小学思想政治教育一体化就是既要体现小中大不同学段学生思想品德基础的差异性，提出具有各学段特点的思想政治教育目标、内容、方法等；又要体现不同学段之间教育的内在联系和衔接。因此，实现大中小学思想政治教育一体化恰是思想政治教育科学发展的要求。

（二）提高学校思想政治教育实效性之需要

增强实效性是学校思想政治教育的追求。在党和国家的高度重视和学校领导及广大教师的共同努力下，学校思想政治教育工作有了长足发展，取得了较为突出的成效。但是从整体上看，实效性还不很理想。其原因是多方面的，其中之一就是大中小学的思想政治教育各自为战，缺少沟通与贯通，尚未形成合力。具体表现在各个学段的教育目标层次不清晰、教育内容重复乃至倒挂、教育方法雷同、教育管理条块分割、教育工作者缺乏沟通与合作机制等。因此,要增强学校思想政治教育的实效性,就要坚持大中小学思想政治教育一体化。习近平总书记指出:"要把统筹推进大中小学思政课一体化建设作为一项重要工程,坚持问题导向和目标导向相结合,坚持守正和创新相统一,推动思政课建设内涵式发展。要针对不同学段,根据思想政治理论教育规律和学生成长规律科学设置具体教学目标,抓好教学目标设计、课程设置、教材编写、教学改革、教师培养、考核评价等环节,既不能揠苗助长、操之过急,又不能刻舟求剑、故步自封。"[①]这就说明实现大中小学思想政治教育一体化是包括纵向和横向的系统,只有切实实现了大中小学思想政治教育一体化,思想政治教育的实效性才能切实增强。因此,实现大中小学思想政治教育一体化是增强学校思想政治教育实效性的必然要求。

(三)培养中国特色社会主义事业建设者和接班人之需要

习近平总书记在全国教育大会上的讲话中指出:"培养什么人,是教育的首要问题。我国是中国共产党领导的社会主义国家,这就决定了我们的教育必须把培养社会主义建设者和接班人作为根本任务,培养一代又一代拥护中国共产党领导和我国社会主义制度、立志为中国特色社会主义奋斗终身的有用人才。"[②]培养中国特色社会主义事业建设者和接班人是一个过程,需要大中小学的协同配合。学生从进入学校开始到完成各学段的学业为止,其思想政治素质的形成是一个循序渐进的过程,是他们的思想、政治、道德等方面的认识、情感和行为从简单到复杂、从低级到高级、从量变到质变的矛盾运动的过程。为此,要实现这个过程的最终目标,需要小学、中学、

---

① 习近平:《思政课是落实立德树人根本任务的关键课程》,《求是》,2020 年第 17 期。
② 习近平:《坚持中国特色社会主义教育发展道路　培养德智体美劳全面发展的社会主义建设者和接班人》,《光明日报》,2018 年 9 月 11 日。

大学各个学段的协同配合,形成前后相继的思想政治教育体系,实现最佳的思想政治教育的整体性功能。如果各学段的思想政治教育出现割裂、重复,衔接不紧密,不仅会弱化培养效果,而且会使学生产生逆反心理。因此,大中小学思想政治教育一体化是培养中国特色社会主义事业建设者和接班人的迫切要求。

二、对大中小学思想政治教育一体化现状的审视

研究大中小学思想政治教育一体化问题,必须对其现状有客观、准确的审视和把握,从而为如何加强"一体化"建设提供可靠依据。

(一)大中小学思想政治教育一体化建设取得的进展

党的十九大以来,大中小学思想政治教育一体化建设有了突飞猛进的发展。具体体现在:

1. 党和国家的重视程度显著提升

自2019年3月18日习近平总书记在全国学校思政课教师座谈会上提出,要把统筹推进大中小学思政课一体化作为一项重要工程,实现主线贯穿,循序渐进,螺旋上升的要求后,党和国家对大中小学思想政治教育一体化重视的程度愈益提高,落实的思路、举措愈加具体,辐射的面愈益宽广。

一是明确了大中小学思想政治教育的侧重点。其主要体现在近两年党和国家有关思想政治教育的文件中,都高度重视大中小不同学段的问题。如2019年8月中共中央办公厅、国务院办公厅印发的《关于深化新时代学校思想政治理论课改革创新的若干意见》,明确了大中小不同学段思政课目标

的特点和学习的侧重点。关于思政课的目标,大中小学都是要培养德智体美劳全面发展的社会主义建设者和接班人,其中小学培养做社会主义建设者和接班人的美好愿望,初中培养做社会主义建设者和接班人的思想意识,高中培养做社会主义建设者和接班人的政治认同,大学培养社会主义合格建设者和可靠接班人。关于思政课学习的侧重点,小学侧重启蒙性学习,初中侧重体验性学习,高中侧重常识性学习,本专科侧重理论性学习,研究生侧重探索性学习。2019 年 10 月中共中央、国务院印发的《新时代公民道德建设实施纲要》提出,把立德树人贯穿学校教育全过程。加强思想品德教育,遵循不同年龄阶段的道德认知规律,结合基础教育、职业教育、高等教育的不同特点,把社会主义核心价值观和道德规范有效传授给学生。2019 年 11 月中共中央、国务院印发的《新时代爱国主义教育实施纲要》提出,充分发挥课堂教学的主渠道作用。在普通中小学、中职学校,将爱国主义教育内容融入语文、道德与法治、历史等学科教材编写和教育教学中;在普通高校将爱国主义教育与哲学社会科学相关专业课程有机结合。大中小学的党组织、共青团、少先队、学生会、学生社团等,要把爱国主义内容融入党日团日、主题班会、班队会,以及各类主题教育活动之中。2020 年 7 月教育部在《大中小学劳动教育指导纲要(试行)》中,规定了小学(低年级与高年级)、初中、普通高中、职业院校、普通高校的劳动教育内容。2020 年 12 月中宣部、教育部印发的《新时代学校思想政治理论课改革创新实施方案》,在基本要求、课程目标、课程设置、课程内容、教材建设、组织领导等方面,全方位地部署了落实大中小学思政课一体化的任务与要求。

二是统一编写大中小学思政课教材。为了落实党和国家大中小学思想政治教育一体化的精神,国家教材委员会统筹大中小学思政课的教材建设,成立了专门的教材编写组,已经出版了体现“一体化”的思政课教材。

三是提出了大中小学思政课教师集体备课的要求,探索“一体化”的备课机制。

2. 各省(市、区)、高校积极推进大中小学思想政治教育一体化建设工作

随着党和国家重视程度的提高,全国各省(市、区)、各高校积极行动起来,落实党和国家及教育部的要求和部署,推进大中小学思想政治教育一体化向深入发展。以天津市为例,市教育两委印发了落实总书记讲话和上级部门关于大中小学思想政治教育一体化精神的文件,提出了天津市大中小学思想政治教育一体化的部署、要求和具体举措。如要求每所高校要至少与一所中学和一所小学"牵手",建立了"天津市大中小学思政课一体化建设联盟""天津市大中小学思政工作队伍一体化培训中心"。集体备课、相互交流、联手活动等形式多样的建设活动正在轰轰烈烈地开展。

3. 大中小学思想政治教育一体化的理论研究蓬勃发展

关于大中小学思想政治教育一体化的研究,据查始于 1982 年北京师范大学李意如、汪宝熙和汪兆悌的《对大、中学德育衔接问题的一点看法》和《大、中学德育的衔接问题》两篇论文,初步研究了大中两个学段的德育衔接问题。比较系统的研究是 1995 年中央教科所詹万生教授在其主持的国家教育科学研究重点课题"整体构建学校德育体系的研究与实验"基础上,出版了《整体构建德育体系引论》《整体构建德育体系实验报告集》《整体构建德育体系研究论文集》《整体构建德育体系总论》等系列成果。到党的十九大之前,总体来说关于大中小学思想政治教育一体化的研究不是热点,研究成果时而有之,数量有限。但是党的十九大之后,特别是习近平总书记在全国学校思政课教师座谈会上讲话之后,关于该问题的研究成为思想政治教育研究的热点问题,成果的数量急剧上升。如在中国知网上以"大中小学思政一体化"为主题的期刊论文,从 2018 年到 2020 年共发表 130 篇,其中 2019和 2020 年发表了 129 篇;以"大中小学思政衔接"为主题的期刊论文,从2009 年至 2020 年共发表 31 篇,其中 2019 和 2020 年发表了 28 篇。

（二）大中小学思想政治教育一体化建设中存在的问题

厘清问题是解决问题的前提和基础。目前关于大中小学思政课目标、内容、学习侧重点的一体化，党和国家及中宣部、教育部的文件中已经明确，但是在思想政治教育的途径、方法、管理、评价等方面还存在不清晰和不完善的问题。

1. 大中小学思想政治教育途径一体化存在的问题

大中小学思想政治教育途径一体化存在的主要问题是途径比较狭窄，不能适应发展的要求，需要进一步拓宽。其体现在：一是大中小学思想政治教育一体化目前主要是思政课一体化，而在学生日常思想政治教育和课程思政等方面尚未展开；二是中小学共青团与少先队的一体化问题。少先队组织是小学重要的思想政治教育途径，小学生会以加入少先队、戴上红领巾为荣，但是到了中学，初一的学生普遍存在不爱戴红领巾、不愿意以少先队的形式开展活动的现象，即少先队这一思想政治教育途径在中学难以发挥其作用。因此，如何实现共青团与少先队途径的一体化，避免出现思想政治教育的盲区或断层，是大中小学思想政治教育途径一体化要解决的问题。

2. 大中小学思想政治教育方法一体化存在的问题

大中小学思想政治教育方法一体化存在的主要问题是层次性体现不够，难以体现针对性。其体现在：一是方法的选择未体现出层次性。如思想政治教育的内容要求其以灌输为主，但是根据大中小学的学生特点灌输的具体方法应有层次区别，小学应侧重于用情感性的方法灌输，中学应侧重于用知识性的方法灌输，大学应侧重于用思考性的方法灌输。但是在现在的思想政治教育中方法的层次性体现得并不明显，甚至存在方法混淆乃至方法倒置的问题。二是同一种方法未能体现层次性。如"讲故事"是大中小学都运用的方法,但层次有何区别现在尚不清晰,因而影响了该方法的效果。

3.大中小学思想政治教育管理一体化存在的问题

大中小学思想政治教育管理一体化存在的主要问题是统筹管理尚不到位,从而影响合力形成。其体现在:一是缺少统一的落实大中小学思想政治教育一体化的管理机构。在教育部层面,学校思想政治教育虽都属于教育部管理,但思政课由社科司负责,中小学思想政治教育由基础教育司负责,高校思想政治教育由思想政治工作司负责,缺少大中小学思想政治教育一体化的管理部门在一定程度上影响形成合力的效度。在地方层面,同样缺少统筹大中小学思想政治教育的专门机构。二是尚未形成大中小学思想政治教育队伍统筹管理的机制。习近平总书记在全国思政课教师座谈会讲话前,各学段内的思政课教师的培训、研讨、交流较多,而大中小学思政课教师一起培训、交流、研讨很少;讲话后,各地都在探索大中小学思政课教师统一培训、集体备课、交流研讨。但是目前基本上还是自发性居主导,缺少较为规范的培训、交流制度和机制。

4.大中小学思想政治教育评价一体化存在的问题

大中小学思想政治教育评价一体化存在的主要问题是尚未形成相互衔接的科学评价体系。其体现在:一是尚未形成体现大中小不同学段特点的思想政治教育评价内容和评价指标体系。以思政课为例,中共中央办公厅、国务院办公厅印发的《关于深化新时代学校思想政治理论课改革创新的若干意见》和中宣部、教育部印发的《新时代学校思想政治理论课改革创新实施方案》,对小中大学思政课的目标、内容、学生学习侧重点的要求均已明确,体现出由低到高的层次。既然不同学段有从低到高的不同的特点,那评价的内容和评价指标体系也应体现出学段的特点和由低到高的层次,而不能千篇一律。但是至今还没有能够体现不同学段特点和大中小学相互衔接的评价内容和指标体系。二是尚未形成较为完善的体现大中小学学生和思想政治教育特点的评价方式。大中小学的学生年龄不同、成熟程度不同,思想政治教育的方式方法也有区别,因此评价思想政治教育效果的方式方法也应不同。但是至今还未形成较为规范的适合大中小学不同特点的评价方式方法。

(三)大中小学思想政治教育一体化存在问题的原因分析

目前大中小学思想政治教育在途径、方法、管理、评价等方面存在问题的原因,主要是认识、体制、社会三个方面。

1. 教育管理者与思想政治工作者认识局限性的制约

不同阶段的学校思想政治教育一体化的实现,有赖于教育管理者和思想政治工作者的重视程度,只有他们树立了大中小学思想政治教育一体化的意识,才能自觉地推进"一体化"工作。但是目前虽然党和国家及教育部对大中小学思想政治教育一体化高度重视,制定了相关文件,但各地教育行政部门和学校的管理者与思想政治工作者对"一体化"的认识尚未到位。一是缺少大局意识,对大中小学思想政治教育一体化重要性认识不够,即没有认识到学生的思想、行为总是在量变与质变的交替中不断变化发展的,与之相应,学校的思想政治教育也是一个从低到高不断上升发展的过程,这一过程是前后相接、循序渐进的。低层次教育是高层次教育的基础,高层次教育是低层次教育发展之必然。其中缺少哪一层次或是不同层次间相互断裂,都不会有效达到培养社会主义建设者和接班人的目标。没有为党育人、为国育才的政治站位,必然缺少大中小学思想政治教育一体化的自觉性。二是缺乏用整体性、系统性思维认识大中小学思想政治教育的意识。唯物辩证法认为,事物的发展都是阶段性与连续性的统一,为此就要用整体性、系统性思维来认识。大中小学思想政治教育体现了学生成长和思想政治教育发展的阶段性和连续性,其中的不同学段体现了学生成长和思想政治教育发展的阶段性,"一体化"体现了学生成长和思想政治教育发展的连续性。因此,要推进大中小学思想政治教育一体化,教育管理者和思想政治教育工作者必须具备整体性和系统性思维。对大中小学思想政治教育一体化重要性认识不足,前提是孤立地看待各学段的"阶段性",而忽视了不同学段的"连续性",因而只注重当下不考虑长远,其结果必定影响思想政治教育的效果。究其认识上的原因,则是缺乏整体性和系统性的思维。

2. 条块管理模式和各自为政工作模式的制约

目前我国党政机关与学校实行的是条块管理模式和各负其责的工作模式,这种管理与工作模式制约了大中小学思想政治教育一体化的发展。一是从学生思想政治教育主管部门看,我国不同学段的思想政治教育分属于不同的教育管理部门。如在教育部,中小学思想政治教育由基础教育司负责,高校的思政课由社科司负责,高校的学生思想政治工作由思想政治工作司负责。在各省、市、自治区,学生思想政治教育主管部门基本上与教育部相对应,只是有的将其合并为一个部门,如在天津市教育两委,大中小学学生思想政治教育(包括思政课和日常思政教育)统一由"学生思想教育与管理处"负责。思想政治教育管理的各部门各司其职、各负其责,严格的职责划分使得各个学段的思想政治教育管理呈现条块分割的状态。这些管理部门之间尚未建立起沟通协调机制,从而导致其只对所辖的某个学段、某一方面的思想政治教育情况熟悉,而对其他学段、其他方面的思想政治教育情况缺乏了解。这种各自分管、相互隔离的思想政治教育管理体制,在一定程度上障碍了各学段思想政治教育一体化工作的有效推进。

二是推进大中小学思想政治教育一体化的体制尚不健全。完善的体制是工作开展的保证,推进大中小学思想政治教育一体化必须有健全的体制保证。而目前不论是教育部、省(市、区)教育行政部门,还是大中小学各学校均未形成健全的大中小学思想政治教育一体化的领导、管理体制,这也制约着"一体化"工作的推进。

三是在大中小学校内尚未建立系统、有效的实现大中小学思想政治教育一体化的制度和机制。目前虽然不同学段学校领导增强了大中小学思想政治教育一体化的意识,但是还没有形成各校保证大中小学思想政治教育一体化落实的制度和机制,因而也制约了该工作的开展。

3.急功近利社会风气的影响

学校思想政治教育不是一个封闭的系统,而是置身于社会大环境中,并受其影响。同样,学校思想政治教育一体化的问题也不能单从学校系统内部寻找原因,还需考虑社会大环境的影响。由于社会的快速变化发展、价值多元化的存在和考核评价的导向等因素,功利主义、浮躁之风在社会中盛行。在这种社会背景下,学校思想政治教育也呈现出急功近利的倾向,从而制约了大中小学思想政治教育一体化工作的推进。一是急功近利社会风气淡化了思想政治教育者的全局和战略意识。受社会急功近利风气的影响,一些思想政治教育者缺乏立德树人、培养社会主义建设者和接班人是一个长期、复杂的过程,需要各个学段共同努力的思想,造成在工作中只着眼本单位和当下情况,缺少对不同学段衔接的关注和战略的考虑,不能站在育人的高度认识思想政治教育,因而不能自觉地做好大中小学思想政治教育一体化工作。二是在急功近利社会风气的影响下,社会对学校教育的评价也呈现出功利化特点,仅以升学率和就业率来评价学校的办学质量和水平。在此背景下,学校只能以升学率或考研率、就业率为发展的目标,而轻视了学生的思想政治教育,更顾及不到大中小学思想政治教育一体化的长远战略。

三、破解大中小学思想政治教育一体化
存在问题的理论依据

理论指导实践,有效破解大中小学思想政治教育一体化存在的问题,必须以科学的理论作指导和借鉴。对破解大中小学思想政治教育一体化建设中存在的问题具有直接指导和借鉴意义的理论是:唯物辩证法关于事物发展是阶段性和连续性相统一的原理、马克思和恩格斯的"合力"思想,以及系统论原理。

(一)事物发展是连续性与阶段性辩证统一的原理

质量互变规律是唯物辩证法的基本规律之一。辩证唯物主义认为,质量互变在事物发展中不仅具有普遍性,而且具有复杂性。复杂性包括量变的复杂性和质变的复杂性。量变的复杂性主要体现在量变形式的多样性和总的量变过程中包含部分质变两个方面。其中总的量变过程中包含部分质变又可分为两种情况:一是阶段性部分质变,即事物的根本性质未变而比较次要的性质发生了变化,使事物的发展呈现出阶段性;二是局部性部分质变,即事物全局的性质未变而其中个别部分发生了性质的变化。事物发展的连续性与阶段性相统一就是在事物整体未发生根本性质变的过程中出现了阶段性的部分质变。

事物发展连续性与阶段性相统一原理包括的主要观点有:第一,事物发展是一个连续性过程。所谓连续性是指事物在发展过程中根本性质未变,即该事物仍是该事物。第二,事物发展的过程具有阶段性。所谓阶段性是指在事物渐进过程中出现"中断",即在事物仍是该事物的过程中出现了部分质变,使事物的发展呈现出阶段性特征。第三,事物的发展是连续性和阶段性的统一。所谓连续性和阶段性的统一是指在事物发展的整个过程中,根本性质未发生改变,但其中的某些部分发生了质变,从而使事物的发展呈现出明显的阶段性特征。第四,事物发展的连续性和阶段性相互依存、不可分割。阶段性是连续性的基础,连续性是阶段性的发展。

事物发展连续性和阶段性相统一原理是大中小学思想政治教育一体化的学理基础。大中小学思想政治教育一体化就是学校思想政治教育连续性和阶段性的统一。学校思想政治教育是学生在校学习期间对其进行思想政治教育的整个过程,大中小学思想政治教育则是不同学段的思想政治教育。前者体现的是连续性,后者体现的是阶段性。大中小学思想政治教育一体化,体现的是连续性和阶段性的统一。不同学段思想政治教育突出了各学段思想政治教育在教育对象特点、教育目标、教育内容、教育途径、教育方法等方面的差异性,说明各学段间不能混淆,更不可替代,反映了阶段性部分质变。大中小学思想政治教育一体化体现的是学校思想政治教育的连续性,说明学校思想政治教育是培养社会主义建设者和接班人的完整的过程。只有用连续性和阶段性相统一原理认识学校思想政治教育,才能既明确大中小学的不同特征,增强教育的针对性,又不只囿于各学段,搞封闭式的、各自为战的教育;才能既看到大中小学思想政治教育的共同目标和相互联系,又不忽略各学段的特点,搞滞后性或超越性教育。

（二）马克思和恩格斯的"合力"思想

马克思和恩格斯提出的"合力论",也是破解大中小学思想政治教育一体化建设中存在问题的指导思想。

1. 马克思的"生产合力"思想

马克思通过考察生产过程特别是资本主义生产过程,提出了"生产合力"的思想。其主要观点如下:

第一,生产过程中的合力是一种集体力。马克思指出:"单个劳动者的力量的机械总和,与许多人手同时共同完成同一不可分割的操作(例如举起重物、转绞车、清除道路上的障碍物等)所发挥的社会力量有本质的差别。在这里,结合劳动的效果要么是单个人劳动根本不可能达到的,要么只能在长得多的时间内,或者只能在很小的规模上达到。这里的问题不仅是通过协作提高了个人生产力,而且是创造了一种生产力,这种生产力本身必然是集体力。"①此论述告诉我们,许多人在生产过程中所产生的社会力量,不同于单个人的力量的机械总和,它是一种集体力量,是一种合力。

第二,生产过程中的集体力是一种新的力量。马克思指出:"且不说由于许多力量融合为一个总的力量而产生的新力量。在大多数生产劳动中,单是社会接触就会引起竞争心和特有的精力振奋,从而提高每个人的个人工作效率。"②这就说明,集体力是一种高于或大于个人力量机械总和的新力量。

第三,新的力量产生于协作。马克思指出:"这种生产力是由协作本身产生的。"③"许多人在同一生产过程中,或在不同的但互相联系的生产过程中,有计划地一起协同劳动,这种劳动形式叫做协作。"④这说明集体力是在多人的协同劳动中产生。

第四,协作劳动既能发挥个人的能力,又能摆脱个人的局限。马克思指出:"尽管许多人同时协同完成同一或同种工作,但是每个人的个人劳动,作

①④ 《马克思恩格斯文集》(第五卷),人民出版社,2009年,第378页。

② 同上,第379页。

③ 同上,第382页。

为总劳动的一部分,仍可以代表劳动过程本身的不同阶段。"①"劳动者在有计划地同别人共同工作中,摆脱了他的个人局限,并发挥出他的种属能力。"②这说明,集体力是多人的合力,但合力并不否定或抹杀个人的力量,反而促进个人克服自身局限性。

第五,复杂的协作劳动需要有承担管理、监督、协调职能的"指挥"。马克思指出:"随着许多雇佣工人的协作,资本的指挥发展成为劳动过程本身的进行所必要的条件,成为实际的生产条件。现在,在生产场所不能缺少资本家的命令,就像在战场上不能缺少将军的命令一样。""一切规模较大的直接社会劳动或共同劳动,都或多或少地需要指挥,以协调个人的活动……一旦从属于资本的劳动成为协作劳动,这种管理、监督和协调的职能就成为资本的职能。"③

马克思关于"生产合力"的思想是解决大中小学思想政治教育一体化建设中存在问题的指导思想。大中小学思想政治教育一体化就是要形成学校思想政治教育的合力。大中小学思想政治教育有效衔接所形成的合力,所产生的是大于和高于各学段力量的集体力。这种集体力既可以充分肯定和发挥各学段的积极作用,又能够有力克服各学段自身的局限性。这种新的集体力量不是自发形成的,需要具备强有力的组织和机制保证。

2. 恩格斯的"社会历史合力"思想

为了深刻揭示社会历史发展的客观规律性,恩格斯提出了社会历史合力论思想。该思想集中体现在恩格斯1886年的《路德维希·费尔巴哈和德国古典哲学的终结》及1890年的《致约瑟夫·布洛赫》等著作和书信中。该思想主要包括以下观点:

---

① 《马克思恩格斯文集》(第五卷),人民出版社,2009年,第379页。
② 同上,第382页。
③ 同上,第384页。

第一,社会历史领域不同于自然界,是人的活动的领域。恩格斯指出:"社会发展史却有一点是和自然发展史根本不相同的。在自然界中(如果我们把人对自然界的反作用撇开不谈)全是没有意识的、盲目的动力,这些动力彼此发生作用,而一般规律就表现在这些动力的相互作用中。在所发生的任何事情中,无论在外表上看得出的无数表面的偶然性中,或者在可以证实这些偶然性内部的规律性的最终结果中,都没有任何事情是作为预期的自觉的目的发生的。相反,在社会历史领域内进行活动的,是具有意识的、经过思虑或凭激情行动的、追求某种目的的人;任何事情的发生都不是没有自觉的意图,没有预期的目的的。"①

第二,社会历史发展表面上是偶然性在起作用,实际上社会历史发展的结果是由不以个人意志为转移的必然性所决定。恩格斯指出:"尽管各个人都有自觉预期的目的,总的说来在表面上好像也是偶然性在支配着。人们所预期的东西很少如愿以偿,许多预期的目的在大多数场合都互相干扰,彼此冲突,或者是这些目的本身一开始就是实现不了的,或者是缺乏实现的手段……行动的目的是预期的,但是行动实际产生的结果并不是预期的,或者这种结果起初似乎还和预期的目的相符合,而到了最后却完全不是预期的结果。这样,历史事件似乎总的说来同样是由偶然性支配着的。但是,在表面上是偶然性在起作用的地方,这种偶然性始终是受内部的隐蔽着的规律支配的,而问题只是在于发现这些规律。"②

第三,社会历史的必然性就是由无数个人意志相互作用、相互制约而形成的合力。恩格斯指出:"无论历史的结局如何,人们总是通过每一个人追求他自己的、自觉预期的目的来创造他们的历史,而这许多按不同方向活动

---

① 《马克思恩格斯文集》(第四卷),人民出版社,2009 年,第 301~302 页。
② 同上,第 302 页。

的愿望及其对外部世界的各种各样作用的合力,就是历史。"①"历史是这样创造的:最终的结果总是从许多单个的意志的相互冲突中产生出来的,而其中每一个意志,又是由于许多特殊的生活条件,才成为它所成为的那样。这样就有无数互相交错的力量,有无数个力的平行四边形,由此就产生出一个合力,即历史结果。"②

第四,历史的合力不是每个人愿望的实现,但却包含着各个人的意志的作用。恩格斯指出:"各个人的意志——其中的每一个都希望得到他的体质和外部的、归根到底是经济的情况(或是他个人的,或是一般社会性的)使他向往的东西——虽然都达不到自己的愿望,而是融合为一个总的平均数,一个总的合力,然而从这一事实中决不应作出结论说,这些意志等于零。相反,每个意志都对合力有所贡献,因而是包括在这个合力里面的。"③

第五,历史合力的结果是有规律可循的。恩格斯指出:"一方面,我们已经看到,在历史上活动的许多单个愿望在大多数场合下所得到的完全不是预期的结果,往往是恰恰相反的结果,因而它们的动机对全部结果来说同样地只有从属的意义。另一方面,又产生了一个新的问题:在这些动机背后隐藏着的又是什么样的动力? 在行动者的头脑中以这些动机的形式出现的历史原因又是什么?"④"因此,如果要去探究那些隐藏在——自觉地或不自觉地,而且往往是不自觉地——历史人物的动机背后并且构成历史的真正的最后动力的动力,那么问题涉及的,与其说是个别人物,即使是非常杰出的人物的动机,不如说是使广大群众、使整个整个的民族,并且在每一民族中间又是使整个整个阶级行动起来的动机;而且也不是短暂的爆发和转瞬即

---

① 《马克思恩格斯文集》(第四卷),人民出版社,2009年,第302页。
② 《马克思恩格斯文集》(第十卷),人民出版社,2009年,第592页。
③ 同上,第593页。
④ 《马克思恩格斯文集》(第四卷),人民出版社,2009年,第302~303页。

逝的火光,而是持久的、引起重大历史变迁的行动。探讨那些作为自觉的动机明显地或不明显地,直接地或以意识形态的形式,甚至以被神圣化的形式反映在行动着的群众及其领袖即所谓伟大人物的头脑中的动因——这是能够引导我们去探索那些在整个历史中以及个别时期和个别国家的历史中起支配作用的规律的唯一途径。"[1]

以恩格斯关于"社会历史合力"思想为指导,学校思想政治教育的发展和培养德智体美劳全面发展的社会主义建设者和接班人目标的实现,是大中小学各学段思想政治教育合力的结果,而不单纯是某一学段决定;各个学段思想政治教育由于教育对象特点的差异会呈现出不同的特点;学校思想政治教育合力的结果虽不是由某一学段所决定,但是缺少了任何一个学段的贡献都不可以;大中小学思想政治教育一体化的研究就是要探索合力形成的规律,以增强把握合力结果的自觉性。

(三)系统论基本原理

系统论是由美籍奥地利人、理论生物学家贝塔朗菲所创立。所谓系统是指由两个或两个以上元素(要素)相互作用而形成的整体。系统论认为,系统具有普遍性、整体性、有序性、动态性、开放性和最优化等特征。所谓普遍性是指系统是普遍存在的,世界上的事物都是一个系统,不存在游离系统之外的事物。世界是一个总系统,其中大系统包含小系统,母系统包含子系统。所谓整体性是指系统是由各种元素组成的有机整体。在系统中,元素不能孤立存在,每个元素处于一定位置,元素相互连接、相互作用,构成了不可分割的整体。整体的功能不是各元素功能的机械组合与简单相加,而是

---

[1] 《马克思恩格斯文集》(第四卷),人民出版社,2009 年,第304 页。

大于或高于各部分功能的组合,即形成"1 加 1 大于 2"的功能。整体性是系统的核心特点,也是系统的魅力所在。所谓有序性是指系统中的元素之间的联系、作用不是杂乱无章的,而是按照一定规则、顺序进行的。所谓动态性是指系统不是凝固不变的,而是不断按照一定规律发展的。所谓开放性是指系统不是封闭的,而是与其他系统和环境不断进行信息与能量的交换,促进自身的发展。所谓最优化是指系统能够通过自身的调节和控制达到最佳阈值。

　　根据系统论的基本观点,学校思想政治教育也是一个系统、一个有机整体。该系统是由大中小学三个学段与思想政治教育目标、内容、方法、途径、管理、评价等基本要素构成的完整体系,其涵盖了学校思想政治教育时间上的全程性和空间上的全面性。小学、中学、大学是三个前后相继的教育阶段,要实现大中小学思想政治教育一体化,必须打破三者相互割裂、彼此孤立的局面,使三者之间相互联系、相互作用、彼此融会贯通,形成思想政治教育的纵向合力。从横向上来看,无论哪一学段的思想政治教育,都包括思想政治教育目标、教育内容、教育方法载体、教育途径、教育管理、教育评价等基本要素,由此构成了学校思想政治教育的分系统。大中小三个子系统和基本要素分系统,纵横交错、依序衔接、内外联系,构成了完整的学校思想政治教育体系。三个学段思想政治教育的有效衔接不仅体现了学校思想政治教育的整体性,而且能够创造出"1 加 1 加 1 大于 3"的功效。学校思想政治教育是一个内外联系、前后相继、由低到高、循序渐进的过程,通过认识和把握学生思想品德发展规律和思想政治教育规律,构建有效的纵向与横向衔接机制,进行合理配置,建立分层递进、和谐衔接、螺旋上升的有机联系,进而构建成时间上具有全程性,空间上具有全面性,能够产生更大整体效应的学校思想政治教育体系,以实现学校思想政治教育效果的最大化和最优化。

四、新时代加强大中小学思想政治教育 一体化建设的策略

大中小学思想政治教育一体化是一项系统性工程,实现大中小学思想政治教育有效衔接,应科学合理地制定大中小学思想政治教育一体化建设的目标、内容、途径、方法、管理、评价等,以推进大中小学思想政治教育一体化建设的实践。

(一)明确大中小学思想政治教育一体化建设的目标

思想政治教育一体化建设目标在大中小学思想政治教育一体化体系构建中具有引导方向的作用,决定着一体化的其他方面。因此,构建大中小学思想政治教育一体化体系,首先必须明确建设的目标。大中小学思想政治教育一体化建设的目标不是凭思想政治教育者的主观愿望确定,而是有客观的依据。该依据主要是两个方面:一是党和国家关于各学段学生思想政治教育的目标,二是青少年思想品德形成和发展的规律。以此为依据,大中小学思想政治教育一体化建设的目标是:

1. 强化十年树木、百年树人的意识

我国学校思想政治教育的总目标是培养德智体美劳全面发展的社会主义建设者和接班人,这是一个长期的系统工程。学生良好品行的培养和正确世界观、价值观和人生观的形成,是一个持续不断的引导教育过程。构建大中小学思想政治教育一体化,就是要强化各学段思想政治教育工作者十年树木、百年树人的意识,树立"功成不必在我,功成必定有我"的思想。只

有这样,才能打破小学、中学、大学三者各自为战、彼此孤立的局面,使之相互联系、融会贯通,形成思想政治教育的纵向合力,实现习近平总书记所强调的,思想政治教育从学校抓起、从娃娃抓起。大中小学循序渐进、螺旋上升,为培养一代又一代社会主义建设者和接班人提供重要保障。①

2.科学规划各学段思想政治教育实施方案

大中小学思想政治教育一体化是个完整的系统,实现"一体化"必须对大中小学思想政治教育作出科学的规划,使思想政治教育的目标、内容、途径、方法、评价和管理,既符合各学段学生生理、心理、智力、思想品德等方面的特点,又体现出整体上的前后衔接、循序渐进、螺旋上升。为此,科学规划各学段思想政治教育实施方案是实现"一体化"的关键。因此,学校思想政治教育一体化建设的又一目标,是科学规划各学段思想政治教育的实施方案。

对此,中共中央办公厅、国务院办公厅在《关于深化新时代学校思想政治理论课改革创新的若干意见》中对大中小学思政课的目标作出了整体规划,指出了大中小学思政课的总体目标,即在大中小学循序渐进、螺旋上升地开设思政课,引导学生立德成人、立志成才,树立正确世界观、人生观、价值观,坚定对马克思主义的信仰,坚定对社会主义和共产主义的信念,增强中国特色社会主义道路自信、理论自信、制度自信、文化自信,厚植爱国主义情怀,把爱国情、强国志、报国行自觉融入坚持和发展中国特色社会主义事业、建设社会主义现代化强国、实现中华民族伟大复兴的奋斗之中。同时,明确了各学段思政课的目标,即小学阶段重在启蒙道德情感,引导学生形成爱党、爱国、爱社会主义、爱人民、爱集体的情感,具有做社会主义建设者和接班人的美好愿望;初中阶段重在打牢思想基础,引导学生把党、祖国、人民

① 参见习近平:《思政课是落实立德树人根本任务的关键课程》,《求是》,2020 年第 17 期。

装在心中,强化做社会主义建设者和接班人的思想意识;高中阶段重在提升政治素养,引导学生衷心拥护党的领导和我国社会主义制度,形成做社会主义建设者和接班人的政治认同;大学阶段重在增强使命担当,引导学生矢志不渝听党话跟党走,争做社会主义合格建设者和可靠接班人。中宣部、教育部在《新时代学校思想政治理论课改革创新实施方案》中对贯彻落实中办、国办文件精神提出了实施方案,作出了整体部署。我们要继续完成的,一是制定各学校落实思政课一体化目标的具体规划和举措,二是以思政课一体化的目标为基础,制定学生日常思想政治教育的一体化建设目标。

3.实现培养德智体美劳全面发展社会主义建设者和接班人的教育目标

新时代学校教育的目标就是培养德智体美劳全面发展的社会主义建设者和接班人。这一目标的实现不可能在一个学段内完成,需要小学、中学、大学的共同努力。大中小学思想政治教育一体化,正是为了保证新时代学校教育目标的实现。因此,大中小学思想政治教育一体化的最高目标,是实现培养德智体美劳全面发展的社会主义建设者和接班人的教育目标。

(二)厘清大中小学思想政治教育一体化建设的内容

加强大中小学思想政治教育一体化建设,在明确目标的前提下,还要明确一体化所包括的内容,这是构建大中小学思想政治教育一体化体系和做好一体化工作的基础。大中小学思想政治教育一体化建设的主要内容包括:目标一体化、内容一体化、途径一体化、方法一体化、管理一体化、评价一体化。

1.大中小学思想政治教育目标的一体化

把握好大中小学思想政治教育目标的一体化,是科学体现和有效实施整体构建学校思想政治教育体系的关键。为此,应做到三个方面的统一:一是整体性与层次性统一,即各学校在制定思想政治教育目标时,既要坚持培养德智体美劳全面发展的社会主义合格建设者和可靠接班人的总目标;又要遵循学生的年龄特点、知识水平和成长规律,形成学校思想政治教育目标鲜明的层次性和确定不移的整体性的统一。二是阶段性与有序性统一,即各学校在制定思想政治教育目标时,既要坚持从实际出发,实事求是,充分考虑本学段学生的心理发展水平和认知能力,体现出大中小学不同学段的鲜明特征;又要遵从各学段间内在的结构规律,体现出前后相继、循序渐进的连续性,形成学校思想政治教育鲜明阶段性和有序稳定性的统一。三是现实性与超越性统一,即各学校在制定思想政治教育目标时,既要从本学段乃至本校学生的特点和现实思想实际,以及本校思想政治教育具体情况出发;又要考虑如何超越当下,让学生有努力的方向和进步的空间,让思想政治教育者的素质提升和创造性工作得到激励,形成学校思想政治教育从现实出发和超越现实的统一。

2. 大中小学思想政治教育内容的一体化

教育内容一体化是大中小学思想政治教育一体化的重要环节,也是一体化中的核心部分。内容一体化主要体现在两个方面:一方面,是大中小学思想政治教育内容侧重点的一体化,即大中小学思想政治教育内容的侧重点要深浅有度、前后衔接。小学阶段应侧重社会公德、国民道德、"五爱"、校规校纪教育和文明行为习惯的培养;初中阶段应侧重道德规范、集体主义、社会主义民主法制教育和世界观、人生观、价值观教育;高中应在继续进行基本道德教育、法律教育的同时,侧重人生理想教育、社会主义共同理想教育和共产主义理想教育;大学阶段应侧重较系统的马克思主义理论教育、党的路线方针政策教育、社会主义共同理想和共产主义远大理想教育,以及职业理想与职业道德教育。另一方面,是大中小学思想政治教育内容层次的一体化,即同一思想政治教育内容在不同学段的层次衔接。比如,爱国主义教育是贯穿于学校教育全过程的内容,但小学阶段主要是爱党、爱国、爱社会主义、爱人民、爱集体的情感教育,初中阶段主要是树立将党、祖国、人民装在心中的思想意识教育,高中阶段主要是衷心拥护党的领导和我国社会主义制度的政治认同教育,大学阶段主要是增强使命担当、矢志不渝听党话跟党走的知行统一教育。

3. 大中小学思想政治教育途径的一体化

思想政治教育途径也是大中小学思想政治教育一体化的重要内容,是实现一体化的必要保障。途径一体化主要体现在两个方面:一是不同的途径具有前后衔接性。比如学校思想政治教育的途径,小学是以少先队教育为主,中学是以共青团教育为主,大学则是以中国共产党党组织和共青团教育为主。二是同一途径具有从低到高的衔接性。比如主题班会是贯穿小学、中学、大学三个学段最常用的思想政治教育途径,同一主题的班会设计,从目标、内容和形式都应该体现出三个学段由浅及深、从感性到理性、步步深化的特点。

4. 大中小学思想政治教育方法的一体化

教育方法也是大中小学思想政治教育一体化的重要内容之一,是实现一体化的保证。方法一体化主要体现在:一是思想政治教育方法贯穿于大中小学三个学段,但不同学段教育的方法应体现由低向高的发展。以思政课的教育方法为例,小学阶段应以启蒙性教育方法为主,初中阶段应以体验性教育方法为主,高中阶段应以感性和理性兼顾的教育方法为主,本专科阶段应以理性教育方法为主,研究生阶段应以探究性教育方法为主。二是同一方法在不同学段体现出由低到高的特点。以社会实践教育方法为例,小学阶段要注重观察和体验,组织小学生参观博物馆、爱国主义教育基地等,开展一些力所能及的社会实践活动,如"红领巾公益示范岗""今天我是小雷锋"等活动,或到社区发放文明建设传单,到青少年活动中心等公共场所进行义务讲解等。中学阶段要注重参与和奉献,组织中学生参与校内外的实践活动,如参与校内环境卫生清扫、为班集体建设做贡献,校外常态化地去敬老院、孤儿院开展志愿服务活动等,使学生在亲身参与的过程中实现对社会的观察和感知,实现世界观、价值观、人生观的逐步成熟,培养对社会的责任感和奉献意识。大学阶段要注重习惯养成和能力提升,通过丰富多彩的社会实践活动,如深入社区、街道、农村、中小学开展宣讲、服务活动,发挥专业优势和个人特长;通过"社区课堂""孝亲敬老""职场实践""文化下乡""科技帮扶""精准助困"等方式,提高大学生的实践能力,培养他们的家国情怀。

5. 大中小学思想政治教育管理的一体化

教育管理也是大中小学思想政治教育一体化的重要内容。教育管理一体化主要体现在:一是思想政治教育管理体制的一体化,其包括两个方面,一方面是学校领导层面一体化,即打通学校顶层体制壁垒,有计划地安排各学段的领导者互相交流、考察、观摩,就存在的问题共同会诊,协同破解;另一方面是学校相关管理部门的一体化,如小学阶段的德育处、少先队,中学阶段的德育处和团委,大学阶段的宣传部、学生处、团委等部门,应建立相应的机制,加强联系,针对不同学段学生身心发展特点和思想品德形成发展规律,就加强政治理论学习、党团组织建设和日常思想政治教育等问题开展交流研讨,形成管理部门间的有效衔接。二是思想政治教育管理制度的一体化。管理制度一体化,主要包括思想政治教育工作者培训制度一体化、业绩考评制度和奖励制度一体化、思想政治教育工作者岗位职责制度一体化,还有学生日常生活管理、学习管理、行为规范管理等方面的一体化等。

6. 大中小学思想政治教育评价的一体化

教育评价也是大中小学思想政治教育一体化不可或缺的内容,对实现一体化具有引导与保证作用。评价一体化主要是指,作为学校思想政治教育的评价,在评价的一级指标和二级指标上应体现大中小学的一体化,一级指标如思想政治教育的领导、思想政治教育的过程、思想政治教育的保证、思想政治教育的效果等。如"思想政治教育的领导"包括的二级指标主要有:"一把手"的重视程度、领导体制的完善、对各级领导机构文件的落实情况等;"思想政治教育的过程"包括的二级指标有:教育目标的明确、教育活动的开展、教育基地的建设、教育研究等情况;"思想政治教育的保证"包括的二级指标有:制度的建设、组织的完善、队伍的素质、环境的营造、硬件条件等情况;"思想政治教育的效果"包括的二级指标有:学生的获得感、校风校貌、师生品德、社会评价和学校特色等。思想政治教育的一级、二级指标应面向所有的学校,体现的是大中小学思想政治教育的一体化,评价的三级指标可以突出不同学段思想政治教育的特点,体现学段之间的差异性。

(三)拓展大中小学思想政治教育一体化的途径

加强大中小学思想政治教育一体化,途径是重要的方面,对实现一体化具有落实保证作用。因此,加强大中小学思想政治教育一体化建设,必须不断拓展其实施的途径。新时代大中小学思想政治教育一体化的途径主要有:

1.思想政治教育课程的一体化

思政课是各级各类学校对学生进行思想政治教育的主渠道,是促进学生坚定正确的政治方向,形成正确的"三观",培养良好品行习惯的主要途径。思政课的一体化包括:

一是教材内容一体化。按照大中小学循序渐进、螺旋上升的原则,国家统一开设思政课,教材全部由国家教材委员会组织统编统审统用,所有教材坚持用习近平新时代中国特色社会主义思想铸魂育人,以政治认同、家国情怀、道德修养、法治意识、文化素养为重点，以爱党、爱国、爱社会主义、爱人民、爱集体为主线，坚持爱国和爱党、爱社会主义相统一，系统开展马克思主义理论教育，系统进行中国特色社会主义和中国梦教育、社会主义核心价值观教育、法治教育、劳动教育、心理健康教育、中华优秀传统文化教育。

二是教师教学侧重点一体化。教师授课要根据学生特点、教材内容特点形成各学段相衔接的教学侧重点。小学阶段侧重形象化、行为养成，教师教学时应该多采用动画、游戏、故事等儿童化、生活化的方式给学生以直观、鲜活的教育，同时注重帮助他们形成并固化良好的行为习惯。中学阶段侧重从形象化、行为养成向理性思考的过渡，教师教学时要关注中学生已经逐步发展强化的自主意识，授课时要鼓励引导中学生积极思考，主动参与到教学过程中来。大学阶段侧重理性思考和实践体验，教师教学时要注意以问题为导向、启发学生思考，培养学生的理性思维。

2. 日常思想政治教育的一体化

日常思想政治教育是指课堂教学之外的以活动为主的思想政治教育，一般包括主题教育活动、社会实践活动、校园文化活动等，日常思想政治教育一体化主要指教育活动的一体化。

一是主题教育活动一体化，即在教育活动内容、形式和特点上体现逐步上升。比如，小学阶段的教育活动应突出生活化、儿童化、形象化，以适应小学生形象思维比较突出而理性思维相对薄弱的特点，多从身边生活实际出发，多采用直观的手段和讲故事的方法；中学阶段针对学生处于青春期，思维比较活跃但又不够成熟，处处彰显个性但又面临较大的学习压力，教育活动应更突出参与性和思想性，提高中学生的参与意识，使他们愿意接受爱国主义教育、革命传统教育等各种主题教育活动，同时，要通过交流讨论、演讲辩论等多种思辨方式激发他们主动思考、主动寻求真理的积极性；大学阶段的教育活动应更突出自主性和理论性，引导大学生自主策划、组织、参与主题教育活动,同时,要注意在活动内容的深度上下功夫,要用马克思主义理论的真理性吸引学生、引领学生。

二是社会实践活动一体化。小学阶段的社会实践活动应突出观察与体验。鉴于目前更多出于学生安全、经费等方面的考虑,小学阶段的社会实践活动开展得非常有限的情况,应该把小学的社会实践纳入学校的整体工作安排,组织小学生更多地走进爱国主义教育基地、走进行为素质拓展基地、走进大自然,在社会观察和行为体验中开阔眼界,锻炼提升综合素质。中学阶段的社会实践活动应突出认知与参与。中学生比小学生有更强的行为能力、更成熟的思想观念,中学的社会实践活动应组织中学生多参与爱国主义教育基地学习活动、综合实践基地体验活动、社会服务活动、军训、走进企业等活动,提升中学生的社会观察能力与国情认知能力。大学阶段的社会实践活动应突出思考与实践。通过假期社会实践活动、"走进社区""西部计划"志愿服务活动、服务社会活动、调查研究活动、实习见习活动等,帮助学生了解社会、了解国情,增长才干,奉献社会,锻炼毅力、培养品格,加深对中国特色社会主义理论、党的路线方针政策的理解,坚定"四个自信",增强实现中华民族伟大复兴的使命感。

三是校园文化活动一体化。小学阶段的校园文化活动要突出有意思和有意义的结合。针对小学生的身心发展特点,首先要用有意思的活动来吸引他们,然后从中渗透融入有意义的元素和内容,把有意思的活动做得有意义,把有意义的活动做到有意思,目标和内容上是有意义的,形式和方法上是有意思的,实现校园文化活动趣味性和教育性的统一。中学阶段的校园文化活动要突出文化性与思想性的结合。在中学阶段要大力弘扬社会主义核心价值观教育,要运用好中华优秀传统文化的丰厚资源,通过开展传统文化知识大赛、校园辩论赛、诗歌朗诵会等活动形式,给学生润物细无声的文化滋养,以达到以文化人、以文育人的效果。大学阶段的校园文化活动要突出服务性与引领性的结合。有效服务是有效引导的基础和前提,积极帮助学生解决学习生活中的实际困难,教育内容就会得到他们的内心认可和行为支持,从而实现思想政治教育的引导功能。

3.党团队组织的一体化

党团队组织是学校思想政治教育的主要途径,因而也是大中小学思想政治教育一体化途径的重要内容,是实现学校思想政治教育一体化的重要保证。学校党团队组织一体化主要体现在:

第一,小学阶段要突出少先队组织工作。少先队在小学阶段具有组织全面覆盖、队伍机制健全、活动优势明显等突出特点,在小学阶段的思想政治教育中发挥着不可替代的重要作用,也是党团队组织一体化的重要基础。少先队的思想政治教育具有以下的特点:一是突出思想性,注重政治启蒙。少先队组织围绕立德树人的根本任务,发挥道德教育、情感教育、快乐教育、创造教育的优势,以德树人、以情感人、以美动人、全面育人,引导少年儿童感受党和国家事业的新发展新成就,激励少年儿童从小听党话,跟党走。二是突出先进性。少先队是先进少年儿童的群众性组织。少先队工作要体现先进性要求,引导少先队员学习先进榜样,不断提升光荣感和归属感。通过少先队仪式教育,让飘扬的红领巾成为少年儿童最美好的童年记忆。三是突出自主性。要尊重和鼓励少先队员尤其是少先队干部自主地开展少先队的创造性活动,培养少先队员的集体主义精神,引导少年儿童培育和践行社会主义核心价值观。四是突出实践性。实践育人是少先队的光荣传统,要创新丰富少先队实践活动品牌,建好搞活大、中、小队和红领巾小社团,建立一批"红领巾志愿先锋岗",增强少先队组织吸引力、凝聚力和影响力。

第二,中学阶段要突出团队组织间的衔接。学生小学毕业后几乎以少先队员的身份升入中学,这个阶段的组织衔接尤为重要。一是初一阶段少先队组织教育不能弱化。初一学生大多数为少先队员,整个初一年级还是少先队的组织模式和活动模式,但一般情况下初中的少先队工作力量比小学阶段要薄弱很多,会导致初中的少先队工作水平有所下降,再加上初一学生受自身身心发展特点的影响和高年级非少先队员学生的影响,心理上会觉得自己戴着红领巾参加活动会显得幼稚,会比较排斥少先队的工作和活动。在这种情况下,初一少先队的工作更应该加强而决不能削弱,更需要强化对初一学生的组织教育和活动引领,否则容易出现思想政治教育的断档。二是初二年级开始的共青团组织教育要全面跟上。从初二年级开始,学生全部脱离少先队组织,但只有少部分优秀学生能加入团组织,这个阶段的教育容易出现空白点,要面向全体学生开展团校培训和团课教育,要面向全体学生开展丰富多彩的校园文化和志愿服务活动,要做好推荐优秀少先队员入团工作。三是中学共青团的工作要全面加强。中学共青团在整个共青团工作中处于基础地位。目前,中学生团员占共青团员总数的三分之一以上,团员对共青团的认识、了解和感情,绝大多数在中学阶段培育养成,加强中学共青团工作,是从源头上加强团员队伍建设、增强团组织吸引力和凝聚力的必然要求。

第三,大学阶段要突出党团组织的衔接。一是要抓好基层团支部工作。基层团支部覆盖了绝大多数的青年学生,是高校共青团工作的基石,是破解习近平总书记提出的"两个全体青年"战略课题的重要阵地,是高校共青团工作体系中最小的细胞。这个小细胞能否发挥大作用,直接关系着高校共青团的育人效果和价值。抓好团支部的工作,一方面要通过"从严治团"的规范性来提升团组织的存在感、政治性和严肃性,以此增强团员青年的光荣感及对组织的认同感和归属感,使团支部更像团支部而与班委会区别开来,使团员更像团员而与普通同学区别开来。另一方面要继续推动"活力提升"工程来增强团组织的凝聚力和吸引力,激发团支部小细胞的最大活力,强化团支部的教育、管理、服务功能,发挥团支部的战斗堡垒作用,使团支部的育人价值功能最大化。

二是要充分发挥共青团组织的思想政治教育引领功能。政治性是共青团的根本属性,共青团的根本任务是对青年学生进行思想政治引领,这一工作将影响一代青年的思想观念、价值取向和精神风貌,为学生一生的成长和发展奠定坚实的思想基础。为了更好发挥共青团组织思想政治教育引领作用,一方面,要建立分层分类的思想政治引领育人体系,即面向全体青年学生的大众化教育,面向学生党员、学生骨干、优秀团员的先进性教育,面向少数政治素养突出的优秀学生的精英化教育。另一方面,要勇于突破传统思想政治教育的理念和方式,以"深度"和"温度"来提升"效度"。高水平的理论讲座、深度的社团交流沙龙、生动的"大道理、小故事"能带给人理性的思考,带给人思想启迪的愉悦,自然能够达到直接思想引领的效果;把党的新时代创新理论和社会主义核心价值观融合渗透在丰富多彩的校园文化活动中,用健康向上的校园文化熏陶人、影响人,这种间接的思想引领方式更加受到青年学生的喜爱;将时代感与亲切感融合起来,将有意义与有意思结合起来,追求教育活动内涵的挖掘、价值的渗透和人性的光辉,一定会触动学生的内心,产生人格感染和精神升华,彰显最高境界的育人价值。实践证明,有深度的、生动的、用心的、用情的思想政治教育是有效和高效的。

三是要做好入党积极分子的培训工作和推荐优秀共青团员加入党组织工作。在学生中发展党员是培养社会主义事业可靠接班人、保证党的事业后继有人的重要途径。要做好对入党积极分子的培训,通过系统的理论学习、高水平讲座,不断提高入党积极分子的理论素养,不断坚定他们的理想信念,不断增强他们对党的忠诚和对共产主义的信仰,不断加强提升自身全面综合素质的内在动力。要充分发挥共青团的组织育人功能,严格组织程序,严格评价标准,真正把对党忠诚、信仰坚定、素质优良、作风过硬的优秀共青团员推荐给党组织。

四是做好对学生党员的管理、培训和教育工作。学生党建工作在高校思想政治教育中始终发挥着重要作用,要使学生党员在学习、工作、生活等方面起到共产党员的先锋模范作用,把自己锻造成报效祖国、奉献社会、服务人民的社会主义合格建设者和可靠接班人。

(四)健全大中小学思想政治教育一体化的体制机制

加强大中小学思想政治教育一体化,体制机制同样是重要的内容,因为其是保证一体化正常实现的必要条件。因此,加强大中小学思想政治教育一体化建设,必须不断健全其领导体制和运行机制。新时代大中小学思想政治教育一体化的体制机制包括:统筹协调大中小学思想政治教育一体化的领导体制、各学段思想政治教育工作者的交流机制、大中小学思想政治教育一体化的评价机制、大中小学思想政治教育一体化的保障机制。

1. 统筹协调大中小学思想政治教育一体化的领导体制

健全统筹协调大中小学思想政治教育一体化的领导体制,是坚持社会主义教育方向、全面贯彻新时代党的教育方针、推进党和国家关于大中小学思想政治教育一体化要求落实的关键。目前,我国大学与中小学的思想政治教育工作还分属于不同的管理部门,尚未建立统一的思想政治教育管理领导机构,在一定程度上影响了一体化工作的落实。因此,要建立大中小学思想政治教育一体化的领导体制,顶层设计、统筹协调、整体规划大中小学思想政治教育一体化工作,保证不同学段思想政治教育工作特点突出、衔接顺畅、循序渐进、螺旋上升。

2. 各学段思想政治教育工作者的交流机制

各学段思想政治教育工作者的交流机制,是实现大中小学思想政治教育一体化的基础。构建大中小学思想政治教育工作者的交流机制,需要从教育管理部门、学校方面和思想政治教育者方面着力。

在教育管理部门和学校方面应做好三个方面工作:第一,建立大中小学思想政治教育者交流沟通的线上线下平台,使大中小学思想政治教育工作者有沟通联系的可能。第二,成立多个层面的思想政治教育一体化研究组织,定期召开大中小学校思想政治教育骨干教师交流研讨会,交流思想政治教育工作经验,探讨不同学段思想政治教育工作存在的问题及解决举措,为大中小学思想政治教育有效衔接汇聚智慧和力量。第三,调动大中小学思想政治教育工作者的自主性和积极性。各校要加强与本学段和其他学段的联系和沟通,交流经验、互通信息、相互学习、取长补短,共同促进大中小学思想政治教育工作的相互衔接。

在思想政治教育者方面应做好三个方面工作:第一,要从思想政治教育工作的整体性出发,增强与邻近学段衔接沟通的自觉性和主动意识,视野不囿于本学段,而要扩展到相邻的两个学段。第二,要提高与相邻学段思想政治教育工作者交流沟通的积极性。积极参加思想政治教育主管部门召开的集体备课会、交流研讨会等,主动了解相邻学段思想政治教育工作的新情况新问题,学习其有益经验,弥补自己工作中的不足,并通过沟通交流,共同探索有利于加强大中小学思想政治教育一体化的路径。第三,要积极总结工作中的经验教训,加强思想政治教育工作的研究,为参与相邻学段间的交流研讨作好理论与实践准备,促进思想政治教育工作一体化的发展。

3. 大中小学思想政治教育一体化的评价机制

评价机制对实现大中小学思想政治教育一体化具有保证和导向作用。构建大中小学思想政治教育一体化评价机制,需要做好以下工作:一是确定评价内容。大中小学思想政治教育一体化的评价内容包括思想政治教育一体化目标确立是否准确、科学,思想政治教育一体化实施方案是否合理、可行,实施方案贯彻落实的情况,思想政治教育工作者沟通交流平台的建立,等等。

二是建立定量与定性相结合的指标体系。大中小学思想政治教育一体化评价,既要从量的方面考虑,又要从质的方面考虑。大中小学思想政治教育一体化的评价指标体系可以包括对目标一体化、内容一体化、途径一体化、方法一体化、管理一体化、评价一体化等方面的评价。

三是建立有效的评价反馈体系。反馈体系应该包括构建向领导管理部门反馈的渠道,为领导的管理和决策提供科学依据;构建向本学段的思想政治教育工作者反馈的渠道,便于及时发现、反思、改进自身工作中存在的问题;构建向相邻学段思想政治教育工作部门反馈的渠道,以推进协同共进工作机制的落实。

四是建立统一的学生思想品德评价系统。思想政治教育行政部门要统一建立、管理学生思想品德评价系统,为每位学生建立思想品德档案,记录和保存每位学生从小学至大学各个学段的思想品德表现状况。各学段要联合组建思想政治教育信息系统,以便在各个学段都能方便地了解相邻学段学生的思想品德情况,更加有针对性地对本学段学生进行思想政治教育,提高学校思想政治教育的实效性。

4.大中小学思想政治教育一体化的保障机制

保障机制是实现大中小学思想政治教育一体化必不可少的条件。构建大中小学思想政治教育一体化保障机制,需要做好以下工作:一是强化制度保障机制。制度保障机制具有的规范性、制约性和稳定性等特征,有利于保障思想政治教育一体化有章可循、有据可依。目前党和国家及教育部等从宏观上提出了大中小学思想政治教育一体化的目标、任务、各学段的侧重点等,宏观设计和要求只有以相应制度予以保证才能落到实处。

二是完善组织保障机制。党和国家及教育部关于大中小学思想政治教育一体化的规划、要求的落实,除了制度保证之外,还需要构建组织管理机制的保证。目前教育部已建立了大中小学思想政治教育一体化教学指导委员会和专家指导组,随后各省、市、自治区也应建立相应的组织机构,形成有效的组织保障机制。

三是加强物质保障机制。党和国家及教育部关于大中小学思想政治教育一体化的规划、要求的落实,除了制度、组织保障机制外,还需要经费、设施设备等物质上的保证,形成强有力的物质支撑。

(五)完善大中小学思想政治教育一体化的评价

加强大中小学思想政治教育一体化,评价是一个重要环节,对于实现大中小学思想政治教育一体化具有导向和保证作用。因此,加强大中小学思想政治教育一体化,必须不断完善其评价环节。

1.明确大中小学思想政治教育一体化的评价标准

大中小学思想政治教育一体化评价体系由思想政治教育一体化条件、思想政治教育一体化过程和思想政治教育一体化效果三部分组成,每一部分都有相应的评价标准。

首先,思想政治教育一体化条件的评价主要包括:思想政治教育规划的一体化、思想政治教育领导体制的一体化、思想政治教育工作队伍的一体化。思想政治教育规划一体化的评价标准为,各学段的学校是否根据党和国家提出的思想政治教育总目标与学校实际,分别确定本校的思想政治教育规划和目标;规划和目标是否符合时代要求和学生身心发展规律。思想政治教育领导体制一体化的评价标准为,是否建立了不同层次思想政治教育一体化的领导和指导机构,统揽大中小学的思想政治教育工作;对思想政治教育一体化工作统一部署、统筹考虑的情况。思想政治教育工作队伍一体化的评价标准为,是否建立了大中小学思政课集体备课制度,是否建立了大中小学思政工作者集中培训制度,是否加强与相邻学段思政工作队伍的交流与学习,是否了解相邻学段思想政治工作状况等。

其次,思想政治教育一体化过程的评价主要包括:思想政治教育日常工作和活动的一体化、思想政治教育交流研讨的一体化。思想政治教育日常工作和活动一体化的评价标准为,各学段的思想政治教育工作和活动是否建立了统筹的规划与设计,明确了不同学段的特点与衔接;是否建立了少先队、共青团、党组织的衔接工作机制;是否建立了大中小学校园文化活动、学生社团活动的交流共享机制等。思想政治教育交流研讨一体化的评价标准为,是否建立了大中小学思想政治教育交流沟通平台,鼓励大中小学思想政治教育工作者交流工作经验,探讨工作中存在的问题及解决措施;是否建立了网上交流平台,为大中小学思想政治教育工作提供及时、快捷的交流条件等。

再次,思想政治教育效果一体化的评价主要包括:校风校貌、班级思想政治教育的效果、各学段思想政治教育衔接的效果。校风校貌的评价标准为,师生的精神风貌、校园文化氛围是否良好;集体舆论是否健康,学校凝聚力是否增强;师生是非观、美丑观、善恶观是否正确等。班级思想政治教育效果的评价标准为,班级导向是否正确,班级荣誉感的强弱,社会公德、传统美德是否形成风气并发扬光大,学生法纪观念是否增强,是否具有班级特色。各学段思想政治教育衔接效果的评价标准为,是否构建了由低到高、学段特点突出、前后紧密衔接的学生思想政治道德评价体系(包括政治素质的评价、思想素质的评价、道德素质的评价、法纪素质的评价、心理素质的评价几个方面的评价衔接);是否对学生思想政治道德评价结果连续运用,将对学生的思想政治道德评价结果拓展延续到下一学段,为下一学段的思想政治教育工作者提供客观的提示和参考等。

2.大中小学思想政治教育一体化的评价方法

在大中小学思想政治教育一体化的评价方法上,一是要坚持定性方法与定量方法相结合,让定性指标有量的测定,在量化的基础上作定性的描述,尽量精简、减少评价指标的数量,对大中小学思想政治教育一体化给出以定性评价为主的科学评价结论。二是要坚持终结性评价方法和形成性评价方法相结合。终结性评价是对思想政治教育一体化过程中的有效性进行的总结性评价;形成性评价是指不断收集和整理思想政治教育一体化的信息、监测相关数据、进行评估、纠正过程中的问题和偏差、监督评价对象有效地进行思想政治教育。二者的有机结合是形成性评价为终结性评价奠定基础,终结性评价是形成性评价的必然结论。三是要坚持外部评价方法与自我评价方法相结合。外部评价是指评价对象自身以外的组织、单位、人员所进行的评价,更能反映评价的客观性和权威性;自我评价是充分发挥评价对象的主观能动性,实现自我认识、自我完善、自我提高的过程。

在运用大中小学思想政治教育一体化评价方法时应注意:一是综合运用各种评价方法,因地制宜,灵活组合,以达到评价功能的最大化。二是突出评价的重点是大中小学思想政治教育的一体化,所以要在一体化上下功夫,把思想政治教育一体化的条件、一体化的过程、一体化的效果作为评价的重点内容。三是将评价的结果很好地运用于指导工作实践。"以评促建"是最终的目的,通过评价发现大中小学思想政治教育一体化方面存在哪些问题、原因是什么,以及如何改进,有利于整体构建大中小学思想政治教育体系,有利于促进学校思想政治教育的有效衔接,有利于提升学校思想政治教育整体的科学性和实效性,有利于完成"立德树人"的根本任务,为培养社会主义建设者和接班人奠定坚实的基础。

第八章 新时代高校院(系)立德树人机制研究

党的十八大、十九大都强调立德树人是教育的根本任务。习近平总书记反复强调,培养什么人是教育的首要问题。落实立德树人的根本任务,依赖于完善、有效的机制保证。高校院(系)是立德树人的基层单位,是落实立德树人根本任务的"最后一公里"。构建高校院(系)立德树人机制体系,是新时代高校培养社会主义合格建设者和可靠接班人的重要保证。

一、新时代构建高校院(系)立德树人机制的必要性

时代是思想之母,实践是理论之源。中国特色社会主义进入的新时代,是承前启后、继往开来的时代,是全面建设社会主义现代化强国的时代。新时代呼唤高校院(系)构建完善、有效的立德树人机制。

(一)新时代建设教育强国战略之需要

党的十九大对我国历史方位作出了新的判断,即"中国特色社会主义进入新时代,意味着近代以来久经磨难的中华民族迎来了从站起来、富起来到强起来的伟大飞跃,迎来了实现中华民族伟大复兴的光明前景"①。"强起来"是中国特色社会主义新时代的显著特点。国之强关键在教育,"建设教育强国是中华民族伟大复兴的基础工程"②。教育发展水平决定一个国家的核心竞争力。习近平总书记曾指出:"当今世界,综合国力竞争日趋激烈……综合国力竞争说到底是人才竞争……谁能培养和吸引更多优秀人才,谁就能在竞争中占据优势。"③"中国这么多人,教育上去了,将来人才就会像井喷一样涌现出来。这是最有竞争力的。"④高等教育是国家教育的重要组成部分,高等教育的发展水平是一个国家教育发展水平和发展潜力的重要标志,建设教育强国必须有优质的高等教育。为了建强高等教育,党和国家提出了建设一流大学和一流学科,即"双一流"战略。"双一流"战略的核心与根本目的是培养一流人才。一流大学要靠一流学科专业支撑,一流的学科专业必须依托于一流的院(系)。由是,要培养出一流的人才,必须有一流院(系)的立德树人机制作保证。因此,构建高校院(系)立德树人机制,是新时代建设教育强国战略的要求。

---

①② 习近平:《决胜全面建成小康社会 夺取新时代中国特色社会主义伟大胜利——在中国共产党第十九次全国代表大会上的报告》,《人民日报》,2017 年 10 月 28 日。

③ 习近平:《在欧美同学会成立 100 周年庆祝大会上的讲话》,《人民日报》,2013 年 12 月 22 日。

④ 中共中央文献研究室:《习近平关于科技创新论述摘编》,中央文献出版社,2016 年,第107 页。

（二）新时代落实教育根本任务之需要

党的十九大报告对教育提出了"落实立德树人根本任务"的要求。立德树人根本任务的落实是一项系统工程，需要学校各层次、各方面通力配合，形成合力。其中包括纵向和横向两个方面：纵向涉及学校领导、校机关处室、院（系）三个层面，学校领导作出落实立德树人根本任务的工作部署，校机关各处室分工推进，院（系）具体实施。横向包括教学、党务和行政管理、服务等方面。高校立德树人涉及学校的教学（包括各种类型课程的教学），管理（包括教学管理、行政管理、党务管理等），服务（包括图书馆、后勤等部门）等方面，学校的部署和机关处室的工作安排，都要通过横向方面的工作落实。在实际工作中，纵向层面和横向方面的交汇点是院（系），院（系）既是高校落实立德树人根本任务纵向的"最后一公里"，又涵盖领导、教学、管理等各方面，是高校立德树人的基础，决定着立德树人的质量，而院（系）有完善、有效的立德树人机制又是"基础"和"质量"的保证。因此，构建院（系）立德树人机制是新时代落实教育根本任务的要求。

（三）新时代高校实现"三全"育人之需要

为了保证立德树人根本任务落到实处，习近平总书记提出了"三全"育人的要求。2016 年 12 月，习近平总书记在全国高校思想政治工作会议上的讲话中强调："要坚持把立德树人作为中心环节，把思想政治工作贯穿教育教学全过程，实现全程育人、全方位育人，努力开创我国高等教育事业发展新局面。"①2017 年初,中共中央、国务院印发的《关于加强和改进新形势下高校思想政治工作的意见》提出:"坚持全员全过程全方位育人,把思想价值引领贯穿教育教学全过程和各环节,形成教书育人、科研育人、实践育人、管理育人、服务育人、文化育人、组织育人长效机制。"②

"三全"育人中的"全员育人"是指在高校中从事工作的所有人员,不管是领导、教师,还是管理干部和服务工作人员,都肩负着立德树人的职责,无一例外。"全程育人"是指立德树人贯穿于学生大学阶段学习成长的全过程。从迈入校园到毕业走向社会,其中的每个阶段都要按照学生的成长特点和规律做好立德树人工作。"全方位育人"是指高校的各个工作岗位、各个方面的工作都以立德树人为根本任务,实现教书育人、科研育人、实践育人、管理育人、服务育人、文化育人、组织育人等全方位育人。从"三全"育人的内涵可以看出,其落实的基础在院(系)。因为院(系)是学生在校学习期间学习、生活、发展的主要场域和管理单位,学生从入学到毕业的培养任务主要由院(系)承担。院(系)包括教学和教学管理、学生管理、行政管理、党务管理等方面的工作,这些工作都与学生的培养紧密相关。承担这些工作的人员每天都与学生密切接触,肩负着培养人的职责,没有一位教职员工可以置身于立德树人之外。可见,"三全"育人的基础在院(系),为了保证"三全"育人落到实处,必须建立完善、有效的立德树人机制。因此,构建院(系)立德树人机制是新时代高校实现"三全"育人的要求。

---

① 习近平:《在全国高校思想政治工作会议上的讲话》,《人民日报》,2016 年 12 月 9 日。
② 中共中央国务院:《关于加强和改进新形势下高校思想政治工作的意见》,《人民日报》,2017年 2 月 28 日。

二、对高校院(系)立德树人机制现状的审视

要加强高校院(系)立德树人机制的建设,必须先弄清机制建设的现状,特别是要明确机制建设中存在的问题及其原因,从而为提出加强机制建设的精准对策奠定实践基础。

(一)高校院(系)立德树人机制建设的进展

新中国成立以来,党和国家非常关注高校立德树人问题,特别是党的十八大以来,以习近平同志为核心的党中央不仅高度重视高校的立德树人问题,而且高度重视院(系)的立德树人问题。为了贯彻落实党中央的要求,全国地方党委和高校迅速行动,使院(系)立德树人工作有了积极进展,在机制建设方面已呈现出较明显体现。

1. 建立了较完善的校、院(系)两级领导体制

校、院(系)领导体制是指学校和院(系)两级领导组织机构的设置和权限划分。校级领导体制包括学校的主要领导、分管领导、机关各部门的设置和权限划分。院(系)级领导体制包括院(系)党政主要领导、分管领导,各工作办公室、党支部、教研室的设置和权限划分。体制的建立是机制运行的组织基础,机制的建设依托体制的构建。

高校实行的是党委领导下的校长负责制。"党委领导下的校长负责制,是中国共产党在长期的探索实践过程中形成并确立的高校领导体制和运行

机制,是构建中国特色现代大学制度和大学内部治理结构的核心内容。"①高校领导体制包括党委书记、校长,分管各方面工作的副书记、副校长,若干党政部门和群团组织等。党委书记、校长对学校的立德树人工作负总体责任。分管各方面工作的副书记、副校长结合工作内容,对应相应的党政工作部门、群团组织,将学校立德树人的工作部署和任务分配至各部门和各院(系),形成校级层面的领导体制架构。

院(系)领导体制是由院(系)分党委书记、院长(系主任),分管各方面工作的副书记、副院长(副系主任),党支部、管理工作部门、教研室等组成。院(系)领导体制的建立,既为落实学校立德树人工作部署,也为院(系)将立德树人贯穿于教学、管理工作之中,提供了组织依托和人员保障。

目前高校的校、院(系)两级领导体制比较完善。在校级层面,校级领导班子均都配齐,分工明确;下属的党政各部门设置较齐全,部门的职责清晰,能够做到各司其职、有条不紊,保证了学校各项工作部署的落实。在院(系)层面,领导班子成员配备较为齐全,办公室(包括教学、科研、学生、党务、行政等)、教研室、党支部等机构设置比较完善,保证了院(系)工作的正常运转。

完善的领导体制,特别是比较完善的院(系)领导班子和职能部门,为院(系)立德树人机制建设提供了良好的组织基础和人力基础。

2. 拥有完善的学生思想政治教育机制

学生思想政治教育机制,是指学生思想政治教育系统的各要素及要素间相互作用的过程与方式。对高校学生进行思想政治教育,是新中国成立以来党和国家高度重视的问题,在不同历史时期均颁发专门文件进行指导。

---

① 江茂森、张国镭:《新时代坚持和完善高校领导体制和运行机制探析——基于党委领导下的校长负责制视角》,《思想理论教育》,2019 年第 10 期。

新时代大学生思想政治教育新任务新策略研究

在中国特色社会主义新时代,习近平总书记对大学生思想政治教育工作更是倍加关注。他指出,青少年阶段是人生的"拔节孕穗期",这一时期心智逐渐健全,思维进入最活跃状态,最需要精心引导和栽培。健全的学生思想政治教育机制,是培养有本领有理想有担当的年轻一代,是落实立德树人根本任务的关键环节和有力支撑。多年来,高校扎实推进学生思想政治教育,建立了完善的学生思想政治教育机制。

一是校级学生思想政治教育领导部门清晰,机制建设完善。目前,高校已形成完善的思想政治教育机制,学校党委负主体责任,党委书记作为第一责任人负主要责任,分管党委副书记负直接责任,校长和其他副校级领导"一岗双责",都对思想政治工作负有责任。高校均设立组织部、宣传部、学工部、研工部、团委、教务处、研究生处、后勤管理处、保卫处等与学生直接相关的部门,并且明确学校所有党政职能部门,都负有对学生进行思想政治教育的职责。在高校,党委领导、党委书记是第一责任人,分管党委副书记直接负责,学生工作部门为主,其他方面积极参与,齐抓共管的大学生思想政治教育的格局和机制已经形成。

二是院(系)学生思想政治教育机制完善。目前,高校院(系)学生思想政治教育的机构、职责也很明确。院(系)党委负主体责任,党委书记是第一责任人,党委副书记直接分管,院长(系主任)、副院长(副系主任)"一岗双责"。院(系)设有学生工作办公室、学生党支部、团支部、学生会等部门,直接负责学生思想政治教育工作。院(系)其他部门也都负有对学生进行思想政治教育的职责。在高校院(系)也已形成分党委领导、分党委书记是第一责任人,分管党委副书记直接负责,学生工作部门为主,其他部门积极参与,齐抓共管的大学生思想政治教育的格局和机制。

学生思想政治教育机制是高校立德树人机制的主干,完善的院(系)学生思想政治教育机制,为院(系)立德树人机制的建设提供了有力支撑。

3.深化拓宽了教书育人机制

教书育人机制是指教师在教学过程中,实现知识技能传授、社会发展所需人才培养双重目标所依托的要素相互作用和运行方式。教书育人从来都是高校院(系)和教师的首要职责。教师做好教书育人工作是党和国家十分重视且非常期待的问题。习近平总书记在全国高校思想政治工作会议上的讲话中指出,所有课程都有育人功能,不能把思想政治工作只当作思想政治理论课的事。在全国教育大会上习近平总书记又指出,建设社会主义教育强国,对教师队伍建设提出新的更高要求,做老师就要执着于教书育人。为了落实总书记的讲话精神,全国高校掀起了提高思政课教学质量、推进课程思政建设的高潮,从而深化拓宽了教书育人的机制。目前,深化拓宽教书育人机制主要体现在两个方面:

首先,体现在思政课深化教学改革,提高课程教学质量上。一是根据习近平总书记"思想政治理论课要坚持在改革中加强,在创新中提高"的要求,按照教育部的部署,高校加强了思政课的育人力量,除了开设中央规定的本专科、硕士、博士必开的课程外,还开设了思政通识课、思政选修课等课程。比如,现在不少高校开设了"习近平新时代中国特色社会主义思想"课,上海市多所高校开设了"中国系列"课等。二是落实习近平总书记关于"思政课是落实立德树人关键课程"的指示和"八个相统一"①的要求,努力建强思政课。在教学实践中思政课教师充分认识新时代思政课铸魂育人的特点,按照习近平总书记"六要"②的要求提升自身素质,积极探索增强思政课思想性、理论性、针对性和亲和力的方式方法,已涌现出一批可资借鉴的教学经验,全国思政课的教学质量有了较为明显的提高。

其次,体现在所有课程与思政课同向同行上。为了落实习近平总书记

---

① ②　习近平:《思政课是落实立德树人根本任务的关键课程》,《求是》,2020 年第 17 期。

"各类课程与思想政治理论课同向同行,形成协同效应"的精神,中共中央办公厅、国务院办公厅印发了《关于深化新时代学校思想政治理论课改革创新的若干意见》,强调要整体推进高校课程思政,深度挖掘高校各学科门类专业课程蕴含的思想政治教育资源,解决好各类课程与思政课相互配合的问题。教育部印发的《高等学校课程思政建设指导纲要》提出,必须抓好课程思政建设,解决好专业教育和思政教育"两张皮"问题,统筹做好各学科专业、各类课程的课程思政建设,构建全面覆盖、类型丰富、层次递进、相互支撑的课程思政体系。

"课程思政"建设工作在上海市率先开展。2014年教育部选定上海市作为"课程思政"的试点,开始了推进由"思政课程"走向"课程思政"的教育教学改革探索。全国高校思政工作会后,改革探索步伐加快,而且推向全国高校。让所有课都上出"思政味",所有任课教师都挑起"思政担",构建全员育人、全课程育人的大思政教育体系,已成高校教学改革的强劲洪流,高校正朝着建成一批课程思政示范高校,推出一批课程思政示范课程,选树一批课程思政教学名师和团队,建设一批高校课程思政教学研究示范中心的方向努力。为此,天津市召开了新时代天津高校思想政治工作改革攻坚动员部署会,制定了《关于推进新时代天津高校思想政治工作改革攻坚的实施意见》,其中在课程思政方面,提出集中培育一百门高校"课程思政"改革精品课,实施高校"课程思政"创新改革,其中包括深化"课程思政"机制创新、制定"课程思政"改革方案、构建"一核三环"的"课程思政"育人机制、完善"课程思政"激励引导措施等内容。

思政课程改革和课程思政建设的推进,深化拓宽了教书育人机制,推动了院(系)立德树人机制的建设。

(二)高校院(系)立德树人机制建设中存在的问题

全面认识高校院(系)立德树人机制建设的现状,不仅需要看到其取得的进展,以增强机制建设的信心,更要认清其存在的问题,以增强机制建设的问题意识,突出机制建设的问题导向。目前院(系)立德树人机制建设中存在以下主要问题:

1. 领导统筹、教书育人和管理育人机制尚不完善

领导、教学和管理工作是院(系)工作正常运转的基础和主干。因此,在院(系)立德树人机制建设存在的问题中,首先是领导统筹、教书育人和管理育人三个主干机制不完善。

一是领导统筹机制尚不完善。领导在院(系)工作中起着统帅的作用,因而在立德树人机制建设中,所有问题的出现都与领导统筹机制不完善有关。领导统筹机制不完善主要体现在:院(系)领导班子缺少对立德树人机制建设的目标、原则、内容、要求等的顶层设计,即一些院(系)领导班子辛苦地忙于具体事务管理,而对院(系)立德树人根本任务如何落实缺少必要的思考,未能提出宏观思路;院(系)领导班子落实立德树人根本任务的态度、能力有待提升,即部分院(系)党政领导工作存在循规蹈矩的情况,仅停留于文件的上传下达或是形式主义的痕迹管理,对落实立德树人根本任务缺少积极的态度和应有的能力;尚未形成院(系)党委、党支部、党员及行政领导班子、教研室和办公室、教师和管理干部的纵向统筹机制,即一些院(系)领导班子由于对落实立德树人根本任务缺少统筹考虑,造成在工作中没有对各层次部门及其工作人员提出明确的任务要求,对不同层次部门和工作人员的联系缺少制度保证,因而难以形成整合不同层次力量的纵向统筹机制;尚未形成院(系)教学、科研、学工、党务、行政等管理部门的横向统筹机制,

即一些院(系)领导对本单位管理部门的职责边界划分不明确,对部门间的配合缺少明确的制度和清晰的机制,因而难以形成各部门立德树人横向统筹机制,容易出现工作的重复或盲点,造成各自为政、相互扯皮的现象。

二是教书育人机制尚不完善。教书育人机制不完善主要体现在两个方面:一方面,尚未形成课程思政有效落实的机制,即不少高校和院(系)对课程思政建设还未形成整体推进的思路和实施方案,还未制定出有效落实的途径方法;相当部分教师对于课程思政的重要意义还缺乏应有的认识,对课程思政的核心要义还不很清晰;评价课程思政的标准和方式还在探索之中。为此,在部分教师中对课程思政畏难情绪凸显,实施决心不足。另一方面,尚未形成将价值观引导融入专业知识中的有效模式,即由于高校课程思政探索的时间还较短,还没创出具有普遍性和有效性的将专业知识传授和价值观引导有机统一、将价值观教育自然融入专业课程之中的教学模式。

三是管理育人机制尚不完善。管理育人机制不完善主要体现在两方面:一方面,尚未形成各管理岗位开展育人的有效途径,即相当部分高校和院(系)还没有形成对各管理部门实施立德树人的明确具体要求;管理干部存在重事务轻育人的观念,多数管理岗位停留在事务性工作的处理上,缺少育人的积极性和自觉性。另一方面,尚未探索出管理育人的有效模式,即由于在管理工作中实施立德树人是个新问题,更需要长时间的探索过程,所以至今管理育人还处于初步探索阶段,还没有形成有效的教学管理工作育人、党务管理工作育人、行政管理工作育人的模式作为借鉴。

2. 机制运行保障条件尚不充分

院(系)立德树人机制的运行需要一定的条件,缺少必要条件的保证,机制难以正常运行。院(系)立德树人机制运行的保障条件还不充分,主要体现在:

一是机制主体保障条件尚不充分。院(系)立德树人机制运行主体保障条件不充分表现为三个方面:一是院(系)党政领导统筹能力不足,即院(系)领导对立德树人的必要性和重要性认识还不到位,自主的、创造性的工作能力还有待提高。部分院(系)领导由于教学科研工作任务压力较大,导致院(系)工作仅停留于完成学校布置的任务,而缺乏对本单位立德树人机制建设的顶层设计、统筹考虑,因而较难为院(系)立德树人机制建设提供保证。二是教师教书育人自觉性不足,即由于课程思政工作启动时间较短,故不少教师对课程思政应如何做还不很清楚,而处于观望或不知所措的状态,此种情况难以为院(系)立德树人机制建设提供保证。三是管理干部管理育人的差距较大,即一些院(系)管理干部数量的配备还不足,如部分院(系)学生工作管理干部配备尚未达到党和国家生师1:200的要求;更明显的差距是管理干部的育人意识和育人责任感不强、育人途径不明、育人方法不清,因而难以为院(系)立德树人机制建设提供保证。

二是缺少有效激发机制主体育人积极性的机制。院(系)缺少有效激发机制主体育人积极性的机制主要表现在,目前多数高校及其院(系)都有年度考核制度,但在考核、评价标准中尚缺少对立德树人方面的考核内容,因而也就缺少了对教师教书育人、管理干部管理育人积极性的激发。作为立德树人机制建设主体的教师、管理干部缺少立德树人的主动性、积极性,从而也难以为院(系)立德树人机制的建设提供保证。

三是机制运行效果反馈和调节机制尚未形成。院(系)立德树人各机制效果反馈和调节机制尚未形成主要体现在:由于院(系)立德树人机制整体建设还处于探索阶段,各机制还没有健全、完善,其中就包括每一机制如何及时将运行效果全面、客观地反馈到院(系)、如何针对存在的问题进行调整,使机制保持正常运行的机制还没有建立起来。机制运行效果反馈和调节机制未形成,也难以为院(系)立德树人机制建设提供保证。

3. 机制合力成效尚不明显

院(系)立德树人机制建设的理想状态是,在各机制良性运行的基础上形成合力。目前院(系)立德树人机制合力成效尚不明显的主要表现有:一是院(系)教学工作和管理工作与思政课和学生日常思政工作同向同行的合力还不明显。思政课和学生日常思政工作是大学生思想政治教育的主渠道和主阵地,是高校落实立德树人根本任务的关键课程和主干力量。教学工作和管理工作虽不是直接做学生思想政治教育工作的,但同样承担着立德树人的职责,因此在教学和管理工作中也要贯穿思想政治工作,做到与思政课和学生日常思政工作同向同行。但是由于课程思政开始时间较短,管理育人还刚刚起步,因此思政课和学生日常思政工作的显性教育和教学与管理工作的隐性教育有机结合形成合力的效果还不明显。

二是领导统筹与各方面工作运行的合力尚不突出。目前高校院(系)领导统筹机制尚不完善,对立德树人机制建设整体的思考和顶层设计欠缺,由此造成不少院(系)立德树人工作处于自发、独自为政的状态,缺少有效的统筹推动。因此,院(系)领导统筹与具体的教学育人、管理育人工作的合力还不突出。

三是考核、评价机制与其他机制运行合力尚未形成。院(系)立德树人机制建设的考核、评价机制既是对立德树人机制运行状况的检查,又是促进其他机制优化的动力,两者的有效结合是院(系)立德树人机制良性发展的保证。但是目前不少院(系)尚未形成立德树人的考核评价机制,领导统筹机制、教书育人机制和管理育人机制也未完善,因此两者难以形成合力。

(三)高校院(系)立德树人机制建设中存在问题的原因分析

找出问题是解决问题的前提,弄清问题的原因是解决问题的基础。故此,在厘清高校院(系)立德树人机制建设存在问题的基础上,要深入分析产生问题的原因,从而为精准提出解决问题对策奠定基础。按照唯物辩证法中事物是普遍联系的观点,影响高校院(系)立德树人机制建设的原因有诸多方面,院(系)的、学校的、行业的、社会的、主体的、客体的,等等,这里仅说明直接的原因。

1.院(系)自身方面的原因

唯物辩证法认为,内因是事物变化发展的根据,外因是事物变化发展的条件。高校院(系)立德树人机制建设中呈现的问题,其根本原因要从院(系)自身寻找,从院(系)角度分析原因主要有以下三个方面:

一是对立德树人根本任务认识不到位的制约。认识是行为的前导,对行为具有指导作用。行为做不到位,首先是认识没有到位。院(系)立德树人机制建设存在问题的根本原因,在于机制主体对立德树人根本任务认识未达到应有的高度。

领导统筹机制建设中存在问题的原因,首先在于院(系)领导班子对立德树人是院(系)工作的根本任务、立足之本认识不够,没能将立德树人作为院(系)一切工作的出发点和落脚点。多年来,受外在大环境对院(系)工作评价重科研轻育人、重学科建设轻教学和管理质量提高的影响,高校院(系)领导班子在工作中普遍将重心放在看得见、摸得着、见效较快的争取项目、发表论文、出版著作上,放在拿硕士点、博士点上,而弱化了人才培养、立德树人这一根本任务。正是由于领导班子没有充分认识到高校院(系)的根本职责是培养人,工作的核心是为党和国家事业的发展、为中华民族的伟大复兴培养一代又一代的建设者和接班人,提高科研水平、拿硕士和博士点不应是工作的目的,而是为实现培养人才目标创造的条件,所以才在工作中将"核心""目的"边缘化,置于说起来重要、做起来次要、忙起来不要的位置。

教书育人机制建设中存在问题的原因,首先在于教师对立德树人的使命感责任感不强。受对教师评价和职称晋升标准重科研,轻教学,重项目、论文的数量、级别,轻育人效果的影响,高校教师在教学中较普遍存在重学术研究,轻教学研究,重相对容易些的知识传授,轻用力较多、成效一时难显的价值观引导和思维方法培养的现象。因此,不少教师难以适应课程思政的要求,对建设课程思政存有畏难情绪,缺乏积极探索的精神和勇气。

管理育人机制建设中存在问题的原因,首先在于管理干部对立德树人是岗位应有之责的认识不足。长期以来,受对高校管理干部岗位职责规定和考核标准中尚无育人内容的影响,院(系)管理干部普遍认为,管理工作就是处理好学校和院(系)布置的各项任务,至于立德树人、育人是教师和思政课的事情,与己无关或至少关系不大。因此,在工作中很少考虑过培养学生、立德树人的问题,更说不上探索管理育人的途径和方法了。因此,管理干部对管理育人职责接受困难,对如何做到管理育人一筹莫展。

机制主体对立德树人是各工作岗位根本任务的认识不到位,必然造成育人工作主动性不强,与之相应的领导统筹机制、教书育人机制和管理育人机制建设必然受到阻碍。

二是院(系)领导班子工作自主性、创造性不强的制约。政治路线确定之后,干部就是决定的因素。每一层次的领导干部都肩负着双重责任,即落实、执行上级领导部门的决策和部署,作出本部门发展的决策和部署。高校院(系)领导班子处于学校的中间层次、枢纽位置,既承担着落实、执行学校布置的立德树人任务,又负有制定院(系)立德树人工作发展整体规划的职责。为此,院(系)领导班子一方面要认真学习、准确把握学校部署的精神实质和任务要求;另一方面要对本院(系)的实际情况进行分析研判,作出符合本院(系)实际的落实学校部署的顶层设计。要完成这两方面任务,特别是完成第二方面的任务,要求院(系)领导班子具有较强的工作自主性。缺少工作自主性,仅是对学校部署的精神实质和任务要求把握准确,其最好也就是个优秀的"传声筒"和"搬运工",而不是自主的创造者。只有在做到第一方面的基础上实现了第二方面,才表明院(系)领导班子工作具有自主性和创造性。院(系)领导班子在立德树人机制建设中起着关键性作用,目前机制建设中存在的问题与院(系)领导班子作用的发挥有着直接关系。领导班子缺乏工作的自主性、创造性,院(系)立德树人机制的建设必然受到制约。

三是机制主体能力不足的制约。能力是指直接影响活动效率,使活动顺利完成的个性心理特征,是胜任某项任务的主观条件。[①] 院(系)立德树人机制运行要以主体的活动为依托,主体对立德树人根本任务的认识是机制建设的前提,主体的能力是机制建设的基础。"育人机制成效的发挥最关键的一点在于主体具备一定的能力素质。"[②]院(系)立德树人机制建设中存在的问题,均与主体的能力直接相关。当主体的能力可以驾驭机制有序、平稳、高效运行时,机制呈现出领导统筹到位、协调保障及时、结果运用合理的工作常态。反之,如果机制主体的能力不足,则难以把握立德树人的实质、协调各方面关系、凝聚整体力量,从而导致机制运行的有效性被削弱。

从院(系)领导看,领导班子特别是一把手的顶层设计能力影响着领导统筹机制的建设和作用的发挥。如果领导班子有较强的顶层设计能力,就能作出清晰、科学的整体实施方案,院(系)各方面工作就有明确的方向,即知道为什么做、朝什么方向做、怎么做,这样就能保证立德树人机制的正常、有效运行。反之,领导班子顶层设计能力不足,拿不出清晰、科学的院(系)工作方案,各方面的工作就会像"无头的苍蝇"或乱撞或循规蹈矩,由此立德树人机制很难正常、有效运行。

从院(系)教师看,教师将知识传授与价值引导结合的能力影响着教书

---

① 参见郑永廷主编:《思想政治教育学原理》,高等教育出版社,2018年,第344页。

② 李洪雄:《立德树人的实现路径及有效机制研究》,《思想政治教育研究》,2016年第10期。

育人机制的建设。教书育人对专业教师来说,主要是做好课程思政工作。做好课程思政工作需要教师具备四个基本条件,一是有较高的政治素质,即正确的政治态度、政治立场、理想信念、价值观念等;二是有深厚的专业底蕴,对专业知识能够做到深入浅出;三是有较强的育人意识,培养社会主义建设者和接班人的使命感强烈;四是有将价值观与专业知识融为一体的能力,能够自觉做到向学生传授知识和进行价值观引导相统一。四个条件中缺少任何一个条件,特别是缺少将知识传授和价值观引导相统一的能力,课程思政很难有效实现,因而制约了教书育人机制的建设。

从院(系)管理干部看,管理干部善于在管理工作中育人的能力影响着管理育人机制的建设。管理干部做好管理育人工作,必须具备三个条件:一是有较高的政治站位,明确从事的虽是具体的事务管理工作,但与培养社会主义建设者和接班人紧密联系;二是有为人师表、关爱学生的情怀,拥有教师的责任感,期待学生能够健康成长;三是注意提高自身的思想文化素养、认真严谨的工作作风和能力;四是有在工作中善于发现、引导学生思想作风问题的能力。只有具备四个方面的条件才能自觉做好管理育人工作,条件不具备或具备得不充分都会制约管理育人机制的建设。

机制主体自身能力不能适应新时代落实立德树人根本任务的要求,也是院(系)立德树人机制存在问题的重要原因。

2. 学校层面的原因

院(系)立德树人机制主体自身的不足是机制建设存在问题的根本原因,学校是院(系)工作的领导和直接接触的环境,因此机制建设中存在问题,也有学校方面的原因,其主要体现在:

一是学校对院(系)立德树人机制建设重视不够。学校是院(系)的直接领导,对院(系)工作负有领导、指导和督查的职责。院(系)立德树人工作开展的依据是学校的相关部署,学校领导对院(系)工作开展进行指导和检查。

因此,学校对院(系)工作的重视与指导程度对院(系)工作的开展具有重要作用,院(系)立德树人机制建设中存在的问题与学校的重视不够也直接相关。学校对院(系)立德树人机制建设重视不够主要体现在:第一,宏观要求多,具体指导少。学校对立德树人根本任务的落实一般都有整体规划和实施路线图,都有一般性的要求。但是缺少对院(系)如何根据自身特点落实学校部署的具体指导,则会导致自主性、创造性不足的院(系)只停留于上传下达,难以落实到位。第二,缺少对院(系)立德树人机制建设的整体构想。不少高校只有校级落实立德树人根本任务的方案和举措,而对院(系)立德树人机制建设缺少整体构想,这样不仅使院(系)没有明确的如何构建和完善立德树人机制的目标、任务、内容等要求,缺少清晰的"战略战术"线路图,而且使院(系)感到学校对建设落实机制并不是高度重视、亟待加强,从而削弱了机制建设的紧迫感。因此,学校对院(系)立德树人机制建设重视不够,制约了院(系)立德树人机制的建设。

二是学校缺乏鼓励院(系)立德树人机制建设的浓厚氛围。人的活动离不开一定的环境,环境条件对人的活动具有促进或阻碍的作用。机制建设是通过人的活动实现的,也要受到环境的影响。院(系)立德树人机制建设也受到学校环境氛围的影响,院(系)立德树人机制建设存在的问题也与学校环境氛围的制约有关。学校环境氛围制约院(系)立德树人机制建设主要体现在:第一,未形成院(系)进行立德树人机制建设的氛围。目前高校院(系)基本处于落实、完成学校相关部门布置的课程思政任务的状态,而没有关于院(系)必须进行立德树人机制建设的要求,没有形成机制建设的浓厚氛围。第二,学校没有形成管理育人机制建设的氛围。目前,高校对管理育人基本上停留在一般号召上,而没有具体如何落实的机制保证,更缺少对院(系)建设管理育人机制的明确要求和促进氛围,因而院(系)也未感到管理育人机制建设的紧迫性。学校缺乏鼓励院(系)立德树人机制建设的浓厚氛围,制约了院(系)立德树人机制的建设。

三是学校缺少对院(系)立德树人机制建设的有效激励。管理心理学认为,需要决定动机,动机支配行为,要产生所期待的行为,就要通过满足人们物质和精神的需要,激发人们的行为动机。学校对于院(系)立德树人机制建设的有效激励,是院(系)建设立德树人机制的动力。同理,院(系)立德树人机制建设存在的问题也与学校对机制主体的激励不足有关。学校对院(系)立德树人机制建设有效激励不足主要体现在:第一,学校未将立德树人机制建设纳入院(系)工作考核的范围,缺乏对该项工作优劣的评价,使机制主体的成就需要和自我价值需要得不到满足,从而影响了积极性。第二,学校缺乏明确的院(系)立德树人机制建设的标准,这样既使工作做得好与坏得不到客观的评价,也使机制主体缺少进行自我评价的依据,从而降低了机制建设的积极性。学校缺少对院(系)立德树人机制建设的有效激励,也制约了院(系)立德树人机制的建设。

3. 地方教育行政部门方面的原因

地方教育行政部门是指各级地方政府对教育事业进行组织领导和管理的机构或部门。地方教育行政部门是地方高校的主要管理部门,对地方高校工作具有方向引导、政策支持和组织促进等作用。高校院(系)立德树人机制建设是高校中的一项重要工作,理应得到地方教育行政部门的领导。因此,院(系)立德树人机制建设中存在的问题与地方教育行政部门的管理也有一定关系,其主要体现在:

一是对院(系)立德树人机制建设缺少明确的方向引导。地方教育行政部门一般通过制定文件对高校工作进行引导,每当党和政府颁布了比较重要的文件后,地方教育行政部门都会结合地方的特殊性下发落实文件,以指导地方高校的工作。例如2020年4月,教育部等八部门发布《关于加快构建高校思想政治工作体系的意见》,从学习贯彻习近平总书记关于教育的重要论述,加快构建高校思想政治工作体系,培养德智体美劳全面发展的社会主义建设者和接班人的需要出发,对于高校思想政治工作体系的构建提出了指导性意见。为了落实文件精神和要求,天津市委教育工委、市教委印发了《关于深化新时代天津学校思想政治教育一体化建设的若干举措的通知》,从课程建设一体化、课外活动一体化、资源共享一体化、线上线下一体化、统筹指导一体化,以及相应的保障措施方面进行了整体规划,为天津市高校提供了落实教育部文件精神的具体依据。但是到目前为止,对高校院(系)立德树人机制建设问题尚缺少指导性文件,这在一定程度上制约了院(系)立德树人机制的建设。

二是对院(系)立德树人机制建设缺少有效的政策支持。地方教育行政部门一般通过制定政策给予高校工作支持,对于重点工作和需要加强、发展的工作更是加大政策支持力度。高校院(系)的立德树人机制建设,同样需要地方教育行政部门的政策支持。但是目前在高校院(系)立德树人机制建设问题上还缺少有力度的政策支持,这也在一定程度上制约了院(系)立德树人机制的建设。

三是对院(系)立德树人机制建设缺少有力的组织保证。地方教育行政部门一般通过建立相关组织对高校重点工作和需要加强、发展工作的推进予以保证。比如,为了加强学校思政课建设,天津市成立学校思想政治理论课建设指导委员会,负责全市大中小学思政课课程建设、教材建设、队伍建设、职称评聘等工作。完善天津市思政工作委员会议事制度,研究解决学校思政工作重大问题和相关政策措施。① 又如,为了加强各门思政课课程和教师队伍建设,成立了各门课程建设联盟中心等。但是目前在高校院(系)立德树人机制建设问题上地方教育行政部门尚未建立相关组织予以推进保

---

① 参见《天津市推出新时代深化思政课改革创新十项措施》,《天津日报》,2019年3月8日。

证,这也在一定程度上制约了院(系)立德树人机制的建设。

三、破解高校院(系)立德树人机制中
存在问题的理论依据

理论是分析问题和解决问题的先导和支撑,只有立足理论根基,才能够从本质上分析事物产生发展的内在规律和问题根源,才能明确解决问题的基本方向。要破解高校院(系)立德树人机制建设的问题,必须以马克思主义理论为根本的思想指导。马克思和恩格斯关于人的全面发展的思想、列宁关于社会主义意识必须灌输的思想、中国化马克思主义关于立德树人的思想,为解决高校院(系)立德树人机制建设的问题提供了理论指导。

(一)马克思和恩格斯、列宁与立德树人直接相关的思想

马克思和恩格斯关于人的全面发展的思想、列宁关于"灌输"的思想是破解高校院(系)立德树人机制建设问题的直接指导理论。

1. 马克思和恩格斯关于人的全面发展的理论

马克思和恩格斯指出:"全部人类历史的第一个前提无疑是有生命的个人的存在。"①人作为自然存在、社会存在和精神存在的有机统一体,个人的存在是人的全面发展的基本前提。同时,实践是人的存在方式,个体在实践中结成社会关系,正是在这个意义上,"人的本质不是单个人所固有的抽象

———————————

① 《马克思恩格斯文集》(第一卷),人民出版社,2009年,第519页。

物,在其现实性上,它是一切社会关系的总和"①。人的特性及社会关系的多维、复杂性决定了人的发展不是单向度的,而是涵盖了自身需要、体力、智力、能力素质和与他人交往的全面发展。

首先,人的全面发展是人的体力、智力和目的意志三个方面的发展。马克思和恩格斯创立的唯物史观认为,唯物主义历史观的出发点是"现实的个人,是他们的活动和他们的物质生活条件,包括他们已有的和由他们自己的活动创造出来的物质生活条件"②。即是说,在一定条件下从事实践活动的个人是社会的基础,是历史的起点。而在人们从事的实践活动中,最根本的是物质生产实践活动。物质生产活动是生产力与生产关系的统一。所谓生产力,是人们改造自然,使之适应人的需要的物质力量,标志着人类改造自然的实际能力和水平。③ 质言之,生产力就是人们即劳动者的实践能力或实践力量。马克思在《资本论》中明确指出:"我们把劳动力或劳动能力,理解为一个人的身体即活的人体中存在的、每当他生产某种使用价值时就运用的体力和智力的总和。"④他还指出:"劳动首先是人和自然之间的过程,是人以自身的活动来中介、调整和控制人和自然之间的物质变换的过程。人自身作为一种自然力与自然物质相对立。为了在对自身生活有用的形式上占有自然物质,人就使他身上的自然力——臂和腿、头和手运动起来。当他通过这种运动作用于他身外的自然并改变自然时,也就同时改变他自身的自然。他使自身的自然中蕴藏着的潜力发挥出来,并且使这种力的活动受他自己控制。"⑤"他不仅使自然物发生形式变化,同时他还在自然物中实现自

① 《马克思恩格斯文集》(第一卷),人民出版社,2009 年,第 501 页。
② 同上,第 519 页。
③ 参见《马克思主义哲学》编写组:《马克思主义哲学》,高等教育出版社、人民出版社,2009 年,第 169 页。
④ 《马克思恩格斯文集》(第五卷),人民出版社,2009 年,第 195 页。
⑤ 同上,第 207～208 页。

己的目的,这个目的是他所知道的,是作为规律决定着他的活动的方式和方法的,他必须使他的意志服从这个目的。但是这种服从不是孤立的行为。除了从事劳动的那些器官紧张之外,在整个劳动时间内还需要有作为注意力表现出来的有目的的意志,而且,劳动的内容及其方式和方法越是不能吸引劳动者,劳动者越是不能把劳动当做他自己体力和智力的活动来享受,就越需要这种意志。"①马克思这段关于劳动过程的精辟分析表明,人在生产中使自己身上的"自然力"发挥出来,这种"自然力"包括体力(臂腿手)和智力及目的意志(头)。因此,从事实践活动的人是体力、智力及目的意志的统一。体力是人作为自然存在物在生理构造方面所具有的自然力,智力是人的精神方面的能力(如劳动的经验、技巧、熟练程度、技术水平、接受能力、记忆能力、反应能力、创造能力等),目的意志是贯穿在人的劳动过程中的思想认识、价值取向、精神状态等因素(如劳动目的和劳动的主动性、积极性、创造性等)。据此,人的全面发展包括人的体力、智力和目的意志三个基本维度。

马克思关于人的全面发展包括体力、智力和目的意志三个方面的思想,为解决院(系)立德树人机制建设存在问题提供了理论指导。立德树人就是要将学生培养成为德智体美劳全面发展的社会主义建设者和接班人,其实质就是马克思所揭示的人的全面发展所包括的目的意志、智力和体力三个方面。

其次,人的全面发展包括人的需要、能力和社会关系的全面发展。人的需要的全面发展是人的全面发展的重要内容,其包括物质层面的需要和精神层面的需要。人们首先需要满足基本的物质需要,以保证生存。在满足基本物质需要的基础上,人还需要满足精神生活的需要。然而在一定的社

① 《马克思恩格斯文集》(第五卷),人民出版社,2009年,第208页。

会发展阶段,精神层面的需要似乎成了少数人拥有的奢侈品,精神层面的需要满足具有相对独立性,并不随着物质层面的需要满足和发展自然而然地得到满足,需要人发挥自身的能动性。马克思认为,人的发展的内在根据在于人的需要的不断丰富,在马克思的论述中,人的需要按照从片面需要到全面需要,从低层次需要到高层次需要,从利己的需要到对于人的本质的需要发展的过程,体现出人的全面发展的渐进性。正如《德意志意识形态》所言:"已经得到满足的第一个需要本身、满足需要的活动和已经获得的为满足需要而用的工具又引起新的需要,而这种新的需要的产生是第一个历史活动。"[①]

人的能力的发展也是人的全面发展的重要内容。马克思指出:"任何人的职责、使命、任务就是全面地发展自己的一切能力。"[②]恩格斯指出:"根据共产主义原则组织起来的社会,将使自己的成员能够全面发挥他们的得到全面发展的才能。"[③]马克思和恩格斯实际上是把人的能力的发展作为共产主义社会的基本标志和重要特征,他们指出:"在共产主义社会里,任何人都没有特殊的活动范围,而是都可以在任何部门内发展,社会调节着整个生产。"[④]

人的社会关系的发展同样是人的全面发展的又一重要内容。人是社会中的人,只有在全面丰富的社会关系中,才能最终实现个人平等交往关系的发展。马克思指出:"社会关系实际上决定着一个人能够发展到什么程度。"[⑤]对个体来说,"在任何情况下,个人总是'从自己出发的'……由于他们的需要即他们的本性,以及他们求得满足的方式,把他们联系起来(两性

---

① 《马克思恩格斯文集》(第一卷),人民出版社,2009年,第531~532页。
② 《马克思恩格斯全集》(第3卷),人民出版社,1960年,第330页。
③ 《马克思恩格斯文集》(第一卷),人民出版社,2009年,第689页。
④ 同上,第537页。
⑤ 《马克思恩格斯全集》(第3卷),人民出版社,1960年,第295页。

关系、交换、分工),所以他们必然要发生相互关系。但由于他们相互间不是作为纯粹的我,而是作为处在生产力和需要的一定发展阶段上的个人而发生交往的,同时由于这种交往又决定着生产和需要,所以正是个人相互间的这种私人的个人的关系、他们作为个人的相互关系,创立了——并且每天都在重新创立着——现存的关系"①。对共同体来说,"各个相互影响的活动范围在这个发展进程中越是扩大,各民族的原始封闭状态由于日益完善的生产方式、交往以及因交往而自然形成的不同民族之间的分工消灭得越是彻底,历史也就越是成为世界历史"②。世界历史的形成和发展,既是个体社会关系丰富扩大的标志和表现,又是其进一步发展的依据和保障。

再次,人的全面发展实现的路径和条件。马克思主义认为,人的全面发展实现的主要路径是生产劳动同教育相结合,也就是将获取的知识与实践相结合。生产劳动给予每个个体体力和智力发展的机会,但生产劳动只有与教育相结合,才能够实现人的全面发展。教育作为造就全面发展的人的唯一方法,能弥补人的先天差异,改变禀赋上的不足。"将使他们能够根据社会需要或者他们自己的爱好,轮流从一个生产部门转到另一个生产部门。因此,教育将使他们摆脱现在这种分工给每个人造成的片面性。"③人要获得一定的技能,就要接受一定的教育。工人阶级的未来"因而也是人类的未来,完全取决于新一代工人的成长"④。

马克思主义还认为,人的全面发展的实现需要一定的条件。在资本主义社会中,人的发展只能是片面和异化的,只有超越资本主义生产关系,才能够使人的全面发展成为现实。在《德意志意识形态》中,马克思对这一历

---

① 《马克思恩格斯全集》(第3卷),人民出版社,1960年,第514～515页。

② 《马克思恩格斯文集》(第一卷),人民出版社,2009年,第540～541页。

③ 同上,第689页。

④ 《马克思恩格斯全集》(第21卷),人民出版社,2003年,第270页。

史条件进行了概括:生产力的高度发达是实现人的全面发展的前提和动力,生产关系的和谐是人的全面发展的现实基础,消灭旧式分工和私有制是根本条件,教育是促进人的全面发展的关键,普遍交往是实现人的全面发展的必由之路。①

马克思主义关于人的全面发展内容和条件的思想是解决高校院(系)立德树人机制建设问题的理论指导,因为高校院(系)立德树人机制建设就是为了培养德智体美劳全面发展的社会主义事业建设者和接班人。

2. 列宁关于社会主义意识必须"灌输"的思想

在人类历史的传承、思想文化的传播中,灌输是一种常见的教育方式,与教育的实施密切相关。在不同语境中,"灌输"一词的含义不尽相同,就作为一种忽视受教育者能动性的教育方法而言,"灌输"并不值得提倡;但是就列宁所提出的"灌输"是指培养工人阶级无法自发产生的阶级意识而言,"灌输"则是必需的。列宁的"灌输论"包括以下主要内容:

一是灌输具有必要性。列宁指出,作为指导无产阶级革命运动的理论,即社会主义学说是"完全不依赖于工人运动的自发增长而产生的,它的产生是革命的社会主义知识分子的思想发展的自然和必然的结果"②。列宁认为,社会主义学说是由有产阶级的知识分子创造的:"现代科学社会主义的创始人马克思和恩格斯本人,按照他们的社会地位来说,也是资产阶级知识分子。"③普通工人群众无法形成科学社会主义的世界观,主要在于其所处的社会地位和生活境遇:由于长期受到资本家的剥削和压迫,工人阶级从事着繁重的日常劳动,没有时间和精力去思考社会历史发展这样的宏观抽象的

---

① 参见张立鹏:《马克思人的全面发展理论及其在当代中国实现条件研究》,苏州大学博士论文,2014年。

② 《列宁专题文集·论无产阶级政党》,人民出版社,2009年,第76~77页。

③ 同上,第76页。

问题;同时由于多数工人生活贫穷,缺少必要的教育,因而也难以具备思考理论问题的抽象能力。正如列宁所说:"当前运动的力量在于群众(主要是工业无产阶级)的觉醒,而它的弱点却在于身为领导者的革命家缺乏自觉性和首创精神。"①因此,科学社会主义必须从外面进行"灌输"。"各国的历史都证明:工人阶级单靠自己本身的力量,只能形成工联主义的意识。"②工联主义主张阶级合作,把增加工资、缩短劳动时间、改善劳动条件看作工人运动的唯一目的,反对工人阶级进行推翻资本主义制度的政治斗争,与科学社会主义具有完全不同的性质。"工人本来也不可能有社会民主主义意识。这种意识只能从外面灌输进去。"③

二是对灌输的主体有严格的条件。列宁指出,进行马克思主义科学理论"灌输"的人应当是"革命的社会主义知识分子"④。进行灌输的主体不仅要具有很高的理论基础和素养,同时还应掌握各种宣传的能力。既当宣传员、鼓动员,又当组织员,"宣传员的活动主要是动笔,鼓动员的活动则主要是动口"⑤。在当时的历史情境下,面对工人群众进行的宣传灌输必须具备宣传、鼓动的文字撰写、语言表达的基础。此外,对科学社会主义意识的宣传引导教育还会面对重重困难,被打压甚至是面对牺牲,因此作为宣传主体必须具备忠诚的态度与顽强的意志,如列宁指出:"他们对劳动者的利益十分忠诚,他们同劳动者的敌人(剥削者,特别是'私有者'和投机者)斗争时十分坚决,他们在艰苦的时刻十分坚定,他们在反击世界帝国主义强盗时奋不顾身。"⑥

三是灌输有多样的方法。列宁认为做好理论灌输主要有三种方法:第

① 《列宁专题文集·论无产阶级政党》,人民出版社,2009 年,第 74 页。
②③ 同上,第 76 页。
④ 《列宁选集》(第一卷),人民出版社,2012 年,第 318 页。
⑤ 同上,第 352 页。
⑥ 同上,第 55 页。

一,理论与实践紧密结合。列宁指出:"不是光靠书本来教这种学说,而是还靠无产阶级的这些最不开化和最不开展的阶层参加日常生活的斗争。"①科学社会主义理论只有与革命实践相结合,才会迸发出强大的生命力,才能真正实现理论被群众所掌握。在《俄国社会民主党人抗议书》中,列宁强调要在革命实践中坚持和发展马克思主义,"只有革命马克思主义的理论,才能成为工人阶级运动的旗帜,所以俄国社会民主党应该设法继续发展并且实现这个理论,同时要保卫它,使它不致像许多'时髦理论'(俄国革命的社会民主党的成就已经使马克思主义变成'时髦'理论了)那样常常被曲解和庸俗化"②。

第二,掌握宣传媒介。在《怎么办》中,列宁用相当大的篇幅来论述报纸的作用,指出:"这种报纸就会成为巨大的鼓风机的一部分,这个鼓风机能够使阶级斗争和人民义愤的每一点星星之火,燃成熊熊大火……就会经常不断地挑选和训练出一支由久经考验的战士组成的常备军。"③他还指出:"报纸不仅是集体的宣传员和集体的鼓动员,而且是集体的组织者。"④"合法存在的、以马克思主义思想为指针的俄国报纸,目前已成为向俄国社会民主党工人群众进行党的宣传鼓动工作的一个最重要的公开喉舌。"⑤

第三,贴近生活实际。列宁指出,在向工人阶级"灌输"马克思主义的过程中,不要光讲枯燥无味的理论,而"要善于利用每一件小事来向大家说明自己的社会主义信念和自己的民主主义要求,向大家解释无产阶级解放斗争的世界历史意义"⑥。"要善于对所有一切专横和压迫的现象作出反

---

① 《列宁全集》(第10卷),人民出版社,2017年,第336页。
② 《列宁全集》(第4卷),人民出版社,2013年,第55页。
③ 《列宁选集》(第一卷),人民出版社,2012年,第447页。
④ 同上,第441页。
⑤ 《列宁全集》(第21卷),人民出版社,2017年,第453页。
⑥ 《列宁选集》(第一卷),人民出版社,2012年,第364~365页。

应……要善于把所有这些现象综合成为一幅警察暴行和资本主义剥削的图画。"①

列宁关于社会主义意识必须灌输的思想为解决高校院(系)立德树人机制建设问题提供了理论指导,因为立德树人就是要有效地向学生进行马克思主义理论和中国特色社会主义理论的灌输,立德树人机制建设就是探索如何对学生进行有效灌输。

(二)中国化马克思主义关于立德树人的思想

新中国成立以来,中国共产党在带领中国人民进行社会主义革命和建设的伟大事业中,继承和发展了马克思主义,推进了中国化马克思主义。立德树人是中国特色社会主义教育的根本任务,也是中国化马克思主义的重要内容。中国化马克思主义立德树人的思想主要包括以下内容:

1. "德智体美全面发展"的教育方针

在我国社会主义制度建立后,毛泽东就提出了"三育并举"的教育方针。他在《关于正确处理人民内部矛盾的问题》中提出:"我们的教育方针,应该使受教育者在德育、智育、体育几方面都得到发展,成为有社会主义觉悟的有文化的劳动者。"②邓小平在领导中国人民进行改革开放的新征程中坚持并强调了党的教育方针,提出:"我们的学校是为社会主义建设培养人才的地方。培养人才有没有标准呢? 有的。这就是毛泽东同志说的,应该使受教育者在德育、智育、体育几方面都得到发展,成为有社会主义觉悟的有文化的劳动者。"③1999 年 6 月江泽民在全国教育工作会议上指出:"我们必须

---

① 《列宁选集》(第一卷),人民出版社,2012 年,第 364 页。
② 《毛泽东文集》(第七卷),人民出版社,1999 年,第 226 页。
③ 《邓小平文选》(第二卷),人民出版社,1994 年,第 103 页。

全面贯彻党的教育方针,坚持教育为社会主义现代化建设服务、为人民服务,坚持教育与社会实践相结合,以提高国民素质为根本宗旨,以培养学生的创新精神和实践能力为重点,努力造就有理想、有道德、有文化、有纪律的,德育、智育、体育、美育等全面发展的社会主义事业建设者和接班人。"①胡锦涛在党的第十七次全国代表大会上的报告中指出:"要全面贯彻党的教育方针,坚持育人为本、德育为先,实施素质教育,提高教育现代化水平,培养德智体美全面发展的社会主义建设者和接班人,办好人民满意的教育。"②

2."红专结合""德才兼备""以德为先"的教育思想

1958年针对教育战线中出现的对红与专关系的不同认识,毛泽东明确指出:"红与专、政治与业务的关系,是两个对立物的统一。一定要批判不问政治的倾向。一方面要反对空头政治家,另一方面要反对迷失方向的实际家。"③他还指出:"政治和经济的统一,政治和技术的统一,这是毫无疑义的,年年如此,永远如此。这就是又红又专。将来政治这个名词还是会有的,但是内容变了。不注意思想和政治,成天忙于事务,那会成为迷失方向的经济家和技术家,很危险。思想工作和政治工作,是完成经济工作和技术工作的保证,它们是为经济基础服务的。思想和政治又是统帅,是灵魂。"④邓小平指出:"学校应该永远把坚定正确的政治方向放在第一位。但这并不是说要把大量的课时用于思想政治教育。学生把坚定正确的政治方向放在第一位,这不仅不排斥学习科学文化,相反,政治觉悟越高,为革命学习科学文化就应该越加自觉,越加刻苦。"⑤2001年,江泽民在清华大学建校90周年大会上对大学生提出了五点希望,即"希望你们成为理想远大、热爱祖国的人,希

---

①　《江泽民文选》(第二卷),人民出版社,2006年,第332页。

②　胡锦涛:《高举中国特色社会主义伟大旗帜　为夺取全面建设小康社会新胜利而奋斗——在中国共产党第十七次全国代表大会上的报告》,人民出版社,2007年,第37页。

③④　《毛泽东文集》(第七卷),人民出版社,1999年,第351页。

⑤　《邓小平文选》(第二卷),人民出版社,1994年,第104页。

望你们成为追求真理、勇于创新的人,希望你们成为德才兼备、全面发展的人,希望你们成为视野开阔、胸怀宽广的人,希望你们成为知行统一、脚踏实地的人"①。

3. 立德树人思想

2006年胡锦涛在中共中央政治局第三十四次集体学习时的讲话中首次提出立德树人用语,指出"要坚持育人为本、德育为先,把立德树人作为教育的根本任务,努力培养德智体美全面发展的社会主义建设者和接班人"②。

上述党的历届领导人,在社会主义革命和建设初始、改革开放、21世纪、全面建设小康社会等不同时期,高度重视教育培养什么人的问题,提出培养德智体美全面发展的社会主义建设者和接班人的目标,强调红专结合、德才兼备,强调育人为本、德育为先原则,强调立德树人是根本任务。这些思想是马克思和恩格斯人的全面发展思想在中国特色社会主义教育中的具体体现,也是破解高校院(系)立德树人机制建设问题的指导思想。

(三)习近平总书记关于新时代立德树人的重要论述

在中国特色社会主义新时代,习近平总书记面对世界百年未有之大变局和中华民族伟大复兴两个大局,面对国内改革开放处于关键期、攻坚期的复杂境况,更加重视学校为谁培养人、培养什么人和怎样培养人的问题,更加重视高等教育的立德树人问题,提出了一系列的新思想。

1. 为党育人、为国育才是教育的根本任务

习近平总书记在2016年全国高校思想政治工作会议上指出:"高校立

---

① 江泽民:《在庆祝清华大学建校90周年大会上的讲话》,《中国教育》,2001年4月30日。

② 胡锦涛:《坚持把教育摆在优先发展战略地位努力办好让人民群众满意的教育》,《光明日报》,2006年8月31日。

身之本在于立德树人。只有培养出一流人才的高校,才能够成为世界一流大学。办好我国高校,办出世界一流大学,必须牢牢抓住全面提高人才培养能力这个核心点,并以此来带动高校其他工作。"①在 2017 年党的十九大报告中他指出:"要全面贯彻党的教育方针,落实立德树人根本任务,发展素质教育,推进教育公平,培养德智体美全面发展的社会主义建设者和接班人。"②在 2018 年同北京大学师生座谈时他再次强调:"教育兴则国家兴,教育强则国家强。"③"我们对高等教育的需要比以往任何时候都更加迫切,对科学知识和卓越人才的渴望比以往任何时候都更加强烈。"④在同年全国教育大会上他又指出:"培养什么人,是教育的首要问题。我国是中国共产党领导的社会主义国家,这就决定了我们的教育必须把培养社会主义建设者和接班人作为根本任务,培养一代又一代拥护中国共产党领导和我国社会主义制度、立志为中国特色社会主义奋斗终身的有用人才。这是教育工作的根本任务,也是教育现代化的方向目标。"⑤在 2020 年 9 月 9 日第 36 个教师节到来之际给全国教师的节日致辞中他又强调:"希望广大教师不忘立德树人初心,牢记为党育人、为国育才使命,不断做出新的更大贡献。"⑥总之,党的十八大以来,习近平总书记高度重视、反复强调人才对于国家发展的重要性,以及教育特别是高等教育在培养人才中的关键作用。

---

①④ 习近平:《在全国高校思想政治工作会议上强调把思想政治工作贯穿教育教学全过程开创我国高等教育事业发展新局面》,《人民日报》,2016 年 12 月 9 日。

② 习近平:《决胜全面建成小康社会 夺取新时代中国特色社会主义伟大胜利——在中国共产党第十九次全国代表大会上的报告》,《人民日报》,2017 年 10 月 28 日。

③ 习近平:《在同北京大学师生座谈会上的讲话》,《人民日报》,2018 年 5 月 3 日。

⑤ 习近平:《在全国教育大会强调坚持中国特色社会主义教育发展道路培养德智体美劳全面发展的社会主义建设者和接班人》,《人民日报》,2018 年 9 月 11 日。

⑥ 习近平:《向全国广大教师和教育工作者致以节日祝贺和诚挚慰问》,《人民日报》,2020 年 9 月 10 日。

2.德智体美劳全面发展的建设者和接班人是新时代中国特色社会主义所需要的

在2018年召开的全国教育大会上，习近平总书记站在新时代的高度指出："新时代新形势，改革开放和社会主义现代化建设、促进人的全面发展和社会全面进步对教育和学习提出了新的更高的要求。我们要抓住机遇、超前布局，以更高远的历史站位、更宽广的国际视野、更深邃的战略眼光，对加快推进教育现代化、建设教育强国作出总体部署和战略设计。"①基于此，他强调作为社会主义的建设者与接班人，必须是德智体美劳全面发展的建设者与接班人。为此，他提出教育要在六个方面下功夫，即"在坚定理想信念上下功夫、在厚植爱国主义情怀上下功夫、在加强品德修养上下功夫、在增长知识见识上下功夫、在培养奋斗精神上下功夫、在增强综合素质上下功夫"②。这些内容构成了培养德智体美劳全面发展的建设者与接班人的基本维度和方面，为高校立德树人工作提供了根本遵循。

3.实现高校立德树人根本任务的途径

习近平总书记不仅为新时代中国特色社会主义教育指明了发展的方向，而且指出了实现发展方向的路径。

一是加强党对高校的领导。习近平总书记在全国教育大会上指出："加强党对教育工作的全面领导，是办好教育的根本保证。"③在全国思政课教师座谈会上，他也强调办好中国的事情，关键在党，搞好思政课建设的关键同样在党。为此，他要求教育部门和高校的党组织要坚定不移维护党中央权威和集中统一领导，自觉在政治立场、政治方向、政治原则、政治道路上同党中央保持高度一致。高校党组织要把抓好党建工作作为办学治校的基本

---

①②③ 习近平:《在全国教育大会强调坚持中国特色社会主义教育发展道路培养德智体美劳全面发展的社会主义建设者和接班人》,《人民日报》,2018年9月11日。

功,把党的教育方针全面贯彻到学校工作的各方面。充分发挥基层党组织的作用,使基层党组织成为师生最贴心、最信赖的组织依靠,成为学校教书育人的坚强战斗堡垒。

二是坚持社会主义办学方向。坚持社会主义办学方向,事关我国教育发展和现代化事业的前途与未来。办好中国特色社会主义教育,最重要的就是在事关办学方向的问题上站稳立场。习近平总书记指出:"古今中外,每个国家都是按照自己的政治要求来培养人的,世界一流大学都是在服务自己国家发展中成长起来的。我国社会主义教育就是要培养社会主义建设者和接班人。"[1]坚持社会主义办学方向,基本要求就是要在党的坚强领导下,全面贯彻党的教育方针,坚持马克思主义指导地位,坚持中国特色社会主义教育发展道路,保障社会主义办学性质不动摇。

三是明确新时代立德树人的内容。2018年在与北大师生的座谈会上习近平总书记对青年学生提出希望:一是要爱国,忠于祖国,忠于人民。二是要励志,立鸿鹄志,做奋斗者。三是要求真,求真学问,练真本领。四是要力行,知行合一,做实干家。[2] 上述希望既是对大学生成人成才的盼望与要求,也是对新时代高校人才培养方向和立德树人内涵的明确。

四是提高立德树人关键课程的质量。2016年12月,在全国高校思想政治工作会议上习近平总书记指出:"要用好课堂教学这个主渠道,思想政治理论课要坚持在改进中加强,在创新中提高。"[3]2019年3月,在学校思想政治理论课教师座谈会上习近平总书记又指出,思想政治理论课是落实立德树人的关键课程,铸魂育人的作用不可替代。[4] 思想政治理论课的定位从

---

① 习近平:《在北京大学师生座谈会上的讲话》,《人民日报》,2018年5月3日。

② 参见习近平:《在北京大学师生座谈会上的讲话》,《人民日报》,2018年5月3日。

③ 习近平:《把思想政治工作贯穿教育教学全过程开创我国高等教育事业发展新局面》,《人民日报》,2016年12月9日。

④ 参见习近平:《思政课是落实立德树人根本任务的关键课程》,《求是》,2020年第17期。

"主渠道"到"关键课程",彰显了思政课在立德树人中的重要地位,表明了以习近平同志为核心的党中央对思想政治理论课重视程度的提高。

为了提高"关键课程"的教学质量,习近平总书记提出了系统的举措。第一,提出了思政课建设的目标,即不断增强思政课的思想性、理论性和亲和力、针对性。第二,明确了思政课的建设标准,即坚持政治性和学理性相统一、价值性和知识性相统一、建设性和批判性相统一、理论性和实践性相统一、统一性和多样性相统一、主导性和主体性相统一、灌输性和启发性相统一、显性教育和隐性教育相统一。第三,强调教师在思政课教学中的作用,提出期望和建设要求,即办好思想政治理论课关键在教师,思政课教师队伍责任重大;思政课教师要做到:政治要强,情怀要深,思维要新,视野要广,自律要严,人格要正。用高尚的人格感染学生,用真理的力量感召学生,以深厚的理论功底赢得学生。要配齐建强思政课专职教师队伍,建设专职为主、专兼结合、数量充足、素质优良的思政课教师队伍。第四,推进大中小学思政课一体化,即构建大中小学循序渐进、螺旋上升的思政课教学体系。①

五是发挥所有课程与思政课同向同行作用。习近平总书记在全国高校思想政治工作会议上指出:"其他各门课都要守好一段渠、种好责任田,使各类课程与思想政治理论课同向同行,形成协同效应。"②在全国学校思想政治理论课教师座谈会上他又强调,要完善课程体系,解决好各类课程和思政课相互配合的问题。上述论述提出了"思政课程"与"课程思政"携手并进的要求,为形成学校课程立德树人合力指明了方向。

总之,习近平总书记关于中国特色社会主义新时代立德树人的重要论述,彰显了新时代高校落实立德树人根本任务战略和策略,是解决高校院

---

① 参见习近平:《思政课是落实立德树人根本任务的关键课程》,《求是》,2020 年第 17 期。

② 习近平:《把思想政治工作贯穿教育教学全过程开创我国高等教育事业发展新局面》,《人民日报》,2016 年 12 月 9 日。

(系)立德树人机制建设问题的根本指导思想。

四、高校院(系)立德树人机制建设的策略

厘清高校院(系)立德树人机制建设存在的问题,分析问题的原因,明确破解问题的理论依据,就是为了以马克思主义特别是习近平新时代中国特色社会主义思想为指导,推进高校院(系)立德树人机制建设的深入发展。为此,要在以下方面着力。

(一)明确高校院(系)立德树人机制建设的目标

机制建设只有目标明确,才能瞄准方向。机制建设的目标与立德树人的目标不同,机制建设目标指向的是机制运行方式的建构及效果保障。高校院(系)立德树人机制建设的目标有:

1.健全院(系)立德树人落实机制

立德树人根本任务在高校落实,必须以有效的落实机制作保证才能实现。院(系)是高校立德树人的基层单位,是培养人的基本场所,因此健全院(系)立德树人落实机制,是高校院(系)立德树人机制建设的直接目标。

健全院(系)立德树人落实机制主要包括领导统筹机制、主体运行机制、反馈调节机制、检查评价机制。这四种机制纵向贯通了院(系)工作的上下,横向覆盖了院(系)工作的各个方面。四种机制建成体现了院(系)层面的全员、全过程、全方位育人。

健全院(系)立德树人落实机制要达到的目的:一是使各机制自身不断完善。院(系)立德树人机制的完善需要一个过程,建设就是通过适时适度

的调整,使之逐步达于健全,保持持续良性运行。二是保证各机制协调共进,形成"1加1大于2"的合力。健全院(系)立德树人落实机制,就是要在建强各方面机制的基础上,实现立德树人合力,提高院(系)培养人才的质量。

2. 将立德树人融入教育教学各方面、各环节

健全立德树人落实机制的目的是将立德树人贯穿于院(系)工作的全方位、全过程,因此将立德树人融入教育教学各方面、各环节是院(系)立德树人机制建设的主要目标。将立德树人融入教育教学各方面各环节包括:一是院(系)党政领导工作方面,包括工作决策、实施、检查、评价等环节;二是院(系)教师教学工作方面,包括备课、课上课下指导、考试等环节;三是教研室、办公室工作方面,其中的教研室和教学管理工作方面,包括专业培养方案的制定、课程时间安排、考试、实习、毕业论文开题答辩等环节;四是学生管理工作方面,包括对学生思想引领、学业修读、生活指导、心理疏导、就业规划等环节;五是党务管理工作方面,包括入党积极分子培养、学生党员管理教育、支部工作开展建议评估等环节;六是行政管理工作方面,包括基础设施配置改善、物质环境的营造、政策问询、学生权益保障和诉求回应等环节。

将立德树人融入教育教学各方面、各环节要达到的目的:一是让立德树人成为院(系)每一位教职员的自觉意识与行为,实现全员育人、全程育人、全方位育人。二是在院(系)形成立德树人的浓厚氛围,熏陶感染每一分子,促使人人成为自觉育人者。

3. 提高高等教育人才培养质量

立德树人根本任务的最终目标是要培养出大批德智体美劳全面发展的社会主义建设者和接班人,因此提高高等教育人才培养质量是院(系)立德树人机制建设的最终目标。提高高等教育人才培养质量的主要内容包括:

培养执着的信念、优良的品德、丰富的知识、过硬的本领,即德才兼备的"社会发展、知识积累、文化传承、国家存续、制度运行所要求的人"①。

提高高等教育人才培养质量要达到的目的:一是为党育人、为国育才。习近平总书记强调,高等教育要坚持为人民服务,为中国共产党治国理政服务,为巩固和发展中国特色社会主义制度服务,为改革开放和社会主义现代化建设服务。"四为"要求高等教育为党和国家千秋大业的发展培养一代代德智体美劳全面发展的社会主义合格建设者和可靠接班人。二是培养勇担民族复兴大任的时代新人。习近平总书记在党的十九大报告中提出了"培养担当民族复兴大任的时代新人"的新要求。"时代新人"既是追梦者,也是圆梦人,是能将自己的个人梦、个人理想融入国家和民族复兴伟大事业中的人;"时代新人"是不断提高自身素质和干事创业的能力,求得真学问、练就真本领的人;"时代新人"是崇德向善、见贤思齐,培养高洁的操行和纯朴的情感,努力使自己品行高尚的人;"时代新人"是具有自觉的国家意识、民族意识、责任意识,主动担当民族复兴的历史责任,全心全意为人民服务的人;"时代新人"是坚持实践第一、知行合一,求实务实、有为善为的人。

(二)遵循高校院(系)立德树人机制建设的原则

高校院(系)立德树人机制建设的原则,是院(系)机制主体在立德树人机制建设中所依据的准则。原则服务于目标,是实现目标的保证。高校院(系)立德树人机制建设的原则包括:促进以学生全面发展为中心的原则、全员全过程全方位相统一的原则、统筹协调的原则。

---

① 习近平:《在同北京大学师生座谈会上的讲话》,《人民日报》,2018 年 5 月 3 日。

1. 促进以学生全面发展为中心的原则

促进以学生全面发展为中心,是指院(系)立德树人机制的建设要始终围绕促进学生的全面发展展开,将促进学生全面发展作为机制建设的出发点和落脚点。

遵循以促进学生全面发展为中心原则必须做到:第一,在院(系)立德树人机制建设中强化以学生为中心的教育理念,不断增强育人的历史责任感。思想是行为的先导,要做到以促进学生全面发展为中心,首先要改变以教师为中心和管理工作与育人无关的思想,树立以生为本即以促进学生健康成长发展为根本的理念,增强高校所有工作岗位都负有育人职责的认识。只有认识提高了、责任感增强了,院(系)教职员才能自觉地将立德树人贯穿于自身工作之中,也才能在立德树人机制建设中遵循以促进学生全面发展为中心的原则。

第二,运用多种举措调动机制主体将以促进学生全面发展为中心的理念贯穿于工作中的积极性。主体是立德树人各机制的核心要素,机制的运行要以主体的活动为依托,主体的积极性、主动性得到调动,各机制运行的有效性就会同步提升。只有采用多种激励措施调动主体将促进以学生全面发展为中心的理念贯穿于工作中的积极性,才能在立德树人机制建设中做到遵循以促进学生全面发展为中心的原则。

2. 全员全过程全方位相统一的原则

"全员育人"是指学校的每个工作人员都有育人意识,并在本职工作中践行育人职责。"全过程育人"是指将育人贯穿于学生在校学习的全过程,贯穿于学生成长成才的每一阶段。"全方位育人"是指学校各个工作岗位都有育人之责,育人工作覆盖学校教学、管理和服务的各个方面。"全员全过程全方位相统一"是指学校的所有工作人员、学生教育的整个过程、学校的所有工作岗位都以育人为中心,都统一于育人。

遵循全员全过程全方位统一原则必须做到:第一,院(系)党政领导班子在立德树人机制建设中要注意调动所有人员积极参与。全员全过程全方位相统一的关键在"全员",因为全过程和全方位只有通过"全员"才能实现。在院(系)立德树人机制建设中,只有充分调动院(系)全体成员的积极性,做到人人参与,才能实现全员全过程全方位的统一。因此,只有院(系)党政领导班子在立德树人机制建设中注意调动所有人员参与的积极性,才能做到遵循全员全过程全方位相统一的原则。

第二,院(系)党政领导班子在立德树人机制建设中要统筹推进。全员全过程全方位相统一原则,不仅要求全体人员、所有岗位参与,而且要求达到统一,形成合力。要实现"原则"的要求,各个方面就不能各自为政、孤立行事,必须统一目标,统筹推进。因此,只有院(系)党政领导班子在立德树人机制建设中统筹推进,才能做到遵循全员全过程全方位相统一的原则。

3.统筹协调的原则

统筹协调是指对院(系)立德树人各要素统一筹划、调控运行,使其和谐发展。遵循"统筹协调"原则必须做到:第一,院(系)党政领导班子在立德树人机制建设中要坚持突出重点带动其他的"一盘棋"思想。在立德树人机制建设中,机制构成的各要素、各机制之间的发展必然不会平衡,院(系)工作也必然有重点和非重点之别,为了促进立德树人机制的发展,不能将不平衡绝对化、将重点论变成一点论,而必须坚持不平衡与平衡的统一,坚持两点论与重点论的统一,即在不平衡中求平衡、用重点带动一般。因此,只有院(系)党政领导班子在立德树人机制建设中坚持突出重点带动其他的"一盘棋"思想,才能做到遵循统筹协调的原则。

第二,在立德树人机制建设中要坚持扬长板、补短板的工作方法。院(系)立德树人机制构成要素的发展是不平衡的,要促进机制良性运行发展,就要在机制建设中从不平衡中求平衡。在实践中就是要做到统筹协调,扬长板、补短板,使各要素趋向平衡。因此,只有院(系)党政领导班子在立德树人机制建设中坚持扬长板、补短板的工作方法,才能做到遵循统筹协调的原则。

第三,在立德树人机制建设中要有及时发现问题的渠道和解决问题的预案。如前所述,在院(系)立德树人机制建设中会出现这样或那样的问题,为了控制问题蔓延和累积,保证机制持续发展,必须做到及时发现问题和解决问题。因此,只有院(系)党政领导班子在立德树人机制建设中设有及时发现问题的渠道和解决问题的预案,才能做到遵循统筹协调的原则。

(三)完善高校院(系)立德树人机制建设的内容

高校院(系)立德树人机制建设的内容是机制建设的主干,完善的内容是机制体系形成的基础。要推进院(系)立德树人机制的建设,必须加强机制内容的建设。完善高校院(系)立德树人机制建设的内容,包括完善领导统筹机制、主体运行机制、反馈调节机制和检查评价机制。

1. 完善高校院(系)立德树人领导统筹机制

领导统筹机制在院(系)立德树人机制中处于核心地位,具有统领的作用,是实现高校培养目标、落实立德树人根本任务、统筹其他机制运行的关键。完善院(系)立德树人领导统筹机制应该在以下四个方面着力:

一是健全院(系)机构、配齐工作人员。健全的组织机构和足够的人员力量是完善领导统筹机制的前提条件。健全院(系)机构配齐相应人员主要包括:健全党的组织系统,即健全党委(总支)、党支部,配齐党委正副书记;健全行政系统,即健全行政领导、教研室、办公室等,配齐院长(系主任)、副院长(副系主任)、教师和管理干部。组织机构不健全、人员短缺的结果是一人多岗,造成相应工作难以深入推进。发挥领导统筹机制的作用,必须有可统筹的岗与人,否则,无岗无人可统,就同巧妇难为无米之炊。因此,针对目前高校院(系)仍存在机构不全、一人多岗的情况,完善院(系)立德树人领导统筹机制,健全机构、配齐人员是当务之急。

二是明确各部门立德树人职责和各岗位育人的主要途径。明确各部门、岗位立德树人的职责与途径,是完善领导统筹机制的主要内容。健全机构、配齐人员是发挥领导统筹机制作用的前提,真正保证领导统筹机制发挥作用的是,使各部门、岗位的立德树人职责明确、途径清晰。顶层设计、规划蓝图是院(系)领导班子的职责,也是院(系)立德树人领导统筹机制的主要内容。作为领导统筹机制主要内容的顶层设计应该包括对下属各个部门、各个岗位所担的育人职责和实现的主要途径作出明确的规定。比如,教研室作为教学组织部门,承担的主要职责是教书育人,主要的途径是课程思政;教学工作办公室作为教学工作的管理部门,承担的主要职责是管理育人,主要的途径是将思政工作贯穿于教学管理工作的各方面、各环节;学生工作办公室作为学生工作的管理部门,承担的主要职责是管理育人,主要的途径是将思政工作贯穿于学生日常思想和事务管理之中;科研工作办公室作为科研与研究生工作的管理部门,承担的主要职责是管理育人,主要的途径是将思政工作贯穿于科研管理和研究生事务管理之中;党务工作办公室作为党的工作的管理部门,承担的主要职责是管理育人,主要的途径是将思政工作贯穿于党员的思想教育、党组织的发展和日常党建工作中;行政工作部门作为物资、环境和安全等保障的管理部门,承担的主要职责是管理育人,主要的途径是将思政工作贯穿于解决学生需要的各种问题中。

三是健全院(系)领导班子和党支部、教研室、办公室在立德树人工作上的纵向联系制度。健全院(系)部门的纵向联系沟通制度是完善领导统筹机制的重要内容。明确各部门、岗位立德树人职责与途径是完善领导统筹机制的主要内容,但是领导统筹机制作用的有效发挥,不仅是使各部门、岗位明确自身的职责和实现途径,还需要建立纵向联系机制,使上下形成合力,而这需要通过健全相应制度来实现。院(系)纵向联系制度是将领导班子和党支部、教研室及办公室之间围绕立德树人顶层设计的实施情况,进行联系沟通的时间、内容、方式等规范化、制度化,以保证纵向信息畅通,做到及时发现和解决问题。

四是建立院(系)教学、科研、学工、党务、行政等部门在立德树人工作上的横向沟通、配合制度。完善院(系)立德树人领导统筹机制,不仅要健全纵向联系沟通机制,而且要建立各部门间横向沟通配合机制,其也是完善院(系)领导统筹机制的重要内容。建立院(系)各部门间横向沟通配合机制,也是通过建立相应的制度来实现的。院(系)横向沟通配合制度是将教研室、教学、科研、学工、党务、行政等办公室之间围绕立德树人顶层设计的实施情况,进行联系沟通的时间、内容、方式等规范化、制度化,以保证横向信息畅通,不仅做到及时发现和解决问题,而且有助于形成教书育人和管理育人的合力。

完善院(系)立德树人领导统筹机制要达到的目标,是充分发挥领导班子的统领作用,为形成院(系)立德树人合力创造条件。

2.完善高校院(系)立德树人主体运行机制

主体运行机制在立德树人机制中具有主导作用。完善院(系)立德树人主体运行机制应该在以下三个方面着力:

一是提高院(系)党政领导的领导力。党政领导是院(系)工作的领头人,在院(系)发展中具有关键性作用。为此,完善院(系)立德树人主体运行机制,首先要提高党政领导的能力。

第一,增强党委(党总支)书记和院长(系主任)"第一责任人"的意识。党委(党总支)书记和院长(系主任)是院(系)领导班子的核心和带头人,在院(系)的发展、立德树人机制的建设中是"第一责任人",负有主要责任,在顶层设计决策中起着关键性的"拍板"作用。因此,要完善院(系)立德树人主体运行机制,首先"两位一把手"要有第一责任人的意识,担起第一责任人的责任,在院(系)立德树人机制顶层设计中发挥引领作用。

第二,强化领导班子成员立德树人的使命感、责任感。院(系)领导班子成员既在院(系)立德树人工作顶层设计中起着重要作用,又是所分管工作落实的主要负责人,对院(系)立德树人机制建设具有指导、推进的重要作用。

第三,提高领导班子成员的战略思维能力。院(系)党政领导班子负有根据学校落实立德树人根本任务的工作部署,结合院(系)实际,作出落实学校部署、推进院(系)工作的宏观决策,指导院(系)工作开展的责任。院(系)领导班子决策的顶层设计的水平,直接决定了立德树人工作的进展和成效。为了保证和提高院(系)领导班子的决策水平,必须提高领导班子成员的战略思维能力,做到站位高、认识准、看得远,能够驾驭发展方向,制定出院(系)立德树人机制建设的整体规划,使院(系)所有人员明确建设的目标方案、实施的路线图和时间表,保证机制建设向着正确目标推进。

第四,发挥立德树人的表率作用。院(系)领导班子成员不仅担当着顶层设计的责任,而且还承担着落实推进的任务,这就要求领导班子成员不仅有宏观战略思维,还要有脚踏实地的实干精神。为了保证院(系)立德树人机制建设的顶层设计落实到位,领导班子成员就要身体力行、率先垂范。

二是提高院(系)教师的教书育人能力。教师是院(系)工作的主干力量,在院(系)发展中具有基础性作用。为此,完善院(系)立德树人主体运行机制,必须提高教师的能力。

第一,增强教师教书育人责任感,牢记习近平总书记"四有"好老师的要求。院(系)是高校培养人的依托,是学生成长发展的重要场所。教师是培养人才的主要承担者,教书育人是教师的职责。为了加强院(系)立德树人机制建设,提高机制运行的效果,教师必须有强烈的教书育人使命感和责任感,能够自觉地用有理想信念、有道德情操、有扎实学识、有仁爱之心的"四有"好老师的标准要求自己,不断提高自身素养,为培养德才兼备的人才创造条件。

第二,提高教师的思想道德水平和专业知识水准。"教育者和受教育者的道德水平决定着高校立德树人的基本前提和困难程度。提高高校立德树人主体的道德水平首要是重视教育者的道德水准。"①教师要做好立德树人工作,培养出高质量的德才兼备的人才,前提是自己必须做到德才兼备,也就是要有坚定的理想信念、高尚的道德情操、热爱教师职业和学生,要有广阔深厚的学识,这样才能保证和提高教书育人机制建设的质量和水平。

第三,提高教师课程思政建设的能力。教师落实教书育人的主要途径是课程思政,即将价值观引导融入专业知识传授之中,实现专业知识与价值观的有机统一。课程思政建设首先要求教师改变以教师为中心的教育理念,改变教学中只教知识不管思想的状况,树立以学生为中心、以育人为首位的教育理念,在教学中坚持教知识、教方法和进行价值观引导相统一。为此,教师必须具备将价值观引导融入专业知识传授之中的能力。

第四,增强教师深化教学改革、探索创新的勇气。"当前,高校专任教师立德树人只有积极探索路径创新机制,才能适应动态发展的学生成长成才发展期待和社会发展要求。"②加强课程思政建设是新时代高校落实立德树人根本任务提出的迫切要求,而课程思政建设绝不是在专业课教学中简单地增加些思想政治教育的内容,其实质是教学领域的一场全方位的改革,其中涉及了教学理念、教学目标、教学内容、教学方法、教与学的评价,等等。

---

① 冯东东:《高校立德树人的现实问题及对策研究》,兰州大学硕士论文,2018 年。
② 王维才、于成文、彭庆红、段晓芳、潘红涛:《高校专任教师立德树人的现状分析与机制思考》,《中国高等教育》,2019 年第 21 期。

另外,由于课程思政建设的时间较短,至今尚无较成熟的经验可供借鉴,致使一些教师面对课程思政不知所措、畏葸不前。所以要推进课程思政,落实立德树人根本任务,教师必须增强深化教学改革的勇气,积极探索课程思政的有效途径和方法。

三是提高管理干部的管理育人能力。管理干部是院(系)工作的重要力量,在院(系)发展中具有不可忽视的作用。为此,完善院(系)立德树人主体运行机制,必须提高管理干部的能力。

第一,增强管理干部管理育人的意识和责任感。管理工作是高校工作的重要组成部分,立德树人是高校的根本任务和立身之本,所以管理工作理应承担着教育学生、培养学生的责任。另外,管理干部虽然直接的工作是处理学校相关部门和院(系)领导布置的任务,解决师生需要或难解的问题,看似都是事务性的工作。但是实际上管理干部在工作中会直接面对很多学生,而且是在课堂下或分散情况下的接触,学生在这种情况下有时会将在课堂上不易表现的问题暴露出来。所以管理工作的过程也是育人的过程,关键是看管理干部是否有育人的意识和培养人的责任感。

第二,提高管理干部的政治觉悟和思想水平。管理干部承担着育人的职责,要担负起在管理工作中教育引导学生提高思想认识,树立正确的价值观,学会做人做事的责任,就必须让自己具备教育引导学生的条件。为此,管理干部首先要有正确的理想信念和价值观,因为有理想的人说理想、有道德的人讲道德才能让学生信服。另外,管理干部还要提高理论水平和思想水平,因为发现了学生暴露出的思想和行为上的问题,就要对学生进行疏导,对大学生来说主要是进行说理。马克思说过,理论只要彻底就能说服人。江泽民曾指出:"我们有些同志工作热情高,想干一番事业,这是很好的。但由于缺乏理论功底,工作中往往就事论事,不善于对实际问题进行理论思考,不注意从政治上和全局上观察事物。"①习近平总书记也反复强调干部要学习新时代中国特色社会主义思想。理论基础决定思想水平,思想水平决定立德树人工作的说服力。为此,管理干部就要加强理论学习,提高思想认识水平。

第三,增强管理干部开拓创新的勇气。由于长时间以来对管理育人必要性和重要性认识不够、重视不够,所以管理育人还处于探索的初始阶段。万事开头难,目前管理育人问题就属于开头难的问题。所以做好此项工作需要有较大付出,需要有开拓创新的勇气,舍此工作难以向前推进。

第四,提高管理干部管理育人的能力。管理干部做好管理育人工作,必须具备一定的能力,比如善于在工作中发现学生言行中透露出思想、心理问题的能力、根据学生特点因势利导的能力、对学生进行启发诱导的能力,等等。

完善院(系)立德树人主体运行机制要达到的目标,是促使机制主体具有较强的育人意识和育人本领,保证立德树人机制高质量运行。

3. 完善高校院(系)立德树人反馈调节机制

反馈调节机制在院(系)立德树人机制建设中具有动力作用,完善院(系)立德树人反馈调节机制应该在以下两个方面着力:

一是建立院(系)立德树人机制运行状况和运行效果的反馈机制。第一,建立健全学生对教书育人和管理育人效果的反馈制度。院(系)立德树人以教书育人、管理育人为主。学生是育人的对象,育人过程是否符合学生需求、育人效果如何,学生最有发言权,最有评价资格。为了保证教书育人机制和管理育人机制正常、有效运行,就要及时反馈育人的情况和效果,以

---

① 中共中央宣传部编:《毛泽东邓小平江泽民论思想政治工作》,学习出版社,2000年,第105~106页。

便尽早发现问题,防止问题蔓延、积累。为此,必须建立健全学生反馈渠道,通过座谈访谈、公开邮箱、线上反馈平台、滚动调查等,保证学生的意见能及时、准确地表达。同时,将学生的意见反馈通过建立相应的制度予以保证。第二,建立健全教师、管理干部对机制运行效果的反馈制度。教师、管理干部是机制运行的主体,对教书育人机制、管理育人机制运行中存在的问题有切身体会,对领导统筹机制有自己的看法。所以了解机制运行的情况和问题,学生作为育人客体是反馈的重点,教师和管理干部作为育人主体也是反馈的重点,也要通过多种方式、设立相应平台听取他们的意见。鉴于目前对听取教师和管理干部意见重视不够,更要建立相应的制度予以保证。

二是建立健全院(系)立德树人机制运行中出现问题的调节机制。建立健全反馈制度是为了迅速发现院(系)领导统筹、教书育人和管理育人机制运行中的问题,发现问题的目的是解决问题。要解决问题,就要针对产生问题的原因,对现有的机制运行进行调节。为了保证调节科学、有效,调节不能凭主观认识随意进行,而是要有调节机制规范调节行为。比如,规范调节程序,要在对问题充分收集的基础上,进行分析研判,制定调节方案,付诸实施等。

完善院(系)立德树人反馈调节机制要达到的目标,是及时发现问题和解决问题,推进机制正常有效地运行。

4.完善高校院(系)立德树人检查评价机制

检查评价机制在院(系)立德树人机制建设中具有保证作用,完善院(系)立德树人检查评价机制应该在以下两个方面着力:

一是制定机制运行状况与效果检查制度。院(系)立德树人机制运行是个系统,也是个过程,为了保证机制运行持续良性运行,就要在机制运行的一定阶段对运行的状况和效果进行检查,作为阶段经验和不足的总结及下阶段和后面发展的借鉴与动力。要保证检查的效果,必须制定机制运行状况和效果的检查制度,明确检查的目的、检查的内容、检查的方式和检查结果的作用等。制定检查制度,首先保证检查者和被检查者对检查都有清晰的认识,以增强检查和自我检查的自觉性;其次,保证检查的过程和结果客观、公正,具有较高的信度。

二是将立德树人作为院(系)部门和人员考核评价的必要内容。检查评价的完整过程是在检查的基础上,对检查的结果作出评价。评价既是对以往工作的肯定或否定,又是对今后工作的激励。院(系)立德树人检查评价机制也是如此,通过对领导统筹、教书育人、管理育人机制运行状况和效果的检查,要对检查结果作出肯定与否定的评价,以激励机制主体发扬成绩、改进不足,进一步提高机制运行质量。要达于此,就要改变目前立德树人与部门和个人考核无关的状况,必须将育人纳入考核之中,作为必要的内容,使对立德树人工作的评价与机制主体的利益、发展密切结合,成为推进立德树人机制建设的强有力的动力。

完善院(系)立德树人检查评价机制要达到的目标,是保证立德树人机制有效、持续的运行。

(四)创造高校院(系)立德树人机制建设的条件

高校院(系)立德树人机制的建设,在提升内涵的基础上,也需要强有力的外在条件的支持。创造建设条件也是加强高校院(系)立德树人机制建设研究的重要内容。与院(系)立德树人机制建设直接相关的是学校和地方教育行政部门。

1. 高校要为院(系)立德树人机制建设创造条件

高校是院(系)的直接领导者,对院(系)工作负有领导、指导和支持的职责,因而也有为院(系)立德树人机制建设创造条件的责任。

一是高校领导应充分认识院(系)立德树人机制在学校落实立德树人根本任务中的基础地位。认识是行为的先导。高校领导应充分认识到立德树人是高校的根本任务,落实根本任务的基础在院(系)落实立德树人根本任务需要构建有效运行机制,院(系)立德树人机制建设是基础。有了此认识,高校领导必然高度重视院(系)立德树人机制建设,将其列入领导班子的工作议事日程之中,使院(系)感受到学校领导对此项工作的重视,从而激发机制建设的动力。

二是高校应制定加强院(系)立德树人机制建设的整体规划。高校领导对院(系)立德树人机制建设的重视,不仅体现在列入工作议事日程,而且体现在制定出加强院(系)立德树人机制建设的整体规划,提出具体的目标和要求,使院(系)立德树人机制建设方向明确、有章可循。

三是高校应加强对院(系)立德树人机制建设的指导和考核。高校在制定院(系)立德树人机制建设整体规划解决了院(系)有章可循的问题后,为了推进学校规划的深入实施,学校领导应深入院(系)了解情况,针对建设中的问题和困难,给予具体指导,解难纾困。另外,为了促进院(系)立德树人机制的建设,学校应将立德树人机制建设纳入对院(系)领导班子和领导干部考核内容之中,做到年初有计划,年中有总结,年末有考核,体现奖优罚劣,增强院(系)立德树人机制建设的动力,保证高校立德树人工作深入推进。

四是加强对院(系)立德树人机制建设的宣传。为了促进高校院(系)立德树人机制建设,高校不仅要提高重视程度、制定遵循规划、具体指导激励,还要营造浓厚的支持氛围。为此,高校要运用各种方式、平台,加强对院(系)立德树人机制建设的宣传,进行舆论引导、先进典型引领,在学校营造每人都参与立德树人机制建设,每岗都是育人平台的氛围。

2. 地方教育行政部门要为院(系)立德树人机制建设创造条件

地方教育行政部门是地方高校的领导部门,也是院(系)立德树人机制建设的上级领导部门。作为领导部门,地方教育行政部门也负有支持和推进院(系)立德树人机制建设的责任。其责任主要体现在:

一是应为院(系)立德树人机制建设提供方向指导。立德树人是教育的根本任务,是党中央根据世情、国情和教育在中国特色社会主义现代化建设中的地位作用所作的判断,因此院(系)立德树人机制的建设就不能仅局限于院(系)或高校认识问题,而是要站在党和国家及地方发展要求的高度认识其重要性。地方教育行政部门应在提高认识院(系)立德树人机制建设上给予指导。为此,地方教育行政部门可以印发相关文件,作好本地院(系)立德树人机制建设的顶层设计,为推进该项工作给予方向上的指导。

二是应为院(系)立德树人机制建设提供政策支持。地方教育行政部门作为政府工作部门,为院(系)立德树人机制建设创造条件,除了方向性指导外,还可以制定相应的政策,给予精神和物质等方面的鼓励、支持,调动教职员工积极投入立德树人机制的建设,努力做好教书育人、管理育人、服务育人工作。如思政课的建设,党和国家与地方党政给予了多方面的支持政策,充分调动了思政课教师进行教学改革,提高了教学质量的积极性。

三是应为院(系)立德树人机制建设提供组织支持。地方教育行政部门为高校院(系)立德树人机制建设创造条件,还可以为推进院(系)立德树人机制建设提供组织支持。参照思政课的建设,地方教育行政部门可以建立有助于推进机制建设的专门组织,如建立院(系)立德树人机制建设指导委员会、建立院(系)立德树人机制建设论坛等,促进机制建设工作不断向深入发展。

四是应为院(系)立德树人机制建设提供平台支持。地方教育行政部门搭建各种平台,促进院(系)立德树人机制建设的交流,如可以组织定期或不定期的经验交流会、重点难点问题研讨会,可以开展教书育人、管理育人等不同领域的立德树人展示活动、实践案例评比活动等,促进高校院(系)间的互相借鉴,营造浓厚的院(系)立德树人氛围。

参考文献

1.《马克思恩格斯文集》(第一至十卷),人民出版社,2009 年。

2.《马克思恩格斯全集》(第 3 卷),人民出版社,2002 年。

3.《马克思恩格斯全集》(第 10 卷),人民出版社,1998 年。

4.《马克思恩格斯全集》(第 21 卷),人民出版社,2003 年。

5.《马克思恩格斯全集》(第 30 卷),人民出版社,1995 年。

6.《马克思恩格斯全集》(第 33 卷),人民出版社,2004 年。

7.《马克思恩格斯全集》(第 44 卷),人民出版社,2001 年。

8.《列宁专题文集·论社会主义》,人民出版社,2009 年。

9.《列宁专题文集·论无产阶级政党》,人民出版社,2009 年。

10.《列宁选集》(第一、四卷),人民出版社,2012 年。

11.《列宁文稿》(第三卷),人民出版社,1978 年。

12.《列宁全集》(第 4 卷),人民出版社,2013 年。

13.《列宁全集》(第 9、10、13、21、39、42、43 卷),人民出版社,2017 年。

14.《列宁论工业化》,人民出版社,1955 年。

15.《毛泽东选集》(第二、三卷),人民出版社,1991 年。

16.《毛泽东文集》(第二、七、八卷),人民出版社,1999年。

17.《毛泽东著作选读》(下册),人民出版社,1986年。

18.《毛泽东文艺论集》,中央文献出版社,2002年。

19.《邓小平文选》(第二卷),人民出版社,1994年。

20.《邓小平文选》(第三卷),人民出版社,1993年。

21.《邓小平同志论教育》,人民教育出版社,1990年。

22.《邓小平年谱(一九七五——一九九七)》(上)(下),中央文献出版社,2004年。

23.《江泽民文选》(第一至三卷),人民出版社,2006年。

24.江泽民:《论党的建设》,中央文献出版社,2001年。

25.《胡锦涛文选》(第二卷),人民出版社,2016年。

26.胡锦涛:《在全国优秀教师代表座谈会上的讲话》,人民出版社,2007年。

27.胡锦涛:《坚定不移沿着中国特色社会主义道路前进 为全面建成小康社会而奋斗》,人民出版社,2012年。

28.胡锦涛:《高举中国特色社会主义伟大旗帜 为夺取全面建设小康社会新胜利而奋斗——在中国共产党第十七次全国代表大会上的报告》,人民出版社,2007年。

29.《习近平谈治国理政》,外文出版社,2014年。

30.《习近平谈治国理政》(第一卷),外文出版社,2018年。

31.《习近平谈治国理政》(第二卷),外文出版社,2017年。

32.《习近平谈治国理政》(第三卷),外文出版社,2020年。

33.《习近平关于党风廉政建设和反腐败斗争论述摘编》,中央文献出版社、中国方正出版社,2015年。

34.习近平:《在中国科学院第十九次院士大会、中国工程院第十四次院

士大会上的讲话》，人民出版社，2018 年

35. 习近平：《在省部级主要领导干部学习贯彻党的十八届五中全会精神专题研讨班上的讲话》，人民出版社，2016 年。

36. 习近平：《在深圳经济特区建立 40 周年庆祝大会上的讲话》，人民出版社，2016 年。

37. 习近平：《在知识分子、劳动模范、青年代表座谈会上的讲话》，人民出版社，2016 年。

38. 习近平：《为建设世界科技强国而奋斗——在全国科技创新大会、两院院士大会、中国科协第九次全国代表大会上的讲话》，人民出版社，2016 年。

39. 习近平：《决胜全面建成小康社会 夺取新时代中国特色社会主义伟大胜利——在中国共产党第十九次全国代表大会上的报告》，人民出版社，2017 年。

40. 习近平：《在庆祝中国共产党成立 100 周年大会上的讲话》，人民出版社，2021 年。

41. 中共中央宣传部编：《毛泽东邓小平江泽民论思想政治工作》，学习出版社，2000 年。

42. 中共中央宣传部、中共中央文献研究室：《论文化建设——重要论述摘编》，学习出版社、中央文献出版社，2012 年。

43. 中共中央文献研究室：《习近平关于科技创新论述摘编》，中央文献出版社，2016 年。

44. 中共中央宣传部：《习近平总书记系列重要讲话读本》，学习出版社、人民出版社，2016 年。

45. 中共中央宣传部：《习近平新时代中国特色社会主义思想学习纲要》，学习出版社、人民出版社，2019 年。

46. 中共中央文献研究室:《十三大以来重要文献选编》(中),人民出版社,1991 年。

47. 中共中央文献研究室:《十五大以来重要文献选编》(上),中央文献出版社,2000 年。

48. 中共中央文献研究室:《十六大以来重要文献选编》(上),中央文献出版社,2005 年。

49. 中共中央文献研究室:《十六大以来重要文献选编》(下),中央文献出版社,2008 年。

50. 中共中央文献研究室:《十八大以来重要文献选编》(上),中央文献出版社,2014 年。

51. 全国人民代表大会常务委员会办公厅:《中华人民共和国第十二届全国人民代表大会第四次会议文件汇编》,人民出版社,2016 年。

52. 教育部社会科学司组编:《普通高校思想政治理论课文献选编》,中国人民大学出版社,2008 年。

53. 国家发展改革委宏观经济管理编辑部编:《中国创新发展研究报告》,人民出版社,2019 年。

54. 〔法〕保尔·拉拉格:《回忆马克思恩格斯》,马集译,人民出版社,1973 年。

55. 本书编写组:《领导干部"三严三实"学习读本》,人民出版社,2015 年。

56. 本书编写组:《马克思主义哲学》,高等教育出版社、人民出版社,2009 年。

57. 陈万柏、张耀灿:《思想政治教育学原理》,华中师范大学出版社,2009 年。

58. 程东峰:《责任伦理导论》,人民出版社,2010 年。

59. [美]丹尼尔·平克:《全新思维》,林娜译,北京师范大学出版社,2007 年。

60. 杜卫:《美育论》,教育科学出版社,2000 年。

61. 葛金国:《校园文化:理论意蕴与实物运作》,安徽大学出版社,2006 年。

62. 韩庆祥:《哲学的现代形态——人学》,黑龙江教育出版社,1996 年。

63. [美]克利福德·格尔茨:《文化的解释》,韩莉译,译林出版社,2014 年。

64. 李戎:《美育概论》,齐鲁出版社,1992 年。

65. 罗国杰:《伦理学》,中国人民大学出版社,1985 年。

66. 吴潜涛、徐柏才、阎占定:《高校思想政治教育的理论与实践》,人民出版社,2012 年。

67. [德]席勒:《审美教育书简》,冯至、范大灿译,北京大学出版社,1985 年。

68. [德]席勒:《美育书简》,徐恒醇译,中国文联出版公司,1984 年。

69. 叶朗:《美学原理》,北京大学出版社,2009 年。

70. 曾繁仁:《转型期的中国美育》,商务印书馆,2007 年。

71. 郑永廷主编:《思想政治教育学原理》,高等教育出版社,2018 年。

后 记

本书为"新时代大学生思想政治教育研究"丛书的首部著作,较为系统地分析了在新时代新形势下大学生思想政治教育面对的新问题或凸显问题,提出了应对和破解问题的理论依据和建设思路,以期为大学生思想政治教育工作适应新时代的新要求提供参考借鉴,为培养千百万社会主义合格建设者和可靠接班人,为实现党的第二个百年奋斗目标贡献高校思想政治教育的应尽之力。本人拟定了全书的写作提纲,并对全书进行了修改、定稿。

参加本书撰写的有:陈茉(第一章),宁薇(第二章),赵丽华、于雅岑(第三章),刘刚(第四章),周红蕾(第五章),穆城利(第六章),刘亚男(第七章),张虹(第八章),刘刚承担了全书的技术性工作。

在本书的出版过程中,天津人民出版社总编王康同志给予了很大支持,责任编辑王佳欢同志付出了辛勤的劳动,在此一并表示诚挚的感谢。本书在撰写中参阅了诸多著作和论文,恕不一一列出,谨表谢意。

　　由于作者水平有限和时间仓促等原因，书中可能存有不妥之处，敬请广大读者不吝赐教。

王秀阁

2022 年 1 月 5 日